工业和信息化高职高专"十二五"
规划教材立项项目

成本核算实务

Cost Accounting Practice

张桂春 ◎ 主编
滕学荣 张静 冯素平 ◎ 副主编

21世纪高等职业教育财经类规划教材

财务会计类

Financial Accounting

人民邮电出版社

北京

图书在版编目（CIP）数据

成本核算实务 / 张桂春主编. -- 北京 ：人民邮电出版社，2011.4（2013.11 重印）
21世纪高等职业教育财经类规划教材. 财务会计类
ISBN 978-7-115-25023-0

Ⅰ. ①成… Ⅱ. ①张… Ⅲ. ①成本计算－高等职业教育－教材 Ⅳ. ①F231.2

中国版本图书馆CIP数据核字(2011)第037769号

内 容 提 要

本书依据企业工艺过程、产品生产类型，由易到难设计了 9 个教学项目。本书内容包括成本入门、要素费用的归集和分配、综合费用的核算、产品成本在完工产品与在产品之间的分配，重点介绍产品成本计算的基本方法、辅助方法以及成本报表的编制与分析。

本书可作为高等职业技术学院财经类各专业的教学用书，也可供有关会计岗位人员参考、学习、培训之用。

工业和信息化高职高专“十二五”规划教材立项项目

21 世纪高等职业教育财经类规划教材 • 财务会计类

成本核算实务

◆ 主　　编　张桂春
　副 主 编　滕学荣　张　静　冯素平
　责任编辑　李育民

◆ 人民邮电出版社出版发行　　北京市丰台区成寿寺路 11 号
　邮编　100164　　电子邮件　315@ptpress.com.cn
　网址　http://www.ptpress.com.cn
　大厂聚鑫印刷有限责任公司印刷

◆ 开本：700×1000　1/16
　印张：16.75　　2011 年 4 月第 1 版
　字数：319 千字　　2013 年 11 月河北第 6 次印刷

ISBN 978-7-115-25023-0

定价：29.00 元

读者服务热线：(010)81055256　印装质量热线：(010)81055316
反盗版热线：(010)81055315
广告经营许可证：京崇工商广字第 0021 号

编委会

出版说明

近 30 年来，我国取得巨大的进步，靠的是改革开放带来的经济腾飞。经济的发展使得财经类学科一时成为显学，财经类专业也成为了大中专院校的热门专业。

当前，企业对财经类人才的需求又开始呈现增长的态势，但同时企业对财经类人才的要求与以往相比也越来越高。因此，能够培养出数量充足，而且素质和技能较高、能够充分适应和满足企业需求的财经类人才，已成为未来高职高专院校亟待探索和解决的问题。

何谓高层次的财经人才，首先，应该有科学、完整、宽厚、扎实的专业知识，现在市场细分，岗位细分，越是细分，就对人才的要求越综合，就越需要具备综合知识，以做好细分后的工作；其次，需要有较强的实践能力，能够高质量地承担第一线工作，并且能够在实践中不断地发展自己。要培养出这样一支高素质、高技能的应用型、技术性人才队伍，就要摸索出一套有效的人才培养模式，做好高校人才培养工作。

教材建设在高校人才培养中占有重要的地位。基于这一点，人民邮电出版社在广泛征求全国高职高专财经类专家、学者和教师意见的基础上，组建了 21 世纪高等职业教育财经类规划教材编写委员会，以课题研究的形式，组织全国多所知名财经院校教师，召开了多次教材建设研讨会，从而确立了系列规划教材的编写思路和编写体例，并对系列规划教材的大纲和内容进行了深入研讨和论证，几易其稿，终能付梓。

本系列规划教材涉及财务会计、财政金融、市场营销、工商管理、经济贸易、物流管理、电子商务等多个方向，其内容既体现教育部发布的第 16 号文件精神，又与高职高专院校教学实践相结合，具有鲜明的编写特色。

1．整体策划，项目推进。本系列规划教材注重专业整体规划，从分析专业工作岗位入手，获得专业核心技能和岗位核心技能，进而来组织教材选题，安排教材结构和内容。同时，本系列教材采用项目研究、整体推进的形式，可以有效保证各专业教材内部之间的衔接性和系统性。

2．定位准确，紧扣改革。本系列规划教材紧扣教学改革的最新趋势，体现教育部发布的《关于全面提高高等职业教育教学质量的若干意见》的文件精神，专业核心课程以应用知识为主，重点是培养学生解决实际问题的能力，满足培养应用型人才的教学需求。

3．理论够用，突出技能。本系列规划教材遵循“以就业为导向，工学结合”的原则，以实用为基础，根据企业的岗位需求进行课程体系设置和教材内容选取，理论知识以“够用”为度，突出工作过程导向，突出技能的培养。在编写体例上将案例教学方式和项目教学方式与不同的课程合理结合，以期能够更贴近教学实际。

为了提升教学效果和满足学生的学习需求，本系列规划教材大部分还建设了配套的立体化教学辅助资源，包括多媒体课件、电子教案、实训资料、习题及答案、生动的教学案例及案例分析，部分教材还配有图片、动画和视频等教学资源。

期望通过本系列规划教材的推出，能够为推动财经类专业职业教育教学模式、课程体系和教学方法的改革贡献一份力量。同时，我们也希望能有更多的专家和老师参与到本系列规划教材的建设中来，对教材提出宝贵的意见和建议。

前 言

"成本核算实务"是高职高专院校会计、会计电算化、财务信息管理等专业必修的专业核心课程。该课程以培养学生成本核算、成本分析和成本控制等职业能力为重点，按照成本会计工作过程设计教学内容。

本书以2009年山东省精品课程"成本核算实务"（课程网址：http://jpkc.zbvc.cn/cbhs/default.html）为依托，依据《企业会计准则》和最新的《企业会计制度》及有关政策，紧紧围绕职业岗位的实际需求，以职业能力培养为重点，与行业企业合作进行基于工作过程的课程开发与设计。本书以企业的成本核算过程为主线，根据企业成本核算工作岗位对会计人员知识、能力和素质的要求设计课程教学内容，使真实的成本会计工作任务及其过程在整个教学内容中得到体现。

本书根据高职高专成本会计教学的要求和特点编写而成，符合专业培养目标和课程教学的基本要求，充分体现职业性、实践性和开放性的要求，提高学生的实践动手能力，增强毕业生就业竞争能力。

本书的参考学时为60学时，建议采用理论实践一体化教学模式，各项目的参考学时见下面的学时分配表。

学时分配表

项 目	课 程 内 容	学 时
项目一	成本入门	4
项目二	要素费用的归集和分配	4
项目三	综合费用的核算	8
项目四	生产费用在完工产品与在产品之间的分配	6
项目五	产品成本计算的品种法	6
项目六	产品成本计算的分批法	6
项目七	产品成本计算的分步法	12
项目八	产品成本计算的辅助方法	8
项目九	成本报表的编制与分析	6
课时总计		60

本书由张桂春任主编，并负责全书的总体构架设计，内容修改、补充，最后定稿；滕学荣、张静、冯素平任副主编。全书共分为9个教学项目和1项综合实践能力训练，张桂春负责项目一、项目九的编写，张静负责项目二、项目三、项目四的编写，滕学荣负责项目五、项目八的编写，冯素平负责项目六、项目七的编写，王谦负责综合实践能力训练的编写。

由于编者水平和经验有限，书中难免有疏漏和不妥之处，敬请广大读者指正。

编 者

2011年3月

目 录

目 录

项目一

成本入门

【知识目标】

- 了解成本会计岗位职责
- 理解支出、费用和成本的关系
- 掌握成本会计的职能、成本计算程序流程图等

【能力目标】

- 会解答成本的含义
- 会解答支出、费用和成本的关系，确定各种费用界线
- 会解答费用要素和成本项目
- 会解答成本会计的职能
- 会画成本计算程序流程图

任务一 成本和成本会计

任务引入

东方机械厂是一个大型机电制造企业，企业设有3个基本生产车间。企业的成本

核算工作组织采用非集中核算方式，各车间设有成本核算员，成本会计的各项具体工作分散由车间进行。企业设有成本会计师，负责最终的成本的计算，并对全厂成本进行综合的成本预测、决策、计划、控制、分析及考核等工作。作为车间的成本核算员，应该做好哪些基础工作？

相关知识

一、成本的含义

1. 成本的概念

成本是商品经济的产物。成本是一个价值范畴。商品成本取决于生产上耗用的社会必要劳动量，是商品价值的主要构成部分。商品的价值由 3 部分组成：一是生产过程中所消耗的生产资料的价值（C）；二是劳动者为自已劳动所创造的价值（V），即归个人支配的部分，主要是以工资形式支付给劳动者的劳动报酬等；三是劳动者为社会所创造的价值（M），即归社会支配的部分。产品（商品）成本是 C+V 之和，即以货币表现的为生产产品而耗费的物化劳动和活劳动的价值之和。它表明了成本的经济实质，即生产过程中发生的各项耗费。

成本是指为了达到一定的目的而耗费的各种资源的货币表现。在实际工作中制造企业生产经营过程所发生的耗费种类繁多，生产一种产品都要耗费一定数量的劳动，产品的生产过程，就是人、财、物的消耗过程，也就是成本的形成过程。成本涉及的内容很广泛，可以从广义和狭义的角度进行理解。广义的成本是为做某一件事情、完成某一活动或实现某一目的而付出的代价，如进行投资要付出资金，发生有关费用，投资者要考虑投资的付出，即投资成本；建筑施工企业完成一项工程要耗用建筑材料、周转材料、人工等，发生相关费用，形成建造成本；组织一项活动也会消耗相关材料，发生人工和其他费用，从而产生付出，形成成本等。由此可以看出，从事某一事情或完成某一经济活动都会发生付出。从事的经济活动内容不同，成本的含义不同；不同的行业企业生产经营特点不同，成本的构成内容不同。简单来讲，成本是指企业为生产和销售一定种类和数量的产品而发生的，以货币形式表现的各种物化劳动和活劳动的耗费。狭义的成本是指产品生产成本，即企业为生产一定种类、一定数量的产品而发生的各项生产费用的总和，也称为产品制造成本，简称产品成本。

产品成本包括生产过程中所耗用的各种材料的费用（含外购动力）、折旧费用、人工费用（含职工福利）以及生产部门组织管理生产所发生的间接费用等，还包括不形成产品价值的损失性支出，如废品损失、停工损失等。在会计实务中，目前虽然国家没有一个统一的成本开支范围的具体规定，但其基本内容在 2006 年 2 月 15 日颁布的基本会计准则、具体会计准则及相关的会计制度中都有体现。综合这些规定，成本开支范围包括以下各项。

（1）为制造产品而消耗的原材料、辅助材料、外购半成品和燃料的费用。

（2）为制造产品而耗用的动力费。

（3）企业生产单位支付职工的工资、奖金、津贴、补贴以及提取各种职工薪酬等。

（4）企业生产单位因生产原因发生的废品损失，以及季节性停工损失。

（5）生产用固定资产折旧费等。

（6）企业生产单位为管理和组织生产而支付的办公费、水电费、差旅费、取暖费以及运输费、保险费、设计制图费、试验检验费和劳动保护费等。

2. 成本的作用

成本作为一个独立的经济范畴，是企业在生产经营过程中需要重点关注的内容，其作用有以下方面。

（1）成本是补偿生产耗费的尺度。产品成本就是生产过程中消耗的物化劳动和活劳动，企业生产经营中的各项耗费必须得到补偿才能够继续再生产。因此，成本一方面以货币形式对生产耗费进行计量，另一方面为企业的简单再生产提出资金补偿的标准。成本作为补偿劳动耗费的尺度，对于促进企业加强成本管理，降低劳动消耗，取得最大经济效益有重要意义。

（2）成本是反映企业工作质量的综合指标。成本是一项综合性的经济指标，是对象化的生产费用，它同企业生产经营过程的各个方面、各个环节的工作质量和工作效能有着内在的联系。如产品生产工艺是否科学合理，原材料消耗是否节约，生产设备是否充分利用，人的管理是否有效，生产技术是否不断创新改进，产品质量的优劣等诸多因素，都能通过成本直接或间接地反映出来。因此，成本是反映企业工作质量的综合指标。

（3）成本是影响产品价格的重要因素。产品价格是产品价值的货币表现，实际工作中产品价格受多种因素的影响。企业在决定产品价格时要参考产品成本这一重要依据。如果单位商品价格低于产品成本，则企业必然发生亏损，再生产难以为继；只有商品价格高于产品成本，企业才有获利的可能，商品价格越高，企业获利空间越大。因此成本是影响产品价格的重要因素之一。

（4）成本是企业进行生产经营决策的重要依据。在市场一定的条件下，成本的高低直接影响企业的赢利水平和参与市场竞争的能力。企业为了提高获利能力，在激烈的市场竞争中增强企业竞争力，必然要对生产经营各方面不断进行及时的决策和调整。尽管决策需要考虑的因素很多，但成本是其中的主要因素之一。

二、成本会计

1. 成本会计的产生与发展

成本会计是随着社会经济发展逐步完善起来的。其产生和发展先后经历了早期成本会计、近代成本会计、现代成本会计等不同阶段。

（1）早期成本会计阶段（1880—1920 年）。原始的成本会计起源于英国，当时的成本会计仅限于对生产过程中的生产消耗进行的汇集和计算。会计人员为了满足企业管理上的需要，对生产过程中的耗费分别进行记录汇集，主要是计算产品成本以确定存货成本及销售成本，并设计出订单成本计算和分步成本计算的方法。早期成本会计也称为记录型成本会计。

（2）近代成本会计阶段（1921—1950 年）。20 世纪初，以泰勒为代表的科学管理理论产生和得到应用，确定生产过程中应当消耗的原材料和劳动力的标准，作为生产过程中控制用工、用料的依据，这是标准成本法产生的基础。与此同时，美国会计学会提出的标准成本制度也开始进入实施阶段，成本会计也从事后算账转入事中控制。

标准成本会计的诞生是企业成本会计发展史上的一个重要里程碑，它实现了成本核算与成本管理的有机结合，成本会计进入了一个新的发展阶段。

（3）现代成本会计阶段（1951 年以后）。20 世纪 50 年代起，西方国家的社会经济进入了新的发展时期。随着管理现代化，运筹学、系统工程和电子计算机等各种科学技术成就在成本会计中得到广泛应用，成本会计发展重点已由如何对成本进行事中控制、事后计算和分析，转移到如何预测、决策和规划成本，形成了新型的以管理为主的现代成本会计。

随着全球经济的一体化，高新技术的广泛应用，信息产业化和知识经济时代的到来，现代成本会计新的方向和方法正在出现，处于向战略成本会计发展的新阶段。

2. 成本会计的对象

成本会计的对象是指成本会计核算和监督的内容。

工业企业成本会计的对象是工业企业在产品制造过程中的生产成本（或制造成本）和期间费用。

商品流通企业、交通运输企业、施工企业、农业企业、旅游饮食服务企业等其他行业企业在生产经营过程中所发生的各种费用，部分地形成各行业企业的生产经营业务成本，部分地作为期间费用直接计入当期损益。

综上所述，成本会计的对象可以概括为：各行业企业生产经营业务的成本和相关期间费用，简称成本、费用。因此，成本会计实际上是成本、费用会计。

随着经济的发展与科技进步，企业经营管理要求的提高，成本的概念和内容在不断发展、变化。现代成本会计的对象，应该包括各行业企业生产经营业务成本、相关期间费用和各种专项成本。

3. 成本会计的职能

成本会计的职能是指成本会计所具有的功能，它的基本职能与会计的基本职能相同，具有核算和监督两个基本职能。随着社会经济发展和管理水平的提高，成本会计职能也在扩展变化之中。成本监督职能又可扩展为成本分析、成本预测、成本决策、成本计划、成本控制及成本考核等多项内容。

（1）成本预测。成本预测是指根据与成本有关的各种数据以及成本与各种技术经济因素的依存关系，结合市场竞争状况和发展前景所采取的各种措施，并利用科学的方法，采用一定的程序和建立一定的模型，对未来期间成本水平及其变化趋势做出科学的推测和估计。成本预测是确定目标成本和选择达到目标成本最佳途径的重要手段，是进行成本决策和编制成本计划（预算）的基础。通过成本预测，可以减少生产经营管理的盲目性，有利于选择最佳方案，充分挖掘降低成本、费用的潜力，提高企业经济效益。

（2）成本决策。成本决策是指在成本预测的基础上，根据市场营销和产品价值功能分析，运用科学的决策理论和方法，在若干个成本方案中，选择最佳成本方案，确定最优目标成本的过程。成本决策是制订成本计划的前提，是对成本进行事前控制，提高经济效益的重要途径。成本决策必须贯穿于整个生产经营过程，在每个环节都应选择最优成本决策方案，才能达到总体的最优。

（3）成本计划。成本计划是指在成本预测和成本决策的基础上，根据未来生产任务和降低成本的要求等，按照一定的方法所做出的用以反映企业计划期生产费用和产品成本水平的一种计划。如按照要素费用编制的生产费用预算，按照生产费用的经济用途编制的产品单位成本计划和全部产品成本计划等。

（4）成本控制。成本控制是指按预先制定的成本标准或成本计划指标，对实际发生的费用进行审核，并将其限制在标准成本或计划内，同时揭示和反馈实际与标准或与计划之间的差异，并采取措施消除不利因素，以使实际成本达到预期目标。通过成本控制，可促使企业顺利完成成本计划。

（5）成本核算。对生产经营活动过程中实际发生的成本、费用，按照一定的标准和成本计算对象进行归集和分配，并根据企业的生产工艺和生产组织的特点以及成本管理上的要求，采用与成本计算对象相适应的成本计算方法，计算出各种产品或劳务的总成本和单位成本，据此编制成本报表，为企业的成本管理提供成本信息，这就是成本核算。成本核算既是企业进行成本分析和成本考核的前提，也是企业进行下期成本预测和成本决策的依据。

（6）成本分析。成本分析是指利用成本核算和其他有关资料，与计划、上年同期实际、本企业历史先进水平，以及国内外先进企业等的成本进行比较，系统研究成本变动的因素和原因，制定有效办法或措施，以便进一步改善经营管理，挖掘降低成本的潜力。成本分析可以为成本考核、未来的成本预测、决策以及下期成本计划的制订提供依据。

（7）成本考核。成本考核是指对成本计划及其有关经济指标的实际完成情况所进行的考察和评价。成本考核通常是以有关部门或个人作为考核责任对象的，责任对象的目标成本即为企业对其进行成本考核的成本指标。通过成本考核企业可以决定对有关责任对象的奖惩。

成本会计的各项职能是一个相互联系、相互配合、相互补充的有机整体。在成本会计的诸多职能中，成本核算是成本会计最基础的职能，如果没有成本核算，成本会计的其他各项职能都无法进行。成本预测是成本决策的前提和依据；成本决策是成本预测的延伸和结果，又是制定成本计划的依据；成本计划是成本决策所确定成本目标的具体化；成本控制是对成本计划的实施进行监督，是实现成本决策既定目标的保证，成本控制是核心，贯穿整个成本会计始终；成本核算是对成本决策目标是否实现的检验，是成本管理最基本的职能；通过运用成本核算资料和成本计划资料对比进行成本分析，才能对成本决策的正确性做出判断；把成本决策目标进行层层分解，落实责任，认真组织成本考核，正确评价成本工作业绩，才能调动各部门和职工完成成本决策目标的积极性，是实现决策目标的重要手段。成本会计的各项职能及其关系如图 1-1 所示。

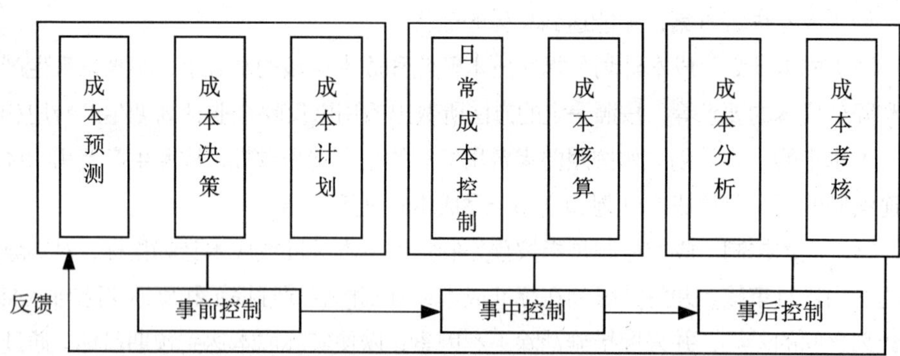

图 1-1　成本会计的职能及其关系

4. 成本会计的含义

成本会计是以成本费用为对象的一种专业会计。成本会计主要研究物质生产部门为制造产品而发生的成本，即产品的生产成本，以及企业在生产经营过程中进行日常管理、销售产品和筹集资金等所发生的各种期间费用。它以会计资料和计划、统计、业务核算资料等为依据，遵循会计有关准则，运用一定的技术方法对生产费用进行归集计算，求得产品总成本和单位成本，对成本进行分析控制和决策。

成本会计是根据会计资料和其他有关资料，按照会计有关原则和方法，对企业生产经营过程中的费用和成本，进行连续、全面、系统、综合的核算和监督的一种管理活动。

三、成本核算的基本要求

为了充分发挥成本会计职能的作用，为企业经营管理决策提供真实可靠的信息，降低产品成本，提高经济效益，在成本核算过程中必须满足下列基本要求：建立成本会计机构，配备成本会计人员；做好各项成本核算的基础工作；明确成本开支范围；正确划分各种费用的界限；选择适当的成本计算方法等。

1．建立成本会计机构，配备成本会计人员

为了有效地进行成本会计工作，充分发挥其应有的作用，必须加强成本会计工作的组织，也就是要建立健全成本会计机构，配备必要的成本会计人员，制定合理的成本会计制度。

（1）组织机构。企业的成本会计机构，是在企业中直接从事成本会计工作的职能部门，是企业会计机构的重要组成部分。企业应在保证成本会计工作质量的前提下，根据企业规模的大小和成本管理要求，科学合理地设置成本会计工作机构。

企业总部成本会计机构内部组织分工，可以按照成本会计职能分工，也可按照对象分工。按照成本会计职能，可以在总部成本会计机构内部设置成本核算、成本分析和检查等专门小组。成本会计对象包括产品成本和期间费用，因此，也可按照产品成本核算和分析、期间费用核算和分析设置专门小组。

企业总部和下属各生产车间（分厂）各级成本会计机构之间工作的组织分工，可采取集中工作方式，也可采用分散工作方式。

集中工作方式，是指厂部集中统一进行成本核算。成本会计工作中的核算、分析等各方面工作，主要由总部成本会计机构集中进行，车间（分厂）等其他单位中的成本会计机构和人员只负责登记原始记录和填制原始凭证，对它们进行初步的审核、整理和汇总，为总部进一步工作提供资料。集中工作方式的成本会计组织如图 1-2 所示。

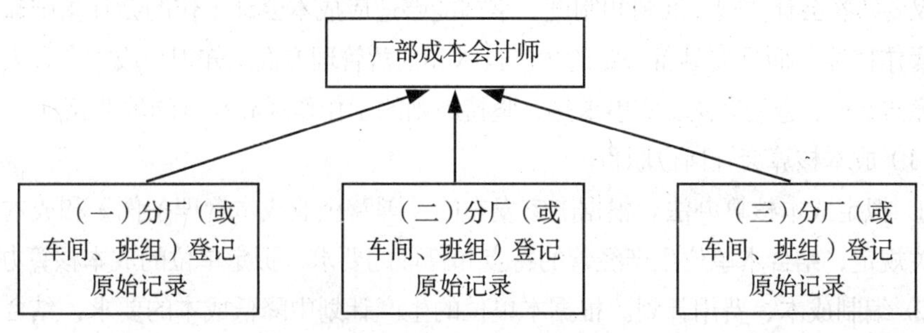

图 1-2　集中工作方式的成本会计组织

这种方式有利于减少企业成本核算机构的层次和人员，及时提供有关成本信息，全面掌握情况；但不利于生产部门对成本费用进行控制，不利于调动车间和生产工人降低成本的积极性。集中工作方式一般适用于成本会计工作比较简单的中小型企业。

分散工作方式，也称非集中工作方式，是指厂部进行综合的成本核算与分析，车间进行成本的明细核算。总部成本会计机构负责对各下级成本会计机构或人员进行业务上的指导和监督，并对全厂成本进行综合的成本预测、决策、计划、控制、分析及考核等工作。分散工作方式的成本会计组织如图 1-3 所示。

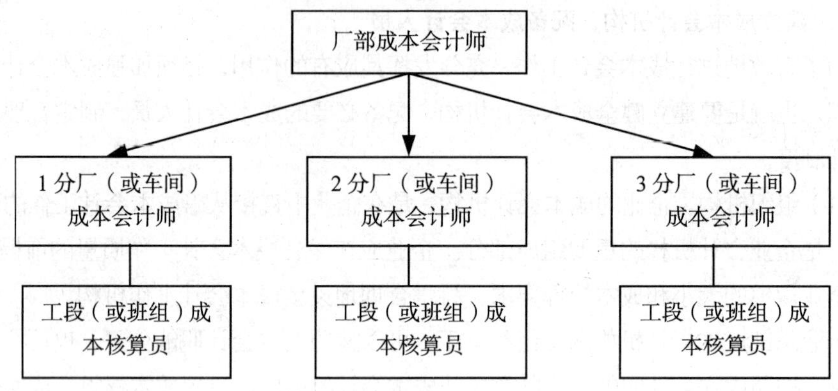

图 1-3　分散工作方式的成本会计组织

分散式管理方式有利于车间、有关职能部门及时了解本车间或部门的成本费用信息，分析本车间或部门的成本费用指标，进而控制费用，降低成本水平；但这种方式也会增加成本核算的层次和人员。分散工作方式一般适用于成本会计工作比较复杂、各部门相对独立的大中型企业。

以上两种工作方式并非截然分开，也可结合使用，企业应当按照自身特点和经营管理要求，扬长避短，合理确定适合的成本会计工作方式。

（2）成本核算会计人员。成本会计人员是指在会计机构或专设成本会计机构中所配备的成本会计工作的专业技术人员，对企业日常的成本工作进行处理。成本会计人员不仅要熟悉会计法规、准则和制度，掌握能够适应成本会计工作的会计基础知识和实务操作技能，而且要具备一定的生产技术和经营管理方面的知识。成本会计人员应具备廉洁奉公、遵纪守法、实事求是、坚持原则的工作作风和高度的敬业精神。

（3）成本核算会计岗位职责。

① 拟定成本核算办法。根据国家发布的《国营企业成本管理条例》和成本核算的有关规定，结合本单位生产经营的特点和管理的要求，拟定单位的成本核算办法。

② 编制成本、费用计划。根据本单位的生产计划中降低成本的要求，结合本单位的实际情况，挖掘降低成本、费用的潜力，编制成本、费用计划，并按年、按季、按月将指标分解，层层落实，实行归口分级管理，以保证成本、费用计划的实现。

③ 加强成本管理的基础工作。积极会同有关部门，建立健全各项原始记录、定额管理和计量检验等制度，为正确计算成本、加强成本管理提供可靠的依据。

④ 核算产品成本。严格按照成本核算办法的规定，正确归集分配生产费用。根据实际产量，实际消耗的材料、人工、费用，计算产品的实际成本。采用计划成本、

定额成本进行日常核算的应正确计算成本差异，并应该按照规定办法按月调整为实际成本，不得以计划成本、估计成本以及定额成本代替实际成本。要划清本期产品成本和下期产品成本的界限，不得虚列可比产品成本降低额。凡是《国营企业成本管理条例》规定不准列入成本的开支，都不得挤入产品成本。要按照规定的成本费用项目和成本核算对象，登记成本、费用明细账。

⑤ 编制成本费用报表，进行成本费用的分析和考核。根据账簿记录、成本计划和上年的成本费用等有关资料，按照规定编制各种成本费用报表，并分析成本、费用计划的执行情况和升降的原因，预测成本发展趋势，对照同行业的成本、费用资料，提出降低成本、费用的途径和加强成本管理的建议。

⑥ 协助管理在产品和自制半成品。协助有关部门建立在产品台账和半成品登记簿，在产品的内部转移和半成品的入库出库，都要认真登记。对在产品和自制半成品要定期盘点，做到账实相符。

2. 做好各项成本核算的基础工作

（1）建立健全原始记录制度。原始记录主要包括以下几方面。

① 反映企业物资消耗（材料、燃料、动力等）方面的原始记录（领料单、限额领料单、领料登记簿、材料退库单等）。

② 反映企业人工消耗方面的原始记录（考勤记录、工时记录、停工记录、工资单等）。

③ 反映企业机器设备厂房消耗方面的原始记录（维修单等）。

④ 反映企业费用支出（水、电、气、零星日常支出）情况的原始记录（发票、账单等）。

⑤ 反映企业生产情况（在产品、半成品、产成品、废品等）的原始记录。

（2）强化定额管理。定额是企业以正常生产条件为依据制定的，用以控制生产经营过程中人力、物力、财力消耗水平的标准。合理制定的各种定额，有利于编制成本计划、控制成本水平、分析考核成本管理业绩。定额的制定要体现先进性、科学性、可控性、可行性的要求。定额可以适时进行修订，真正起到定额的作用。

与成本有关的定额有工时定额，产量定额，材料、燃料、动力、工具消耗定额，费用定额等。

（3）建立健全材料物资的计量、验收、盘存制度。

① 计量制度。计量制度是指企业的各种物资在发生流转时，必须利用一定的器具对各种物资按其特点（长短、大小、重量、体积等）测量其数量的一种内部管理制度。

② 验收制度。验收制度是指对各种物资的收发和转移进行数量和质量上的检查制度，以明确各工作环节之间的经济责任。

③ 完善清查、盘点制度。为了保证各项支出计算的真实性，企业必须建立和完善对财产物资的清查、盘点制度，经常对企业的各种物资进行实物清查和盘点，并及时处理各种财产物资的盘盈、盘亏、毁损、报废，做到账实相符。

（4）建立健全内部结算制度。内部结算制度是指对企业内部各单位、部门之间的材料、半成品、产成品的流转，以及相互之间提供的劳务或服务采用货币形式进行核算和管理的一种内控制度。

为了加强企业内部管理，明确企业内部各单位、各部门的经济责任，便于分析、考核各单位、各部门的工作业绩，检查成本计划完成情况，应当实施内部结算制度。

对企业内部各单位、各部门之间发生财产物资的转移和劳务的供应等，可以在合理确定内部结算价格的基础上，进行内部结算，计算内部各单位、各部门的经营业绩。

3. 正确划分各种费用的界限

为了正确核算企业的生产成本和期间费用，保证产品成本核算的正确性和可靠性，必须正确划分以下 5 个方面费用的界限。

（1）正确划分费用性支出与非费用性支出的界限。企业经营活动的广泛性，决定支出内容的多样性。为了保证不同企业提供的成本会计信息具有可比性，防止企业乱挤成本、乱列费用，国家规定了企业成本费用的开支范围与开支标准，统一了成本费用的核算口径。

首先要分清是费用性支出，还是非费用性支出。企业的支出可以划分为 6 类。

收益性支出属于费用性支出，形成当期的生产费用与期间费用。

资本性支出、投资支出、所得税支出、营业外支出和利润分配支出属于非费用性支出，分别形成企业的长期资产、对外投资、应交所得税、非生产经营支出和应付股利等。

（2）正确划分生产费用与期间费用的界限。企业发生的费用性支出，要根据其经济用途分清是生产费用还是期间费用。生产费用最终要计入产品成本，由于期末在产品的影响，当月发生的生产费用不一定形成当月完工产品的成本。当月的完工产品不一定能在当月实现销售而形成当月的产品销售成本。因此，当期的生产费用不一定能在当期的收入中得到补偿。而期间费用则不同，只要属于当期的费用，都将在当期的收入中予以补偿。生产费用与期间费用对当期的利润形成具有不同的影响。要保证正确计算产品成本和正确核算各期损益，必须分清两者的界限，防止出现人为调节各月成本和损益或调节某月成本、费用的做法。

（3）正确划分各个会计期间的费用界限。无论是生产费用或是期间费用，都要按照权责发生制原则分清本期费用与后期费用的界限。凡是属于本月的费用，不论是否实际发生，都应当予以确认并计入当月的生产费用或期间费用。凡不属于本月的费用，不论其发生与否，都不得计入当月的生产费用或期间费用。只有正确划分本期费用和下期费用的界限，才能正确计算本期产品的成本，正确计算当期的利润，防止在实务当中任意摊提，人为调节各月成本和各月损益的错误做法。

（4）正确划分各种产品应负担的费用界限。制造企业同时生产两种或两种以上的产品时，对属于本月的生产费用还要分清各种产品应负担费用的界限。

按不同的产品成本计算对象归集各自应承担的生产费用，以便正确计算各种产品成本，分别考核和分析产品成本计划或定额的完成情况。

不得随意调整各种产品应负担的生产费用。调节各种产品成本，不得任意在可比产品与不可比产品之间、在赢利产品与亏损产品之间转移生产费用，确保各种产品成本计算的正确性。

（5）正确划分产成品和在产品的费用界限。在规定的时间对产品成本进行计算时，某种产品全部完工，则该产品所归集的生产费用就构成该完工产品的总成本。

若某种产品都未完工，则该产品所归集的生产费用就是该产品的月末在产品成本；若某品种的产品部分已经完工，部分尚未完工，则需要运用一定的方法对该种产品所归集的生产费用进行分配，分别确定完工产品成本与月末在产品成本。

企业不得人为地提高或降低月末在产品的成本，造成完工产品成本的不真实。

综上所述，费用界限的划分过程，其实就是产品成本的计算和各项期间费用的归集过程，也就是工业企业成本核算的基本过程。费用界限划分如图1-4所示。

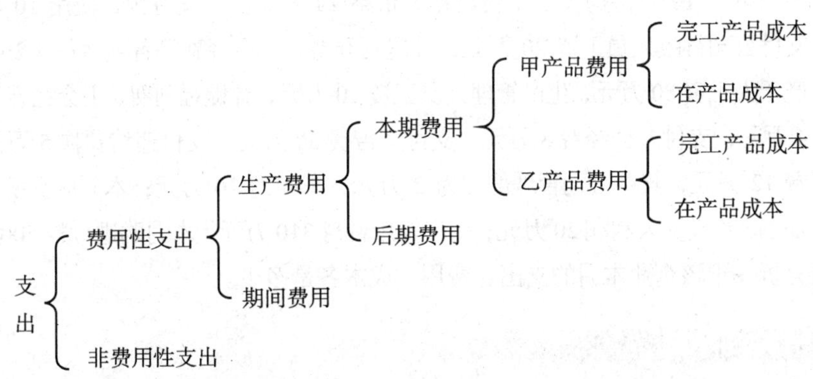

图1-4　费用界限划分图

四、适当的成本计算方法

不同的制造企业在产品生产过程中，存在不同的生产组织方式、不同生产工艺特点、不同的成本管理要求，因而可以采用不同的产品成本计算方法。

正确确定产品成本计算方法，有利于正确、及时地计算产品成本，提供准确的成本会计信息。

任务实施

东方机械厂采用分散的成本核算工作组织方式。企业生产车间的成本核算员虽然不用像企业成本会计师那样对全厂进行综合的成本预测、决策、计划、控制、分析及考核等，但所有的这些数据资料均来自于他们，其工作非常重要。企业生产车间成本核算员的主要工作包括以下几方面。

建立健全原始记录，提供完整的反映企业物资消耗（材料、燃料、动力等）方面的原始记录、反映企业人工消耗方面的原始记录、反映企业机器设备厂房消耗方面的原始记录、反映企业费用支出（水、电、气、零星日常支出）情况的原始记录、反映企业生产情况（在产品、半成品、产成品、废品等）的原始记录。

经常对企业的各种物资进行实物清查和盘点，并及时处理各种财产物资的盘盈、盘亏、毁损、报废，做到账实相符。保证原始记录真实、可靠、正确、及时。

严格按照成本核算办法的规定，正确归集分配生产费用。根据实际产量以及实际消耗的材料、人工、费用，计算产品的实际成本。

任务二　要素费用和成本项目

任务引入

东方机械厂 10 月份购买了 1 台设备，价格 24 万元，该设备预计使用 10 年，无残值；支付公司行政人员工资 20 万元，计提福利费、工会经费等各项费用 1.2 万元；支付生产工人工资 80 万元，生产管理人员工资 10 万元，计提福利费、工会经费等各项费用 5.4 万元；支付办公经费 8 万元，支付广告费 30 万元；支付违约罚款 5 万元；本月折旧费 12 万元，其中公司管理部门为 2 万元，车间为 10 万元；本月应交所得税 8 万元；应分配给投资人利润 20 万元；生产领用材料 310 万元，本月购进材料 500 万元。

请分析一下该企业本月的支出、费用、成本各是多少。

相关知识

一、支出、费用和成本

了解了成本的经济内涵之后，还要进一步深刻理解成本的概念，并明确支出、费用和成本的关系（这里的成本指产品成本）。支出、费用、成本三者之间，既有密切的联系，又有很大的区别。

1. 支出

支出是指企业的一切开支和耗费。按其性质划分，可分为资本性支出、收益性支出、所得税支出、营业外支出、利润分配性支出等。

资本性支出是指支出的效益与几个会计年度相关的支出，如企业购买固定资产、无形资产的支出等，这种支出在以后资产使用中按收益情况分期将其价值计入各期费用。

收益性支出是指支出的效益仅与本会计年度相关的支出，如企业生产经营所发生的材料、工人工资等，这种支出直接计入当期费用，并与当期的收入相配比。

所得税支出是指对从事工商经营的企业和应纳税的个人，就其经营所得或高于计税收入所得而缴纳的税额，这种支出表现为费用。

营业外支出是指与企业的生产经营活动无直接关系的支出，如企业支付的违约金、罚款、非常损失等，这种支出不作为费用，直接计入当期损益。

利润分配性支出是指在利润分配环节发生的支出，如股利分配支出等，这种支出也不作为费用，直接参与税后利润分配。

2. 费用

费用是指企业在日常活动中发生的、会导致所有者权益减少、与所有者分配利润无关的经济利益的总流出。企业在日常活动中所产生的费用主要有消耗材料、支付的职工薪酬、机器运转发生的磨损费用和维修费用等；在销售过程中发生的耗费主要有销售费用；企业为筹资发生的利息费用；组织和管理生产经营活动而发生的公司经费、办公费等。在这一过程中发生的用于生产的各种耗费，称为生产费用。只有在生产过程中发生的各种生产耗费才能够作为产品成本。

企业的生产经营过程，也是物化劳动（劳动对象和劳动手段）和活劳动的耗费过程，因而生产经营过程中发生的费用，按其经济内容（性质）分类，可划分为劳动对象方面的费用、劳动手段方面的费用和活劳动方面的费用三大类。这三大类可以称为生产费用的三大要素，进一步划分为以下几个费用要素。

（1）外购材料。外购材料指企业为进行生产经营而耗用的一切从外单位购进的原料及主要材料、半成品、辅助材料、包装物、修理用备件和低值易耗品等。

（2）外购燃料。外购燃料指企业为进行生产经营而耗用的一切从外单位购进的各种固体、液体和气体燃料。外购材料和外购燃料从性质上看是相同的，可归为一类，由于在许多企业燃料是重要的能源，在成本中所占的比重较大，故将其单独列为一类进行核算。

（3）外购动力。外购动力指企业为进行生产经营而耗用的一切从外单位购进的各种动力，如电力等。

（4）职工薪酬。职工薪酬指企业应计入产品成本的工资、福利费等提供给职工的薪酬。

（5）折旧费。折旧费指企业按照规定的固定资产折旧方法计算提取的折旧费用。

(6)其他支出。其他支出是指不属于以上各要素但应计入产品成本的各项费用支出，如差旅费、租赁费、外部加工费以及保险费等。

按照以上费用要素反映的费用，称为要素费用。要素费用不能反映各种费用的经济用途，因而不便于分析这些费用的支出是否节约和合理。因此，为了直观地比较各项费用的实际成本与计划成本差异，对于工业企业的这些费用还必须按经济用途进行分类。

3. 成本

生产费用是指企业一定时期内在生产产品和提供劳务过程中发生的各种耗费。期间费用是与一定会计期间相联系，不计入产品成本而直接计入当期损益的费用，如管理费用、销售费用、财务费用等。对于计入产品成本的生产费用，按其与生产工艺的关系可分为由生产工艺本身引起的、直接用于产品生产的直接生产费用，如原材料费用、生产工人工资、机器设备的折旧费等；与生产工艺没有联系而用于管理和组织生产，即间接用于产品生产的间接生产费用，如厂房折旧、机物料消耗等。直接生产费用和间接生产费用可以进一步划分为产品制造成本项目，简称成本项目。成本项目一般包括以下几方面。

(1)原材料：企业生产经营过程中直接用于产品生产并构成产品实体的主要材料和辅助材料，包括原料、主要材料、备品配件、外购半成品以及有助于产品形成的辅助材料费用等。

(2)燃料和动力：直接用于产品生产的各种外购和自制的燃料和动力费用。

(3)职工薪酬：直接参与产品生产的工人工资和按生产工人工资及一定比例计提的职工福利费。

(4)制造费用：间接用于产品生产的各项生产费用，以及虽直接用于产品生产但不便于直接计入产品成本，所以没有专设成本项目的费用(如固定资产的折旧费等)。制造费用包括企业各个生产车间为组织和管理生产所发生的费用，如车间内部管理人员工资及福利费、固定资产的折旧费、租赁费、办公费、水电费、机物料消耗费用、劳动保护费等。

以上各个成本项目的划分并非一成不变，企业可根据自身的生产特点和管理要求，按重要性原则，合并或增设成本项目。如企业所耗用的燃料和动力不多，可将其并入“原材料”成本项目。又如企业产生的废品较多，或废品损失在产品成本中所占的比重较大，需单独加以核算，则可增设“废品损失”成本项目。

生产费用要素和成本项目看似相似，却有实质性的区别。生产费用要素反映企业生产中发生了哪些费用，而成本项目反映所发生的生产费用的去向。

按照计入产品成本的方法，生产费用可分为直接计入费用(简称直接费用)和间接计入费用(简称间接费用)。

（1）直接计入费用：能分清为某种产品所耗用、根据原始凭证可直接计入某种产品成本的费用，如直接材料、直接人工。

（2）间接计入费用：为生产几种产品共同耗用、不能直接计入某种产品成本，而必须按照一定标准分配计入有关产品成本的费用，如间接材料、间接人工和其他制造费用。

产品成本与生产费用是一对既有紧密联系又有一定区别的概念。生产费用和期间费用都是企业生产经营过程中发生的耗费，但只有生产费用计入产品成本，期间费用直接从当期收益中扣除。生产费用和产品成本在经济内容上是完全一致的，一定时期的生产费用是计算产品成本的基础，产品成本是对象化的生产费用。它们的区别是：生产费用与一定会计期间相联系，产品成本与一定种类和数量的产品相联系。在一定的会计期间内，一个企业的生产费用总额与其完工产品成本总额不一定相等。

二、支出、费用与产品成本的关系

综上所述，支出是企业在经济中所发生的所有开支与耗费。费用是支出的主要组成部分，是企业支出中与生产经营相关的部分。产品成本是生产费用的对象化，生产费用是计算产品成本的基础，产品成本是生产费用的最后归宿。

制造企业的支出、费用和产品成本之间的关系如图 1-5 所示。

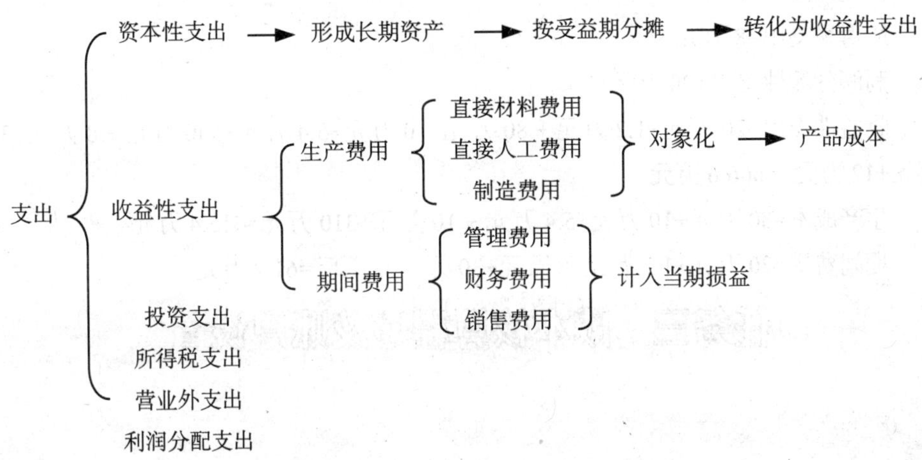

图 1-5　支出、费用和产品成本之间的关系

任务实施

企业购入 1 台设备，价格为 24 万元，属于资本性支出，当月新增固定资产当月不提折旧。

支付公司行政人员工资 20 万元，计提福利费、工会经费等各项费用 1.2 万元，此项费用是企业的期间费用，计入管理费用。

支付生产工人工资 80 万元，生产管理人员工资 10 万元，计提福利费、工会经费等各项费用 5.4 万元，生产工人的工资及相关薪酬是直接的生产费用，直接计入产品成本，而生产管理人员的工资及相关薪酬是间接的生产费用，最终也要计入产品成本。

支付办公经费 8 万元，支付广告费 30 万元，此两项支出均属于企业的期间费用。

支付违约罚款 5 万元，罚款与企业的生产经营没有关系，属于企业的营业外支出。

本月折旧费 12 万元，其中公司管理部门为 2 万元，车间为 10 万元，折旧是属于随着固定资产使用，其资产价值逐渐转化形成的收益性支出，管理部门的折旧计入当期损益，车间的折旧属于间接的生产费用。

本月应交所得税 8 万元，所得税费用属于企业的所得税支出。

应分配给投资人利润 20 万元，分配给投资者的利润是企业的利润分配支出。

生产领用材料 310 万元，本月购进材料 500 万元，生产领用的材料属于直接的生产费用，直接计入当月的生产成本，购进的材料属于企业的收益性支出，随着领用，转化为企业的生产费用或是期间费用。

资本性支出=24 万元

营业外支出=5 万元

所得税支出=8 万元

利润分配性支出=20 万元

收益性支出=20 万元+1.2 万元 + 80 万元+10 万元+5.4 万元+500 万元 + 8 万元+30 万元+12 万元 = 666.6 万元

生产成本=80 万元+10 万元+5.4 万元 + 10 万元+310 万元=415.4 万元

期间费用=20 万元+1.2 万元+8 万元+30 万元+2 万元=61.2 万元

任务三 成本核算程序及账户设置

任务引入

东方机械厂为了正确核算产品的成本，设置了“基本生产成本”、“辅助生产成本”、“制造费用”等成本类账户。企业根据生产的特点和管理的要求，确定成本计算对象，采用合适的成本计算方法，严格按照成本核算的程序设置生产成本明细账，归集生产费用，计算各月份完工产品总成本及单位成本。为了更好地反映各账户之间的关系，除了主要的成本类账户外，企业在成本核算过程中还会涉及哪些账户？总分类账户之间有着什么样的关系？

相关知识

一、成本核算的程序

产品成本核算的一般程序是指对企业在生产经营过程中发生的各项费用，按照成本核算的要求，逐步进行归集和分配，最后计算出各种产品的成本和各项期间费用的基本过程，如图1-6所示。成本核算的一般程序如下。

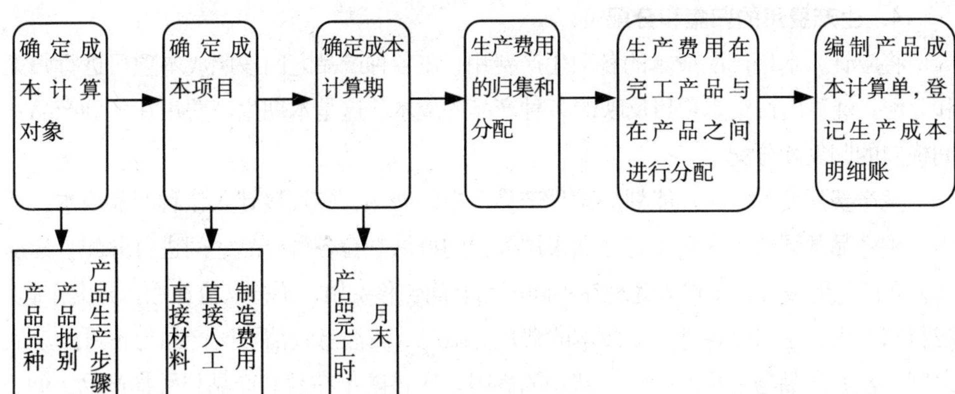

图1-6　成本核算的基本程序

1. 确定成本计算对象，设置生产成本明细账

成本计算对象是生产费用的承担者，即归集和分配生产费用的对象。确定成本计算对象，就是要解决生产费用由谁来承担的问题。成本计算对象的确立，是设置产品成本明细账，正确计算产品成本的前提，也是区别各种产品成本计算的主要标志。不同性质的企业，成本计算对象的确定是不相同的，可以是某种产品、某类产品或某批产品，也可能是某一生产步骤。至于选用什么作为成本计算对象，则取决于企业的生产特点和管理要求。企业应根据自身的生产特点和管理要求，选择合适的产品成本计算对象设置生产成本明细账，计算出各种产品的生产成本，分成本项目确定某种产品的单位成本和总成本。

2. 确定成本项目，严格审核和控制企业的各项支出

对企业的各项支出进行严格审核和控制，并按照国家的有关规定确定其是否应计入产品成本、期间费用，以及应计入产品成本还是期间费用。

企业应按照国家有关成本开支范围的规定，正确地核算产品成本和期间费用。凡不属于企业日常生产经营方面的支出，均不得计入产品成本或期间费用；凡属于企业日常生产经营方面的支出，均应全部计入产品成本或期间费用，不得遗漏。多计成本，会减少企业利润和国家财政收入；少计成本，则会虚增利润，使企业成本得不到应有

的补偿，从而影响企业生产经营活动的正常进行。无论是多计成本还是少计成本，都会造成成本不实，从而不利于企业的成本管理。

3. 确定成本计算期，正确划分各种费用界限

为了按期分析和考核产品成本和经营管理费用，正确计算各期损益，还应将计入产品成本的生产费用和作为期间费用的经营管理费用，在各个期间进行划分。为此，本期发生的成本费用都应在本期入账，不应将其一部分延续到下期入账；也不应未到期末就提前结账，将本期成本、费用的一部分作为下期成本、费用进行处理。

4. 生产费用的归集和分配

将应计入本期产品成本的各项生产费用，在各种产品之间按照成本项目进行归集和分配，计算出按成本项目反映的各种产品的成本。这是本期生产费用在各种产品之间横向的归集和分配。

生产费用发生时，凡能划清某种产品负担的费用，应直接计入该种产品成本；凡由几种产品共同负担的费用，必须采用适当的办法，在各种产品之间进行分配，分别计入各产品的成本，不得人为地在不同产品之间转移费用，不得以盈补亏，弄虚作假。应特别指出，在划分各种产品成本的费用界限时，应注意划清可比产品与不可比产品之间、盈利产品与亏损产品之间费用的界限。应该防止在盈利产品与亏损产品之间，以及可比产品与不可比产品之间任意增减生产费用的错误做法。只有客观正确地反映各种产品的成本，才能正确地考核分析全部产品成本计划的完成情况和各种产品成本的升降情况，寻求降低成本的正确途径。

5. 生产费用在完工产品与期末在产品之间进行分配

对于期末既有完工产品又有在产品的产品，将该种产品的生产费用（期初在产品生产费用与本期生产费用之和）在完工产品与期末在产品之间进行分配，计算出该种产品的完工产品成本和期末在产品成本。这是生产费用在同种产品的完工产品与期末在产品之间纵向的归集和分配。

6. 编制产品成本计算单，登记生产成本明细账

企业按照成本计算对象开设产品成本计算单，单中应按照成本项目分设专栏，登记各产品的相应成本项目的期初在产品成本、本期发生的成本、本期完工产品成本和期末在产品成本。成本计算对象为某种产品时，产品成本计算单格式如表 1-1 所示。

表 1-1　　生产成本明细账（产品生产成本计算单）

产品名称：××产品　　产成品：××件　　单位：元

201×年		凭证号数	摘　　要	直接材料	直接人工	制造费用	合计
月	日						
			月初在产品成本				
			本月生产费用				

续表

201×年		凭证号数	摘 要	直接材料	直接人工	制造费用	合计
月	日						
			生产费用累计				
			本月完工产品成本				
			完工产品单位成本				
			月末在产品成本				

企业运用各种产品成本计算方法对产品成本进行核算后，还要将核算的结果定期编制成本报表，向管理当局报送；同时，还需要对各种成本资料进行分析，总结产品成本管理中的经验，发现其存在的问题和不足，提出改进的意见和建议，并以书面报告的形式提供给企业管理部门，以便决策者及时了解企业产品成本的构成及成本水平，利用成本数据进行各种预测和决策，达到加强产品成本管理的目的。

二、成市核算的账户

为了进行成本核算，一般需要设置“生产成本”、“制造费用”两个一级账户，“生产成本”账户下面再分别设置“基本生产成本”和“辅助生产成本”两个二级账户。在实际工作中，也可以将“生产成本”账户分设为“基本生产成本”和“辅助生产成本”两个总分类账户，分别进行成本核算。还要设置“销售费用”、“管理费用”、“财务费用”等科目进行期间费用的核算，并根据企业具体情况做出增加或减少账户的选择。如果需要单独核算废品损失，还应设置“废品损失”账户。

1. 产品成本核算账户

（1）“生产成本”账户。“生产成本”账户用来核算企业进行产品生产（包括完工产品、自制半成品等）、自制材料、自制工具及自制设备等所发生的各项生产费用。

为了分别核算基本生产车间与辅助生产车间的生产成本，需要在生产成本下设两个明细账“基本生产成本”和“辅助生产成本”。

（2）“基本生产成本”账户。基本生产是指为完成企业主要生产目的而进行的产品生产。为了归集基本生产所发生的各种生产费用，记算基本生产产品成本，应设置“基本生产成本”账户。基本生产所发生的各种生产费用，记入该账户的借方；完工入库的产品成本，记入该账户的贷方；该账户的余额，就是基本生产在产品的成本，即基本生产在产品占用的资金。该账户应按产品品种或产品批别、生产步骤等成本计算对象分设基本生产成本明细账（产品成本计算单），明细账内按产品成本项目分设专栏或专行，登记该产品的各成本项目的月初在产品成本、本月发生的成本、本月完工产品成本和月末在产品成本。

生产成本明细账格式如表 1-2 所示。

表 1-2　　基本生产成本明细账

产品名称：甲产品　　201×年 2 月　　单位：元

201×年		凭证号	摘　要	直接材料	直接人工	制造费用	合　计
2	1	略	月初在产品成本				
	28		本月发生生产费用				
			合计				
			结转完工产品成本				
			月末在产品成本				

（3）“辅助生产成本”账户。辅助生产是指为基本生产服务而进行的产品生产和劳务供应。辅助生产所提供的产品和劳务，有时也对外销售，但这不是它的主要目的。为了归集辅助生产所发生的各种生产费用，计算辅助生产所提供的产品和劳务的成本，应设置“辅助生产成本”账户。该账户的借方登记为进行辅助生产而发生的各种费用；完工入库产品的成本或分配转出的劳务成本，记入该账户的贷方；该账户的余额就是辅助生产在产品的成本，即辅助生产在产品占用的资金。

“辅助生产成本”账户应按辅助生产车间和生产的产品、劳务分设明细分类账，账内按辅助生产的成本项目或费用项目分设专栏或专行进行明细登记，如表 1-3 所示。

表 1-3　　辅助生产成本明细账

车间名称：　　201×年 2 月　　单位：元

日期	凭证号	摘要	材料费用	燃料及动力	工资及福利费	折旧费用	修理费	其他	合计

（4）“制造费用”账户。为了核算生产部门为生产产品和提供劳务而发生的各项制造费用，应设置“制造费用”账户。该账户借方登记实际发生的制造费用；贷方登记分配转出的制造费用；除季节性生产企业外，该账户月末应无余额。

“制造费用”账户应按车间、部门设置明细分类账，账内按费用项目设立专栏进行明细登记，如表 1-4 所示。

表 1-4　　制造费用明细账

车间名称：　　201×年 2 月　　单位：元

日期	凭证号	摘要	材料费用	工资及福利费	水电费	折旧	办公费	劳动保护费	其他	合计

2．期间费用核算账户

（1）“销售费用”账户。为了核算企业在产品销售过程中发生的各项费用，以及为销售本企业产品而专设的销售机构的各项经费，应设置“销售费用”账户。该账户借方登记实际发生的各项产品销售费用；贷方登记期末转入“本年利润”账户的产品销售费用；期末结转后该账户应无余额。

“销售费用”账户的明细分类账，应按费用项目设置专栏，进行明细登记。

（2）“管理费用”账户。为了核算企业行政管理部门为组织和管理企业生产所发生的各项费用，应设置“管理费用”账户。该账户借方登记发生的各项管理费用；贷方登记期末转入“本年利润”账户的管理费用；期末结转后该账户应无余额。

“管理费用”账户的明细分类账，应按费用项目设置专栏，进行明细登记。

（3）“财务费用”账户。为了核算企业为筹集生产经营所需资金而发生各项费用，应设置“财务费用”账户。该账户借方登记发生的各项财务费用；贷方登记应冲减财务费用的利息收入、汇兑收益以及期末转入“本年利润”账户的财务费用；期末结转后该账户应无余额。

“财务费用”账户的明细分类账，应按费用项目设置专栏，进行明细登记。

任务实施

东方机械厂为了正确地核算企业的各项产品的成本，除了设置“基本生产成本”、“辅助生产成本”、“制造费用”等主要成本类账户外，在成本核算的过程中，还涉及原材料、应付职工薪酬、累计折旧、库存商品等相关账户。产品成本总分类账户中成本流转核算程序如图1-7所示。

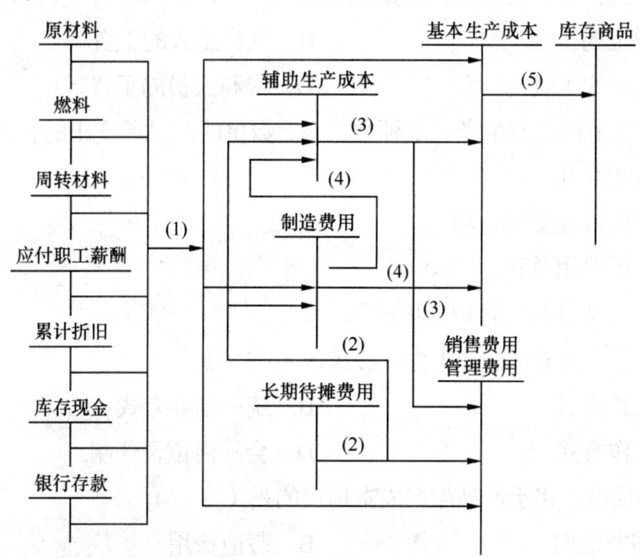

图1-7　成本流转核算程序

说明：（1）对发生的要素费用进行归集与分配

（2）分配其他费用

（3）分配辅助生产成本

（4）分配制造费用

（5）计算并结转完工产品成本

职业能力训练

一、单项选择题（在下列备选答案中选出一个正确的答案，填在括号内）

1. 工业企业费用按经济内容划分，一般称为（　　），按经济用途划分又称为（　　）。

A. 成本项目　　B. 生产成本　　C. 生产费用　　D. 费用要素

2. 下列各项属于生产费用要素的有（　　）。

A. 工资　　B. 直接材料　　C. 燃料和动力　　D. 制造费用

3. 下列不能计入产品成本的费用是（　　）。

A. 生产工人工资及福利费　　B. 燃料和动力

C. 利息费用　　D. 车间、分厂管理人员工资及福利费

4. 现代成本会计形成于（　　）。

A. 19 世纪初期　　B. 20 世纪初期

C. 第二次世界大战之前　　D. 第二次世界大战之后

5. 贯穿现代成本会计始终的应当是（　　）。

A. 成本预测　　B. 成本决策　　C. 成本核算　　D. 成本控制

6. “直接人工”这一成本项目的内容是指（　　）。

A. 全体职工的工资　　B. 生产工人的工资

C. 管理人员的工资　　D. 福利人员的工资

7. 产品成本是指企业生产一定种类、一定数量的产品所支出的各项（　　）。

A. 生产费用之和

B. 生产经营管理费用总和

C. 经营管理费用总和

D. 料、工、费及经营管理费用总和

8. 大中型企业的成本会计工作一般采取（　　）。

A. 集中工作方式　　B. 统一领导方式

C. 分散工作方式　　D. 会计岗位责任制

9. 下列各项中，属于产品生产成本项目的是（　　）。

A. 外购动力费用　　B. 制造费用

C. 工资费用　　D. 折旧费用

10. 为了保证按每个成本计算对象正确地归集应负担的费用，必须将应由本期产品负担的生产费用正确地在（　　）。

A. 各种产品之间进行分配

B. 完工产品和在产品之间进行分配

C. 赢利产品与亏损产品之间进行分配

D．可比产品与不可比产品之间进行分配

11．正确计算产品成本，应做好的基础工作是（　　）。

A．正确确定财产物资的计价　　B．正确划分各种费用界限

C．确定成本计算对象　　D．建立和健全原始记录工作

12．下列各项中，不计入产品成本的费用是（　　）。

A．直接材料费用　　B．辅助车间管理人员工资

C．车间厂房折旧费　　D．厂部办公楼折旧费

二、多项选择题（在下列备选答案中选出多个正确的答案，填在括号内）

1．成本会计的职能包括（　　）。

A．成本预测、决策　　B．成本核算、分析

C．成本计划　　D．成本控制

E．成本考核

2．成本会计机构内部的组织分工有（　　）。

A．按成本会计的职能分工　　B．按成本会计的对象分工

C．集中工作方式　　D．分散工作方式

E．统一工作方式

3．下列各项中，不属于产品生产成本项目的是（　　）。

A．外购动力　　B．工资费用　　C．折旧费

D．直接材料　　E．燃料及动力

4．为了正确计算产品成本，应做好的基础工作包括（　　）。

A．定额的制定和修订　　B．做好原始记录工作

C．正确选择各种分配方法　　D．材料物资的计量、收发、领退和盘点

E．成本计划的制订和修订

5．期间费用是指（　　）。

A．财务费用　　B．管理费用　　C．生产费用

D．人工费用　　E．销售费用

6．为了正确计算产品成本，必须正确划分（　　）的费用界限。

A．应计入产品成本和不计入产品成本

B．资本性支出和收益性支出

C．各种产品

D．各个月份

E．完工产品和在产品

三、判断题（正确的画“√”，错误的画“×”）

1．在制造成本法下，国家有关制度统一规定设置的成本项目，应当有直接材料、

直接人工、制造费用。(　　)

2. 期间费用包括管理费用、财务费用和销售费用。期间费用发生时，应采用分摊的方法计入产品成本，才能保证产品成本计算的完整性。(　　)

3. 企业成本会计制度一经确定，应认真严格执行，保持其稳定性，不得变更。(　　)

4. 生产费用是指某一时期内实际发生的生产费用，而产品成本反映的是某一时期某种产品所应负担的费用。(　　)

5. 大中型企业一般采用非集中工作方式，中小型企业一般采用集中工作方式。(　　)

项目二

要素费用的归集和分配

【知识目标】

- 掌握原材料费用分配方法的核算及账务处理
- 掌握直接人工费用分配方法的核算及账务处理
- 了解要素费用的内容

【能力目标】

- 会进行各项要素费用分配
- 会进行各项要素费用分配表的编制及账务处理

任务一　材料及动力费用的归集和分配

任务引入

北方机械公司201×年×月生产甲、乙两种产品，共同领用A、B材料，产量分别为150件和120件，共同发生材料费用3 762元。其中甲产品的消耗定额为：A材料0.6千克，B材料0.8千克；乙产品消耗定额为：A材料0.9千克，B材料0.5千克。A材料单价为10元，B材料单价为8元。

任务：（1）计算甲产品定额消耗 A、B 材料的定额费用总额。

（2）计算乙产品定额消耗 A、B 材料的定额费用总额。

（3）按定额耗用量比例分配计算两种产品各自应负担的原材料费用。

相关知识

材料费用包括企业生产经营过程中耗用的原材料（原料及主要材料）、辅助材料、设备配件、外购半成品、燃料、低值易耗品和包装物等的货币表现。对材料成本进行核算，就是对产品生产过程中发生的材料耗费根据领料凭证归集到有关成本计算对象。在核算过程中，能直接明确其成本计算对象的就直接归集到该成本计算对象中。由几种成本计算对象共同耗用的材料则要采用适当的方法分配计入这几种成本计算对象中。工业企业进行材料费用核算，首先要进行材料发出的核算，然后根据发出材料的经济用途分配材料费用，将其分别计入各种产品成本和经营管理费用。

材料费用在产品成本中一般占有较大比重，因此，加强对材料费用的控制与核算，对于正确计算产品成本，节约材料消耗，从而降低产品成本具有重要的作用。在材料费用的控制与核算过程中，企业除了建立有关材料定额之外，平时领发材料应办理必要的手续，并填制有关凭证。常用的原始凭证有领料单、限额领料单、领料登记表和退料单等。

一、原材料费用的归集和分配

原材料是指企业通过采购或其他方式取得的用于制造产品并构成产品实体的物品，以及取得的供生产耗用但不构成产品实体的辅助材料、燃料等。通常情况下，原材料费用分配是按用途、部门和受益对象来分配的。具体来说：用于产品生产的原材料费用由基本生产的各种产品负担，应记入“基本生产成本”总账账户及明细账的有关成本项目；产品生产车间一般消耗的原材料，应记入“制造费用”总账账户及明细账的有关成本项目；而用于产品销售以及企业行政部门组织和管理生产的材料费用，则由销售费用和管理费用负担，记入“销售费用”和“管理费用”账户的有关费用项目等。总之，材料费用的分配对象，要视企业的生产特点和管理要求而定，不能随意确定。

原材料费用的分配方法是指将原材料费用计入各负担对象的方法。一般而言，凡能辨清原材料费用承担对象的，应直接计入该分配对象。属于几种产品共同耗用的，即间接计入的，应采用适当的分配方法，分配计入各有关产品成本。所谓分配方法适当，指分配依据的标准与分配对象有比较密切的联系，因而分配结果比较合理，而分配标准的资料也要比较容易取得，计算比较简便。

间接计入费用的标准主要有：（1）成果类，如产品的重量、体积、产量、产值等；（2）消耗类，如生产工时、生产工资、机器工资、机器工时、原材料消耗量或费用等；（3）定额类，如定额耗用量、定额费用等。分配费用的基本计算公式为：

$$费用分配率=\frac{待分配费用总额}{分配标准总额}$$

某分配对象应分配的费用 = 该对象的分配标准额 × 费用分配率

材料费用分配的方法主要有：定额耗用量比例法、定额费用比例法、系数比例法、产品产量比例分配法等。下面主要说明材料费用分配的定额耗用量比例法和材料定额费用比例法。

1. 材料定额耗用量比例法

材料定额耗用量是指一定产量下按照材料消耗定额计算的可以消耗的数量，其中材料消耗定额是指单位产品可以消耗的材料数量限额。其计算步骤如下。

第一步，计算某种产品材料定额耗用量。

某种产品材料定额耗用量=该种产品实际产量×单位产品材料消耗定额

第二步，计算材料耗用量分配率。

材料耗用量分配率=材料实际消耗总量÷各种产品材料定额耗用量之和

第三步，计算某种产品应分配的材料数量。

某种产品应分配的材料数量 = 该种产品材料定额耗用量×材料耗用量分配率

第四步，计算某种产品应分摊的材料费用。

某种产品应分配的材料费用=该种产品应分配的材料数量×材料单价

[案例 2-1]　北方机械公司第一车间 201×年 9 月生产甲、乙两种产品分别为 200 件、300 件，共同耗用 A 材料 6 800 千克，该原材料的单位实际成本为每千克 8 元，该材料单位消耗定额甲产品、乙产品分别为每件 8 千克和 6 千克。领料单如表 2-1 所示。

表 2-1　**领料单**

201×年 9 月

领料单位：第一车间　　领料单号：3810

材料用途：生产甲产品 乙产品　　发料仓库：6

材料类别	材料编号	材料名称	材料规格	计量单位	数量		材料单价	金额（元）
					请领	实发		
主要材料	79 528	A	Φ20	千克	6 800	6 800	8.00	54 400
备注							合计	54 400

仓库管理员（签章）　发料人（签章）　审批人（签章）　领料人（签章）李俊

共同耗用 A 材料费用分配计算如下。

甲产品原材料定额耗用量= 200 × 8 =1 600（千克）

乙产品原材料定额耗用量= 300 × 6 =1 800（千克）

原材料耗用量分配率= 6 800÷(1 600 + 1 800)= 2（元/千克）

甲产品应分配的原材料数量=1 600 × 2 = 3 200（千克）

乙产品应分配的原材料数量=1 800×2=3 600（千克）

甲产品应分配的原材料费用=3 200×8=25 600（元）

乙产品应分配的原材料费用=3 600×8=28 800（元）

这种分配方法，可以考核材料消耗定额的执行情况，有利于进行材料消耗的实物管理，但分配的计算工作量较大。为了简化分配计算工作量，也可以直接按材料定额消耗量分配材料费用。

原材料费用分配率=原材料费用总额÷各种产品材料定额耗用量之和

某种产品应分配的材料费用＝该种产品定额耗用量×原材料费用分配率

承［案例 2-1］，则

原材料费用分配率=54 400÷(1 600+1 800)=16

甲产品应分配的原材料费用=1 600×16=25 600（元）

乙产品应分配的原材料费用=1 800×16=28 800（元）

上述两种分配的计算结果相同，但后一种方法不能反映各种产品所应负担的材料消耗总量，不利于加强材料消耗的实物管理。

[案例 2-2]　北方机械公司 201×年 9 月的发料情况如表 2-2 所示。

表 2-2　**发出材料明细表**

201×年 9 月　金额单位：元

材料类别		发料数量	单位成本	用途
原材料	A 材料	200 千克	600	甲产品生产用
	B 材料	6 800 千克	8	甲、乙两种产品共用
燃料	煤炭	120 千克	60	锅炉车间 100 千克，机修车间 20 千克
	煤炭	20 千克	60	基本生产车间用
	煤炭	10 千克	60	管理部门用
辅助材料	水	200 千克	40	基本生产车间用
	辅料	50 只	6	基本车间物料消耗

企业投产生产甲产品 200 件，乙产品 300 件，单件耗用 B 材料定额分别为 8 千克、6 千克，则编制“原材料费用分配表”如表 2-3 所示。

表 2-3　**原材料费用分配表**

201×年 9 月　金额单位：元

应借账户		成本或费用明细项目	间接计入			直接计入	合计
			耗用材料定额（千克）	费用分配率	分配额		
基本生产成本	甲产品	直接材料	1 600	16	25 600	120 000	145 600
	乙产品	直接材料	1 800	16	28 800		28 800
	小计		3 400	16	54 400	120 000	174 400

续表

应借账户		成本或费用明细项目	间接计入			直接计入	合计
辅助生产成本	锅炉车间	直接材料				6 000	6 000
	机修车间	直接材料				1 200	1 200
	小计					7 200	7 200
制造费用	基本生产车间	机物料消耗				9 200	9 200
管理费用		机物料消耗				600	600
		修理用料				300	300
		小计				900	9 00
合计					54 400	137 300	191 700

根据“原材料费用分配表”编制会计分录如下。

借：基本生产成本——甲产品　　145 600
　　　　　　　　——乙产品　　28 800
　　辅助生产成本——锅炉车间　　6 000
　　　　　　　　——机修车间　　1 200
　　制造费用——基本生产车间　　9 200
　　管理费用　　900
　贷：原材料　　191 700

2. 材料定额费用比例法

在各种产品共同耗用原材料种类较多的情况下，为了进一步简化分配计算工作，可以按照各种材料的定额费用的比例来分配材料实际费用，会计上称之为材料定额费用比例法。计算公式如下。

某产品某材料定额费用=该种产品实际产量×单位产品该种材料费用定额

其中：单位产品该种材料费用定额=单位产品该种材料消耗定额×该种材料计划单价

材料费用分配率=各种材料实际费用总额÷各种产品、各种材料定额费用之和

某种产品分配负担的材料费用=该种产品各种材料定额费用之和×材料费用分配率

对于间接计入产品成本的辅助材料，如果是耗用在主要材料上，可以按主要材料的耗用量比例分配，如果耗用的辅助材料与产品的产量有关，也可以按产品产量比例分配；如果辅助材料的消耗定额比较准确，还可以按辅助材料的定额消耗量或定额费用比例分配。

如果有余料退库和废料收回业务，应根据退料凭证和废料交库凭证，扣减原领用的材料费用。月末已领未用的材料，如果下月生产还需用，应办理假退料手续，以冲减当月生产费用。

原材料费用分配在实际工作中是通过编制“原材料费用分配表”进行的。这种分配表应根据领退料凭证和有关凭证编制。其中退料凭证的数额可以从相应的领料凭证的数额中扣除。

在实际工作中，材料费用分配的核算并不是从企业材料发出的总分类核算中单独抽出进行的，而是作为材料发出总分类核算的内容一并进行。因此，发出材料的总分类核算也根据发料凭证汇总表进行，而不是直接根据材料费用分配表进行。

二、外购燃料及动力费用的归集与分配

企业燃料费用的归集与分配和材料费用的归集与分配相同。如果燃料单独作为一个科目进行核算，则按使用部门和用途借记“基本生产成本”、“制造费用”和“管理费用”等科目，贷记“燃料”科目；如果企业不设置“燃料”科目，燃料费用可以并入“原材料”科目进行核算，此时燃料是作为“原材料”的明细科目进行核算的。

对于发生的外购动力费用，它们有的直接用于产品生产，有的间接用于产品生产，还有的用于经营管理等。外购动力费用的分配，应当根据计量仪表记录的实际耗用数量，按照一定的单价和使用部门计算分配。在没有仪表的情况下，不能确定承担对象的动力耗用量，此时可以按照生产工时（实际或定额）、定额消耗量的比例分配动力费用。在企业中，各车间、部门的动力用电和照明用电一般都分别装有电表。因此，外购动力费用在各车间、部门动力用电和照明用电之间一般都按用电度数进行分配；车间的动力用电一般无法按产品分别安装电表记录各自的用电数量，因此，车间动力用电费在各种产品之间一般按产品的生产工时、机器工时、定额耗电量比例进行分配。

为了加强对能源费用的核算和控制，生产工艺用动力一般与生产工艺用燃料合并设置一个“燃料及动力”成本项目，此时外购动力费应计入产品成本的“燃料及动力”成本项目。如果按产品分别装有记录仪表，则应根据仪表所记录的各种产品的耗电数量以及外购动力单价，计算各种产品应负担的外购动力费用，并直接计入各种产品成本的“燃料及动力”成本项目；反之，则应当选择恰当的分配标准和相应的分配方法，将外购动力费用分配计入各产品成本的“燃料及动力”成本项目。

如果企业的生产工艺用的燃料和动力没有专门设置“燃料及动力”成本项目，这些费用则可以分别计入“直接材料”成本项目和“制造费用”成本项目，即作为原材料费用和制造费用进行核算。

[案例 2-3] 北方机械公司 201×年 9 月生产甲、乙两种产品，本月实际耗电量为 86 000 千瓦时，每度电 0.30 元，共计 25 800 元。根据电表记录，企业管理部门耗电 4 600 千瓦时，车间管理部门耗电 3 000 千瓦时，生产车间耗电 78 400 千瓦时。本月甲产品实耗工时 2 600 小时，乙产品实耗工时 2 400 小时，动力费用分配表如表 2-4 所示。

表 2-4　　　　　　　　　　　　**动力费用分配表**

201×年 9 月　　　　　　　　　　　　金额单位：元

应借科目		成本及费用项目	动力费用分配		电费分配	
			实际工时（小时）	分配金额（分配率＝4.704）	用电量（千瓦时）	单价（0.30 元）
基本生产成本	甲产品	燃料及动力	2 600	12 230		
	乙产品	燃料及动力	2 400	11 290		
	小计		5 000	23 520	78 400	23 520
制造费用	基本生产车间				3 000	900
管理费用		水电费			4 600	1 380
合计					86 000	25 800

根据表 2-4，财会部门做如下会计分录。

借：基本生产成本——甲产品　　12 230
　　　　　　　　——乙产品　　11 290
　　制造费用——基本生产车间　　900
　　管理费用　　1 380
　贷：应付账款　　25 800

企业的外购动力费用，在付款时，应按外购动力的用途，直接借记各成本、费用科目，贷记"银行存款"科目。但在实际工作中一般通过"应付账款"科目核算，即在付款时先作为暂付款处理，借记"应付账款"科目，贷记"银行存款"科目。月末按照外购动力的用途分配费用时，再借记各成本、费用科目，贷记"应付账款"科目，冲减原来记入"应付账款"科目借方的暂付款。之所以要这样核算，是因为外购动力费用一般不是在每月末支付，而是在每月下旬支付。该日计入的动力费用，并不完全是当月动力费用，而是上月付款日到本月付款日这一段时间的动力费用。如果支付时就直接借记各成本、费用科目，贷记"银行存款"科目，就不仅要计算、扣除上月付款日到上月末的应付未付动力费用，而且还要分配、补记当月付款日到当月末的应付未付动力费用，核算工作量太大。而通过"应付账款"科目核算，可以免去这些核算工作，每个月只需在月末分配登记一次动力费用，大大简化了核算工作。

按照上述核算，"应付账款"科目借方所记本月所付动力费用与贷方所记本月应付动力费用，往往不相等，从而出现月末余额。如果是借方余额，为本月支付款大于应付款的多付动力费用，可以抵冲下月应付费用；如果是贷方余额，为本月应付款大于支付款的应付未付动力费用，可以在下月支付。如果每月支付动力费用的日期基本固定，而且每月付款日到月末的应付动力费用相差不多，也可以不通过"应付账款"科目核算，而将每月支付的动力费用作为应付动力费用，在付款时直接借记各成本、费用项目，贷记“银行存款”科目，每月分配、登记一次动力费用。因为在这种情况下，各月付款日到月末的应付动力费用可以互相抵消，不影响各月动力费用核算的正确性。

任务实施

（1）计算甲产品定额消耗A、B材料的定额费用总额。

甲产品消耗A材料定额费用=150×0.6×10=900（元）

甲产品消耗B材料定额费用=150×0.8×8=960（元）

甲产品定额消耗A、B材料的定额费用总额=900+960=1 860（元）

（2）计算乙产品定额消耗A、B材料的定额费用总额。

乙产品消耗A材料定额费用=120×0.9×10=1 080（元）

乙产品消耗B材料定额费用=120×0.5×8=480（元）

乙产品定额消耗A、B材料定额费用总额=1 080+480=1 560（元）

（3）按定额耗用量比例分配计算两种产品各自应负担的原材料费用。

分配率=3 762÷(1 860+1 560)=1.1

甲产品应分配的费用=1 860×1.1=2 046（元）

乙产品应分配的费用=1 560×1.1=1 716（元）

任务二　人工费用的归集和分配

任务引入

财政部颁布的新的企业会计准则规定：职工薪酬是指企业为获得职工提供的服务而给予各种形式的报酬以及其他相关支出。职工薪酬不仅包括企业一定时期支付给全体职工的劳动报酬总额，也包括按照工资的一定比例计算并计入成本费用的其他相关支出。职工薪酬包括工资奖金津贴、职工福利费、各类社会保险费用、住房公积金、工会经费、职工教育经费、未参加社会统筹的退休人员退休金和医疗费用以及辞退福利、带薪休假等其他与薪酬相关的支出。

北方机械厂设有一个基本生产车间，两个辅助生产车间，某月为生产甲、乙两种产品支付生产工人计件工资84 000元（其中甲产品生产工人工资46 000元，乙产品生产工人工资38 000元），锅炉车间生产工人工资12 400元，机修车间生产工人工资21 600元，基本生产车间管理人员工资6 800元，企业行政部门管理人员工资16 000元。公司根据需要当月按照工资总额提取职工福利费5%，提取职工教育经费1.5%，提取工会经费2%，各类社会保险、住房公积金等10%。

任务：北方机械厂应如何分配工资费用，如何计提各项福利费、职工教育经费、工会经费、各类社会保险等。

相关知识

一、职工薪酬范围

新颁布的会计准则规定，职工薪酬是指企业为了获取职工提供的服务而给予各种形式的报酬以及其他相关支出，主要包括以下内容。

（1）职工工资、奖金、津贴和补贴：即按照有关标准、规定应付给职工的计时工资、计件工资、超额劳动报酬、增收节支奖励，以及各种津贴、补贴。

（2）职工福利费：企业用于改善职工生活条件的如职工医院、浴室、食堂餐厅等费用支出。

（3）社会保险费：企业按照国家有关标准和比例，向社会保险经办机构缴纳的“五险”，即医疗保险费、养老保险费、失业保险费、工伤保险费和生育保险费等社会保险费。

（4）住房公积金：企业按照国家住房公积金管理条例规定，向住房公积金管理机构缴存的住房公积金。

（5）工会经费和职工教育经费：企业按照一定比例从应付职工薪酬（职工工资）中提取的，用于职工后续教育培训的以及工会活动的费用支出。

（6）非货币性福利：向职工发放的企业自产产品或外购商品，或无偿向职工提供住房等资产使用的福利。

（7）解除与职工劳动关系给予的补偿：在职工劳动合同尚未到期前，企业决定解除与职工的劳动关系而给予的补偿；为鼓励职工自愿接受裁减而给予的补偿，职工有权利选择继续在职或接受补偿离职。

（8）其他相关支出：其他与获得职工提供的服务相关的支出。

职工薪酬准则（企业会计准则第9号）规定：应由生产产品、提供劳务负担的职工薪酬，计入产品成本或劳务成本；应由在建工程、无形资产负担的职工薪酬，计入建造固定资产或无形资产成本；除上述之外的其他职工薪酬，计入当期损益。

二、工资费用分配的核算

根据会计期间假设和权责发生制原则要求，企业成本核算员在每月终了时，应在会计部门根据计算出的职工工资，按车间、部门分别编制“工资结算单”的基础上，分别受益对象来分配工资费用。分配工资费用时，应在明确两个问题（即工资中哪些应计入成本、费用，以及应计入成本、费用的工资哪些可直接计入，哪些需要采用分配方法分配计入）的基础上，先解决工资费用的分配对象和分配方法问题。工资费用分配对象的确定与材料费用的分配基本相同，即按谁受益谁负担的原则进行分配。具体来说，为产品生产而发生的人员工资应由基本生产部门的各产品负担；为基本生产提供产品或劳务所发生的人员工资应由辅助生产部门生产的各产品或劳务承担；各生产部门的管理人员发生的工资应由各生产部门的制造费用承担；企业行政管理部门发生的工资则由管理费用承担。

在实际工作中，工资费用的分配，一般是通过编制“工资费用分配表”进行的，编制的依据是工资结算单。下面将以计时工资形式下工资费用的分配进行举例说明。

［案例 2-4］ 北方机械公司 201×年 9 月份为生产甲、乙两种产品支付生产工人工资 24 600 元，锅炉车间生产工人工资 7 400 元，机修车间生产工人工资 4 100 元，基本生产车间管理人员工资 4 500 元（假定无锅炉车间和机修车间管理人员工资），企业行政部门管理人员工资 10 800 元。生产工人的工资规定按甲、乙两种产品的生产工时比例进行分配，其工时分别为 4 100 小时和 2 050 小时。编制的“工资费用分配表”如表 2-5 所示。

表 2-5 **工资费用分配表**

201×年 9 月　　金额单位：元

应借账户		成本或费用项目	生产工时（小时）	分配率	应分配工资费用
基本生产成本	甲产品	直接人工	4 100		16 400
	乙产品	直接人工	2 050		8 200
	小计		6 150	4	24 600
辅助生产成本	锅炉车间	直接人工			7 400
	机修车间	直接人工			4 100
	小计				11 500
制造费用	基本生产车间	工资及福利费			4 500
管理费用		工资及福利费			10 800
合计					51 400

据此编制会计分录如下。

借：基本生产成本——甲产品　　16 400
　　　　　　　　——乙产品　　8 200
　　辅助生产成本——锅炉车间　　7 400
　　　　　　　　——机修车间　　4 100
　　制造费用——基本生产车间　　4 500
　　管理费用　　10 800
　贷：应付职工薪酬——职工工资　　51 400

三、职工福利费分配的核算

职工福利费是用于企业内设医务室、职工浴室、理发室、幼儿园等集体福利机构人员的工资，医务经费，职工因公负伤赴外地就医费，职工生活困难补助，未实行医疗统筹企业的职工医疗费用，以及按照国家规定开支的其他职工福利支出。

根据新《企业会计准则》和修订后的《企业财务通则》的有关规定，对职工福利费的提取取消了原来按工资总额14%的规定，明确指出属于职工薪酬的范围，除医疗保险以外的其他福利性费用，由企业自主决定提取比例或是据实列支。企业可以根据实际情况采用先提取后使用的方法，但提取比例由企业根据自身实际情况合理确定。年末，如果当年提取的福利费大于支用数的，应予冲回，反之应当补提，同时修订次年度福利费的提取比例，也可以按福利费实际发生额据实列支，直接计入相关成本、费用中，与税法规定不一致时，应作纳税调整，对于企业原有的福利费余额，无需进行调整，可继续使用，在首次执行日后的第一会计期间，发生的福利费支出先将以前年度结余的应付福利费进行抵扣，直至账户余额清零。

在会计处理上，取消了原来的“应付福利费”一级科目，增设“应付职工薪酬——职工福利”科目核算职工福利费。发生的福利费按照计算对象列入相关成本、费用科目。

[案例 2-5]　仍以案例 2-4 为例，合并编制的分配表格式如表 2-6 所示。

表 2-6　　工资及福利费分配表

201×年 9 月　　金额单位：元

应借账户		成本或费用项目	生产工时（小时）	分配率（元/小时）	工资费用	计提标准	职工福利	合计
基本生产成本	甲产品	直接人工	4 100		16 400	7%	1 148	17 548
	乙产品	直接人工	2 050		8 200	7%	574	8 774
	小计		6 150	4	24 600	7%	1 722	26 322
辅助生产成本	锅炉车间	直接人工			7 400	7%	518	7 918
	机修车间	直接人工			4 100	7%	287	4 387
	小计				11 500	7%	805	12 305
制造费用	基本生产车间	工资及福利费			4 500	7%	315	4 815
管理费用		工资及福利费			10 800	7%	756	11 556
合计					51 400	7%	3 598	54 998

据此编制职工福利费分配的分录如下。

借：基本生产成本——甲产品　　1 148
　　　　　　　　——乙产品　　574
　　辅助生产成本——锅炉车间　　518
　　　　　　　　——机修车间　　287
　　制造费用——基本生产车间　　315
　　管理费用　　756
　贷：应付职工薪酬——职工福利　　3 598

任务实施

北方机械厂除按规定分配职工薪酬外，还要根据规定提取一定的职工福利、职工教育经费、各类社会保险等。按照新的会计准则的规定，职工薪酬既有传统意义上的工资、奖金、津贴和补贴，也包括以往包含在福利费和期间费用中的职工福利费、工会经费、职工教育经费、各类社会保险等。企业支付给生产部门人员的职工薪酬，计入生产成本或是制造费用；应由在建工程、研发支出负担的职工薪酬，借记“在建工程”、“研发支出”等科目；管理部门人员、销售部门人员的职工薪酬，计入管理费用或销售费用等。

北方机械厂当月职工福利费及相关费用的计算与分配如下。

根据甲产品生产工人工资计提的福利费及相关费用=46 000×(5%+1.5%+2%+10%) = 8 510（元）

根据乙产品生产工人工资计提的福利费及相关费用=38 000×(5%+1.5%+2%+10%) =7 030（元）

根据锅炉车间工人工资计提的福利费及相关费用=12 400×(5%+1.5%+2% +10%) =2 294（元）

根据机修车间工人工资计提的福利费及相关费用=21 600×(5%+1.5%+2%+10%)=3 996(元)

根据车间管理人员工资计提的福利费及相关费用=6 800 × (5%+1.5%+2%+10%)=1 258（元）

根据企业管理人员工资计提的福利费及相关费用=16 000×(5%+1.5%+2%+10%)=2 960（元）

账务处理如下。

借：基本生产成本——甲产品　　54 510
　　　　　　　　——乙产品　　45 030
　　辅助生产成本——锅炉车间　　14 694
　　　　　　　　——机修车间　　25 596
　　制造费用——基本生产车间　　8 058
　　管理费用　　18 960
　贷：应付职工薪酬——职工工资　　140 800
　　　　　　　　　——职工福利　　7 040
　　　　　　　　　——工会经费、社会保险、职工教育经费等　　19 008

任务三　其他要素费用的归集与分配

任务引入

北方机械厂在正常的生产过程中，除材料费用、人工费用外，还有其他要素费用，如折旧费用、利息费用、税金、邮电费、租赁费、印刷费、图书资料报刊办公用品订购费、试验检验费、排污费、差旅费、误餐补助费、交通费补贴、保险费等。在日常核算中，这些费用发生时是否都属于生产费用，直接或间接计入产品成本?

相关知识

一、折旧费用的归集和分配

折旧费用的归集必须按固定资产使用车间、部门来进行，以便正确计入各车间、部门有关产品成本及费用当中。对于生产单位使用的固定资产，其折旧应按地点通过"制造费用"账户反映；辅助生产车间如果没有设置制造费用明细账，则它的折旧额可直接记入"辅助生产成本"账户；非生产单位使用的固定资产，应区别不同用途进行相应的处理，例如，管理部门使用的固定资产其折旧费用应记入"管理费用"账户。车间、部门的折旧费用通常采用固定资产折旧计算表（以该企业第二车间折旧费用计算表为例，如表2-7所示）的形式进行归集。

表 2-7　　**固定资产折旧费用计算表**

编制单位：第二车间　　201×年9月　　金额单位：元

固定资产	月折旧率（%）	上月计提的折旧		上月增加额		上月减少额		本月应计提折旧额	
		原值	折旧额	原值	折旧额	原值	折旧额	原值	折旧额
房屋建筑物	0.2	900 000	1 800	—	—	—	—	900 000	1 800
机器设备	0.7	700 000	4 900	120 000	840	20 000	140	800 000	5 600
专用设备	0.8	400 000	3 200	70 000	560	—	—	470 000	3 760
管理设备	0.9	200 000	1 800	—	—	50 000	450	150 000	1 350
合计	—	2 200 000	11700	190 000	1 400	70 000	590	2 320 000	12 510

折旧费用的分配应按用途来进行。通常由企业财会部门在月终编制"固定资产折旧费用计算表"，以此作为折旧费用分配的依据。固定资产折旧费用分配表格式如表2-8所示。

表 2-8　　　　固定资产折旧费用分配表

201×年 9 月　　　　金额单位：元

应借科目 应贷科目	制造费用			辅助生产成本	管理费用	合计
	一车间	二车间	三车间	机修车间		
累计折旧	32 800	12 510	25 000	13 250	8 600	92 160

根据表 2-8 固定资产折旧费用分配表，会计部门做出如下会计分录。

借：制造费用——一车间　　32 800
　　　　　——二车间　　12 510
　　　　　——三车间　　25 000
　　辅助生产成本——机修车间　　13 250
　　管理费用　　8 600
　贷：累计折旧　　92 160

二、利息费用的核算

要素费用中的利息费用，不是产品成本的组成部分，而是财务费用的一个费用项目。

利息费用一般按季结算支付。每月预计利息费用时，应借记“财务费用”账户，贷记“应付利息”账户；季末实际支付全季利息费用时，借记“应付利息”等账户，贷记“银行存款”账户。

利息费用如果数额不大，为了简化核算工作，也可以在季末实际支付时全部计入当月的财务费用，即借记“财务费用”账户，贷记“银行存款”账户。

三、税金的核算

各种要素费用中的税金，也不是产品成本的组成部分，而是管理费用的组成部分，包括房产税、车船使用税、土地使用税和印花税等。

印花税可直接计算并交纳。交纳时，应借记“管理费用”账户，贷记“银行存款”账户，不通过“应交税费”账户核算。

房产税、车船使用税和土地使用税，需要预先计算应交金额，然后交纳。这些税金应通过“应交税费”账户核算。算出应交纳税金时，应借记“管理费用”账户，贷记“应交税费”账户；在交纳税金时，应借记“应交税费”账户，贷记“银行存款”等账户。

四、其他费用的核算

要素费用中的其他费用是指除了前面所述各要素以外的费用，包括邮电费、租赁费、印刷费、图书资料报刊办公用品订购费、试验检验费、排污费、差旅费、误餐补助费、交通费补贴、保险费等。这些费用都没有专门设立成本项目，应该在费用发生时，按照发生的车间、部门和用途，分别借记“制造费用”、“管理费用”等账户，贷记“银行存款”或“现金”等账户。

企业的各种要素费用通过上述分配，已经按照费用的用途分别记入“基本生产成本”、“辅助生产成本”、“制造费用”、“销售费用”、“管理费用”、“财务费用”和“在建工程”等账户的借方。其中记入“基本生产成本”账户借方的费用，已经分别记入各有关产品生产成本明细账的“直接材料”、“燃料及动力”和“直接人工”等成本项目。

任务实施

企业的各种要素费用通过分配，应该按照费用的用途分别记入相关账户，如，“基本生产成本”、“辅助生产成本”、“制造费用”、“销售费用”、“管理费用”、“财务费用”和“在建工程”等账户。

利息费用属于企业的期间费用，计入财务费用，要素费用中的税金，是管理费用的组成部分，这两项都不能计入产品的成本。其他各项支出，则应该按照费用的用途确定其归属的账户。

职业能力训练

一、单项选择题（在下列备选答案中选出一个正确的答案，填在括号内）

1. 制造成本不包括（　　）。

A. 直接材料　　B. 直接人工　　C. 制造费用　　D. 管理费用

2. 下列属于直接生产费用的是（　　）。

A. 列作当期损益的期间费用　　B. 产品生产设备折旧费

C. 车间厂房折旧费　　D. 车间管理人员工资

3. 一定产量下按照材料消耗定额计算的可以消耗的数量称为（　　）。

A. 材料定额耗用量　　B. 材料实际耗用量

C. 材料消耗定额　　D. 材料计划耗用量

4. 单位产品可以消耗的材料数量限额称为（　　）。

A. 材料定额耗用量　　B. 材料实际耗用量

C. 材料消耗定额　　D. 材料计划耗用量

5. 车间生产领用的一般性的工具、用具，应记入（　　）账户。

A. 原材料　　B. 基本生产成本

C. 制造费用　　D. 管理费用

6. 基本生产车间直接用于产品生产、构成产品实体的原材料和主要材料，应通过（　　）成本项目反映。

A. 原材料　　B. 直接材料　　C. 外购材料　　D. 原料及主要材料

7. 企业基本生产车间折旧费等，属于（　　）成本项目。

A. 管理费用　　B. 制造费用　　C. 直接人工　　D. 直接材料

8. 下列人员中，其工资应计入产品成本中直接人工项目的有（　　）。

A. 产品生产工人　　B. 车间管理工人

C. 厂部管理工人　　D. 专职销售工人

9. 如果企业不设置“燃料”科目，燃料费用可以并入（　　）科目进行核算。

A. 原材料　　B. 直接材料　　C. 燃料　　D. 低值易耗品

10. 企业的外购动力费用，在付款时，应按外购动力的用途，直接借记各成本、费用科目，贷记“银行存款”科目，但在实际工作中一般通过（　　）科目核算。

A. 应收账款　　B. 银行存款　　C. 现金　　D. 应付账款

二、多项选择题（在下列备选答案中选出多个正确的答案，填在括号内）

1. 在实际工作中，工业企业的产品成本包括（　　）。

A. 外购材料费用　　B. 直接材料费

C. 工资费用　　D. 直接人工费

2. “生产成本”账户，是用来核算企业生产的（　　）等所发生的各项生产费用。

A. 各项产品　　B. 自制材料　　C. 自制设备　　D. 自制工具

3. 下列属于产品生产成本的构成内容的费用是（　　）。

A. 直接材料　　B. 管理费用　　C. 直接人工　　D. 制造费用

4. 下列人员的工资及福利费应由产品成本负担的是（　　）。

A. 生产工人　　B. 行政管理人员

C. 车间管理人员　　D. 医务人员

5. 对于几种产品共同耗用的原材料，常用的分配方法有（　　）。

A. 定额费用比例法　　B. 定额耗用量比例法

C. 生产工时法　　D. 机器工时法

三、判断题（正确的画“√”，错误的画“×”）

1. 需要分配计入产品成本的直接材料费用，一般应选用机器加工工时为标准进行分配。（　　）

2. 直接人工费用都直接计入费用。（　　）

3. 构成产品实体的原料及主要材料和有助于产品形成的辅助材料，能直接计入的应以“直接材料”成本项目直接计入产品成本。（　　）

4. 如果企业的生产工艺用的燃料和动力没有专门设置“燃料及动力”成本项目，这些费用则可以分别计入“直接材料”成本项目和“制造费用”成本项目。（　　）

5. 在实际工作中，工资费用的分配，一般是通过编制“工资费用分配表”进行的，编制的依据是工资结算单。（　　）

四、实践练习

1. 直接材料费用的分配

资料：北方机械公司本月生产甲、乙两种产品，共耗用原材料 10 000 千克，每千克 12 元。本月投产量为，甲产品 1 000 件，乙产品 2 000 件。各种产品消耗定额为甲产品 6 千克，乙产品 5 千克。

要求：按定额耗用量比例分配计算两种产品各自应负担的原材料费用。

2. 外购燃料与动力的分配

7 月 31 日，根据计量仪表记录本月份共耗用外购动力 48 200 千瓦时。其中，基本生产车间生产 A、B 两种产品，生产 A、B 产品动力用电 40 000 千瓦时；照明用电 800 千瓦时；修理车间用电 4 000 千瓦时，销售部门用电 800 千瓦时，行政管理部门用电 2 600 千瓦时，每千瓦时 0.50 元。对直接用于产品的外购动力采用生产工时比例标准进行分配。其中：A 产品耗用 24 000 工时，B 产品耗用 26 000 工时。

要求：编制外购动力费用分配表，做出相应的会计处理。

3. 直接人工费用的分配

北方机械公司本月生产甲、乙、丙 3 种产品，共发生产品生产工人工资 40 000 元，生产工人应提福利费 5 600 元。本月实际生产工时 10 000 小时，其中甲产品 3 500 小时，乙产品 4 000 小时，丙产品 2 500 小时。

要求：按生产工时分配法计算 3 种产品各自应负担的直接人工费。

4. 直接人工费用的分配

某机械公司第一基本生产车间生产 A、B 两种产品，其计件工资为 50 000 元，其中，用于 A 产品 35 000 元，用于 B 产品 15 000 元；第二基本生产车间生产 C、D 两种产品，其计件工资为 36 000 元，其中，用于 C 产品 24 000 元，用于 D 产品 12 000 元。这两个基本生产车间其余部分生产工人工资属于间接计入工资费用，分别按第一、第二基本生产车间生产各自产品的实际工时分配。据统计，A 产品耗用 7 000 工时，B 产品耗用 8 000 工时，C 产品耗用 3 800 工时，D 产品耗用 6 200 工时。表 2-9 所示为本月份工资结算汇总资料。

表 2-9　　　　工资结算汇总表

201×年 7 月 31 日

部　门	人　员	计时工资	计件工资	夜班津贴	食品补贴	绩效工资	奖金	应付工资	代扣款项	实发工资
基本生产一车间	生产工人	22 000	50 000	2 500	5 000	3 740	4 200	87 440	2 000	85 440
	管理人员	4 000			300	180	300	4 780	500	4 280
基本生产二车间	生产工人	24 600	36 000	1 800	4 000	2 867	2 700	71 967	1 200	70 767
	管理人员	6 800			250	300	40	7 390	600	6 790

续表

部　　门	人　　员	计时工资	计件工资	夜班津贴	食品补贴	绩效工资	奖金	应付工资	代扣款项	实发工资
供电车间	全部人员	4 500			450	360	340	5 650	300	5 350
机修车间	全部人员	3 600			400	290	260	4 550	200	4 350
销售部门	销售人员	3 500			350	240	250	4 340	200	4 140
行政管理部门	管理人员	8 200			500	360	330	9 390	700	8 690
合　　计		77 200	86 000	4 300	11 250	8 337	8 420	195 507	5 700	189 807

要求：（1）编制工资费用分配表，如表 2-10 所示，并做出相应的账务处理。

表 2-10　　　　**工资费用分配表**

201×年 7 月　　　　额单位：元

应借账户		成本或费用项目	计件工资	生产工时（小时）	分配率	应分配计时工资	合计
基本生产成本	A 产品	直接人工					
	B 产品	直接人工					
	小计						
	C 产品	直接人工					
	D 产品	直接人工					
	小计						
辅助生产成本	供电车间	直接人工					
	机修车间	直接人工					
	小计						
制造费用	基本生产车间	工资费用					
管理费用		工资费用					
合　计							

（2）根据工资总额，按照当地政府的规定和企业的需要，计提 10%的职工福利费，提取职工教育经费 1.5%，提取工会经费 2%，提取各类社会保险、住房公积金等 10%，编制职工薪酬费用分配表，如表 2-11 所示。根据计算结果做出相应会计处理。

表 2-11　　　　**职工薪酬费用分配表**

201×年 7 月　　　　金额单位：元

应借账户		成本或费用项目	应付工资	职工福利费（10%）	职工教育经费（1.5%）	工会经费（2%）	社会保险、住房公积金等（10%）	合计
基本生产成本	A 产品	直接人工						
	B 产品	直接人工						
	小计							

续表

应借账户		成本或费用项目	应付工资	职工福利费（10%）	职工教育经费（1.5%）	工会经费（2%）	社会保险、住房公积金等（10%）	合计
基本生产成本	C产品	直接人工						
	D产品	直接人工						
	小计							
辅助生产成本	供电车间	直接人工						
	机修车间	直接人工						
	小计							
制造费用	基本生产车间（一）	工资费用						
	基本生产车间（二）	工资费用						
管理费用		工资费用						
销售费用		工资费用						
合　计								

项目三

综合费用的核算

【知识目标】

- 掌握辅助生产费用的分配方法及账务处理
- 掌握制造费用的归集与分配及账务处理
- 了解辅助车间与基本生产车间的关系

【能力目标】

- 会填制辅助生产费用分配表，并进行账务处理
- 会填制制造费用分配表并进行账务处理

任务一　辅助生产费用的核算

任务引入

北方机械公司辅助生产车间的制造费用不通过“制造费用”科目核算。该公司锅炉和运输两个辅助车间之间相互提供产品和劳务，采用交互分配法进行分配，公司设有一车间和二车间两个基本生产车间。锅炉车间的成本按供气量比例分配，运输车间按工作里程进行分配。该公司201× 年7月的有关辅助生产成本的资料如表3-1所示。

表 3-1　　辅助生产成本资料表

辅助生产车间名称		运输车间	锅炉车间
待分配成本（元）		480 000	45 000
提供劳务、产品数量		160 000 小时	10 000 立方米
计划单位成本		3 元/小时	4.8 元/立方米
耗用劳务、产品数量	锅炉车间	10 000 小时	
	运输车间		1 000 立方米
	一车间	80 000 小时	5 100 立方米
	二车间	70 000 小时	3 900 立方米

任务：（1）采用常用的直接分配法、交互分配法、计划成本分配法分配辅助生产费用。

（2）比较同样的辅助生产费用，采用不同的计算方法计入到各成本项目的金额是否一致。

相关知识

工业企业的辅助生产是指主要为基本生产车间、企业行政管理部门等企业内部单位提供服务而进行的产品生产和劳务供应。企业通常设置专门的辅助生产车间来组织辅助产品的生产和劳务的供应。辅助生产车间生产的产品和提供的劳务有时也对外销售，但这不是辅助生产的主要任务。辅助生产车间的类型主要有两种：只生产一种产品或只提供一种劳务，如供水、供电、供汽、机修等辅助生产车间；生产多种产品或提供多种劳务，如从事工具、模具、修理用备件的制造以及机器设备修理等的辅助生产车间。辅助生产费用是指辅助生产车间为生产产品或提供劳务而发生的原材料费用、动力费用、职工薪酬费用以及辅助生产车间发生的其他费用。

一、辅助生产费用的归集

企业辅助生产部门在产品和劳务提供过程中发生的各种耗费，构成了这些产品或劳务的成本。但对于耗用这些产品或劳务的基本生产部门来说，其产品或劳务的成本又是一种费用，即辅助生产费用。辅助生产费用的归集程序取决于辅助生产部门的生产特点。

在只生产一种产品或提供单一劳务的辅助生产部门，其所发生的费用都属于直接费用，因而在发生时可直接计入该产品或劳务的有关成本项目，因此，其成本归集的程序比较简单。

在提供多品种产品或劳务的辅助生产部门，所发生的费用需由两个或两个以上的产品或劳务负担，需将共同费用在不同的受益对象间进行分配。

辅助生产费用归集和分配是通过“辅助生产成本”账户进行的。一般应按车间以及产品或劳务的种类设置明细账，账内按照成本项目或费用项目设置专栏，进行明细核算。对于直接用于辅助生产产品或提供劳务的费用，应记入“辅助生产成本”账户的借方，对于单设“制造费用”账户的辅助生产车间，发生的制造费用，则先记入“制造费用——辅助生产车间”账户的借方进行汇总，然后从“制造费用——辅助生产车间”账户的贷方直接转入或分配转入“辅助生产成本”账户及其明细账的借方，计算辅助生产的产品或劳务的成本。辅助生产完工的产品或劳务的成本，经过分配以后从“辅助生产成本”账户的贷方转出，期末如有借方余额则为辅助生产的在产品。在这种情况下，“辅助生产成本”明细账以及“制造费用（辅助生产车间）”明细账的设置方式分别如表 3-2、表 3-3 所示。

表 3-2　　辅助生产成本明细账

车间名称：供电车间　　单位：元

月	日	摘要	原材料	物料消耗	工资及福利费	制造费用	合计	转出	余额
6	30	根据原材料费用分配表	400				400		
6	30	根据外购动力分配表		300			300		
6	30	根据工资及福利费用分配表			260		260		
6	30	待分配费用小计	400	300	260		960		960
6	30	根据制造费用（辅助生产）分配表				1 500	1 500		
6	30	根据辅助生产费用分配表						2 460	
	30	合　计	400	300	260	1 500	2 460	2 460	0

表 3-3　　制造费用明细账

车间名称：供电车间　　单位：元

月	日	摘要	机物料消耗	工资及福利费	水电费	折旧费	劳动保护费	办公费	其他	合计	转出	余额
6	30	根据原材料费用分配表	300							300		
		根据动力分配表			80					80		
		根据工资及福利费用分配表		600						600		
		根据折旧费用分配表				200				200		
		根据付款凭证汇总表					140	100	80	320		
		待分配费用小计	300	600	80	200	140	100	80	1 500		1 500
		根据制造费用分配表									1 500	
		合计	300	600	80	200	140	100	80	1 500	1 500	0

有的企业辅助生产车间规模较小，发生的制造费用较少，辅助生产也不对外销售产品或提供劳务，不需要按照规定的成本项目计算辅助生产产品成本，为简化核算，辅助生产车间的制造费用可以不单独设置“制造费用——辅助生产车间”明细账，不通过“制造费用”账户进行汇总，而直接记入“辅助生产成本”账户的借方。这时，“辅助生产成本”明细账就是按照成本项目与费用相结合设置专栏，而不是按成本项目设置专栏。其格式如表 3-4 所示。

表 3-4　　辅助生产成本明细账

车间名称：修理车间　　单位：元

月	日	摘要	机物料消耗	燃料及动力	工资及福利费	折旧费	修理费	水电费	其他	合计	转出
6	30	原材料费用	1 100							1 100	
	30	燃料费用		3 800						3 800	
	30	动力费用						100		100	
	30	职工薪酬			1 200					1 200	
	30	折旧费用				1 050				1 050	
	30	维护费用					400			400	
	30	待分配费用小计	1 100	3 800	1 200	1 050	400	100		7 650	
		对外分配									7 650

由于辅助生产车间所生产的产品和提供劳务的种类不同，转出和分配费用的程序方法也不一样。辅助生产车间所生产的工具、模具、修理备用件等产品的成本，应在完工入库时，计算并结转为存货成本，即从“辅助生产成本”账户的贷方转入“原材料”等账户的借方，再根据用途转入其他账户。辅助生产车间提供的不能入库的产品和劳务，如电、水、修理和运输等发生的费用，需在各受益对象之间按照受益数量或其他有关比例进行分配。分配时应从“辅助生产成本”账户和所属明细账的贷方，转入“基本生产成本”、“制造费用”、“管理费用”、“销售费用”和“在建工程”等账户的借方。

正确及时地归集辅助生产费用，计算辅助生产成本，分配辅助生产费用，对于正确及时地计算基本生产成本和归集期间费用具有重要的意义。

二、辅助生产费用归集的账务处理

辅助生产费用的归集和分配是通过“辅助生产成本”账户进行的。该账户同“基本生产成本”账户一样，一般应按辅助生产车间、车间下再按产品或劳务种类设置明细账，账中按照成本项目或费用设立专栏进行明细核算。辅助生产发生的各项生产费用，应记入该账户的借方进行归集。

（1）设置“制造费用（辅助生产）”账户的情况。如果企业设置专门的“制造费用（辅助生产）”明细账归集辅助生产车间发生的制造费用，那么在“辅助生产成本”明细账中设有专门成本项目的辅助生产费用，如原材料费用、动力费用、工资及福利费用等，应记入“辅助生产成本”总账和所属明细账相应成本项目的借方。其中，直接计入费用应直接计入，间接计入费用则需分配计入。对于未专设成本项目的辅助生产费用，先记入“制造费用（辅助生产）”账户归集，然后再从该账户的贷方直接转入（一种产品或劳务）或分配转入（多种产品或劳务）“辅助生产成本”总账和所属明细账的借方。

（2）不设置“制造费用（辅助生产）”账户的情况。这种情况下，“辅助生产成本”总账和明细账内按若干费用项目设置专栏。对于发生的各种辅助生产费用，可直接计入或间接分配计入“辅助生产成本”总账以及所属明细账的相应费用项目。

三、辅助生产费用的分配

为了正确地计算辅助生产产品和劳务的成本，并将辅助生产费用正确地分配给各受益单位，辅助生产费用的分配是通过编制辅助生产费用分配表进行的。通常采用的辅助生产费用的分配方法有直接分配法、交互分配法、顺序分配法、计划成本分配法和代数分配法等。

1. 直接分配法

直接分配法是指将各辅助生产车间发生（归集）的费用，直接分配给各辅助生产车间以外的各受益单位，而对于各辅助生产车间相互提供产品和劳务的费用则不进行分配。其计算公式为

$$分配率=\frac{该辅助车间待分配费用}{各受益单位耗用劳务量之和}$$

各受益单位耗用劳务量之和＝该辅助车间提供的劳务总量−辅助车间耗用的劳务量

各受益单位应分配的费用＝该受益单位耗用产品或劳务的总量×分配率

［案例 3-1］ 北方机械公司有供电、运输两个辅助生产车间，201×年 10 月份各辅助生产车间产品、劳务供应情况及发生费用数额如表 3-5 所示。

表 3-5　劳务供应及费用汇总表

201×年 10 月 31 日

供应单位 / 受益单位	供电车间（千瓦时）	运输车间（工时）
供电车间		60
运输车间	2 000	
基本生产车间——甲产品	30 000	1000
基本生产车间——乙产品	40 000	800
基本生产车间一般耗用	5 000	400
行政管理部门	5 000	200
合计	82 000	2 460
本月发生辅助生产费用（元）	12 000	4 800

根据上述资料，编制直接分配法的辅助生产费用分配表，如表3-6所示。

表3-6　**辅助生产费用分配表（直接分配法）**

201×年10月

项目		供电车间	运输车间	合计
待分配辅助生产费用（元）		12 000	4 800	16 800
供应辅助生产以外的劳务数量		80 000千瓦时	2 400小时	
单位成本（分配率）		0.15元/千瓦时	2元/小时	
基本生产车间——甲产品	耗用数量	30 000千瓦时	1 000小时	
	分配金额（元）	4 500	2 000	6 500
基本生产车间——乙产品	耗用数量	40 000千瓦时	800小时	—
	分配金额（元）	6 000	1 600	7 600
基本生产车间	耗用数量	5 000千瓦时	400小时	—
	分配金额（元）	750	800	1 550
行政管理部门	耗用数量	5 000千瓦时	200小时	—
	分配金额（元）	750	400	1 150
合计（元）		12 000	4 800	16 800

其中：供电车间费用分配率 = 12 000/80 000 = 0.15（元/千瓦时）

运输车间费用分配率 = 4 800/2 400 = 2（元/小时）

根据辅助生产费用分配表，编制会计分录如下。

借：基本生产成本——甲产品　6 500

——乙产品　7 600

制造费用——基本生产车间　1 550

管理费用　1 150

贷：辅助生产成本——供电车间　12 000

——运输车间　4 800

在直接分配法下，各辅助生产车间只对辅助生产车间以外的受益单位分配一次费用，所以采用这种方法计算较为方便。但由于各辅助生产车间的分配费用不完整，因而分配结果不很准确，一般只适用于各辅助生产车间相互提供劳务不多，不进行交互分配对辅助生产成本和企业产品成本准确性影响不大时采用。

2. 交互分配法

交互分配法是指将辅助生产车间发生的费用分两步进行分配：第一步，是在各辅助生产车间之间先进行交互分配；第二步，是将各辅助生产车间发生的费用，加上交互分配转入的费用，减去交互分配转出的费用，然后对辅助生产车间以外的受益单位进行分配。其计算公式如下：

$$\text{交互分配前某产品或劳务的分配率} = \frac{\text{该辅助车间交互分配前的费用}}{\text{各受益单位耗用的劳务量之和}}$$

辅助生产车间应分配的其他辅助生产费用 = 该辅助生产车间耗用的产品或劳务数量 × 交互分配前某产品或劳务的分配率

某辅助生产车间交互分配后的实际费用 = 该辅助生产车间交互分配前的费用 + 该车间交互分配转入的费用 − 该车间交互分配转出的费用

$$交互分配后分配率 = \frac{该辅助车间交互分配后的费用}{辅助生产车间以外受益单位耗用的劳务量之和}$$

［案例 3-2］ 用表 3-5 的资料，编制交互分配法的辅助生产车间费用分配表，如表 3-7 所示。

表 3-7　　辅助生产车间费用分配表（交互分配法）

201×年 10 月

项目		供电车间			运输车间			合计（元）
		数量（千瓦时）	分配率（元/千瓦时）	分配金额（元）	数量（小时）	分配率（元/小时）	分配金额（元）	
待分配辅助生产费用		82 000	0.146	12 000	2 460	1.951	4 800	
交互分配	辅助生产——供电		0.146	292			292	
	辅助生产——运输			117.06		1.951	117.06	
对外分配的辅助生产费用		80 000	0.148	11 825.06	2 400	2.073	4 974.94	
对外分配	基本生产——甲产品	30 000		4 440	1 000		2 073	6 513
	基本生产——乙产品	40 000		5 920	800		1 658.4	7 578.4
	基本生产车间	5 000		740	400		829.2	1 569.2
	管理部门	5 000		725.06	200		414.34	1 139.4
	合计	80 000		11 825.06	2 400		4 974.94	16 800

（1）交互分配前供电车间的分配率 = 12 000/82 000 = 0.146（元/千瓦时）

交互分配前运输车间的分配率 = 4 800/2 460 = 1.951（元/小时）

（2）供电车间应分配运输车间费用 = 60 × 1.951 = 117.06（元）

运输车间应分配供电车间费用 = 2 000 × 0.146 = 292（元）

（3）供电车间交互分配后的实际费用 = 12 000 + 117.06 − 292 = 11 825.06（元）

运输车间交互分配后的实际费用 = 4 800 + 292 − 117.06 = 4 974.94（元）

（4）交互分配后供电车间的分配率 = 11 825.06/80 000 = 0.148（元/千瓦时）

交互分配后运输车间的分配率 = 4 974.94/2 400 = 2.073（元/小时）

根据表 3-7 的辅助生产费用分配表，编制会计分录如下。

（1）交互分配。

借：辅助生产成本——供电车间　　117.06

　　　　　　　　——运输车间　　292

贷：辅助生产成本——供电车间 292

——运输车间 117.06

（2）对外分配。

借：基本生产成本——乙产品 7 578.4

——甲产品 6 513

制造费用——基本生产车间 1 569.2

管理费用 1 139.4

贷：辅助生产成本——供电车间 11 825.06

——运输车间 4 974.94

交互分配法考虑了辅助生产车间之间相互提供劳务而发生的费用结转情况，提高了辅助生产费用分配的准确性，便于考核各辅助生产车间耗费水平。但由于采用交互分配法需计算两次分配率，进行两次分配，从而使得分配计算的工作量有所增加。因此，交互分配法适合各辅助生产车间之间相互提供产品或劳务较多的企业采用。

3. 顺序分配法

顺序分配法是指企业按各辅助生产车间相互之间受益的多少确定辅助生产费用的分配顺序，受益少的排在前面，先将费用分配出去，受益多的排在后面，后将费用分配出去。每个辅助生产车间的费用只对排在其后的辅助生产车间及其他受益单位进行分配，而不考虑排列在其前面的各辅助生产车间相互耗用劳务的因素。如供电、运输车间中，供电车间耗用运输车间劳务较少，运输车间耗用供电车间提供的劳务较高，这样就可以先分配供电车间的费用，再分配运输车间的费用。这种分配方法，应在各辅助生产车间相互之间耗用劳务的多少有明显顺序的情况下采用。但应注意，按受益多少进行排列顺序，并不是指受益数量的多少，而是指的受益金额的大小。其基本计算公式为：

$$单位成本=\frac{分配前费用+从排在前面的辅助生产车间分进的费用}{劳务总量-提供给排在前面的辅助生产车间的劳务量}$$

［案例 3-3］ 用表 3-5 的资料，采用顺序分配法对辅助生产费用进行分配，费用分配情况如表 3-8 所示。

根据上述辅助生产费用分配表，编制会计分录如下。

借：基本生产成本——甲产品 6 502

——乙产品 7 538

制造费用——基本生产车间 1 579

管理费用 1 181

辅助生产成本——运输车间 292

贷：辅助生产成本——供电车间 12 000

——运输车间 5 092

表 3-8

辅助生产车间费用分配表（顺序分配法）

201×年 10 月

辅助生产车间	待分配费用（元）	劳务供应量	分配率	交互分配				对外分配							
				供电车间		运输车间		基本生产车间				车间一般耗用		管理部门耗用	
								甲产品		乙产品					
				数量	金额（元）	数量	金额（元）	数量	金额（元）	数量	金额（元）	数量	金额（元）	数量	金额（元）
供电	12 000	82 000 千瓦时	0.146 元/千瓦时			2 000 千瓦时	292	30 000 千瓦时	4 380	40 000 千瓦时	5 840	5 000 千瓦时	730	5 000 千瓦时	758
运输	5 092	2 400 小时	2.122 元/小时					1 000 小时	2 122	800 小时	1 697.6	400 小时	848.8	200 小时	423.6
合计							292		6 502		7 537.6		1 578.8		1 181.6

采用顺序分配法分配辅助生产费用的优点是计算方法简便。但是，由于排列在先的辅助生产车间不负担耗用排列在后辅助生产车间的费用，分配结果的准确性受到一定的影响。该分配方法适用于辅助生产车间较多，相互耗用的劳务金额相差较大的企业。

4. 计划成本分配法

计划成本分配法是指企业对辅助生产车间生产的产品或劳务，按照事先确定的计划单位成本计算分配辅助生产费用的一种方法。

采用计划成本分配法分配费用时，需要分两个步骤进行。

第一步，首先根据各单位接受产品或劳务的数量，分别乘以计划单位成本，计算分配各受益单位的分配金额。

第二步，将各单位实际发生的费用（在分配之前已归集的费用和交互分配转入的费用），与按计划成本分配转出的费用之间的差额，追加分配给辅助生产以外的各受益单位（差额较大时）或全部计入管理费用（差额较小时）。

相关计算公式如下：

受益单位应分配的辅助生产费用 = 辅助生产计划单位成本×该受益单位接受辅助生产的劳务数量

辅助车间按计划单位成本分配的费用总额 = 该辅助生产车间提供的劳务总量 × 该辅助生产车间的计划单位成本

辅助生产车间实际发生的费用总额 = 该辅助生产车间待分配费用 + 从其他辅助生产车间按计划成本转入的费用

辅助生产车间提供劳务的成本差异 = 该辅助生产车间实际发生的费用总额 − 该辅助车间按计划成本分配的费用额

［案例 3-4］ 用表 3-5 资料，采用计划成本分配法对辅助生产费用进行分配，辅助生产费用分配表如表 3-9 所示。

表 3-9　　辅助生产费用分配表（计划成本分配法）

201×年 10 月

受益单位＼供应单位		供电车间		运输车间		费用合计（元）
		数量（千瓦时）	金额（元）	数量（小时）	金额（元）	
待分配数量和费用		82 000	12 000	2 460	4 800	16 800
计划单位成本			0.15 元/千瓦时		2 元/小时	
辅助生产车间	供电车间			60	120	120
	运输车间	2 000	300			300

续表

受益单位 \ 供应单位		供电车间		运输车间		费用合计（元）
		数量（千瓦时）	金额（元）	数量（小时）	金额（元）	
基本生产车间	甲产品	30 000	4 500	1 000	2 000	6 500
	乙产品	40 000	6 000	800	1 600	7 600
	一般耗用	5 000	750	400	800	1 550
行政管理部门		5 000	750	200	400	1 150
按计划成本分配金额			12 300		4 800	
辅助生产实际成本			12 120		5 100	
辅助生产成本差异			180		300	120

（1）按计划成本分配。

借：基本生产成本——甲产品　　　6 500
　　　　　　　　——乙产品　　　7 600
　　制造费用——基本生产车间　　1 550
　　管理费用　　　　　　　　　　1 150
　贷：辅助生产成本——供电车间　　　12 300
　　　　　　　　　——运输车间　　　　4 800

（2）调整辅助生产成本差异。

借：管理费用　　　120
　贷：辅助生产成本 ——供电车间　　　180
　　　　　　　　　——运输车间　　　300

采用计划成本分配法对辅助生产费用进行分配，因为是按照事先确定的计划单位成本进行，不需要再单独去计算费用分配率，所以简化了计算分配工作量；通过辅助生产成本节约或超支数额的计算，还能反映和考核辅助生产成本计划的执行情况；此外，按照计划单位成本分配，排除了辅助生产实际费用的高低对各受益单位成本费用的影响，便于考核和分析各受益单位的经济责任。但是采用计划成本法时，必须注意计划单位成本的准确性，一般只适合于制定的计划单位成本比较准确的企业采用。也正因为如此，费用分配的差额一般不会很大，可全部计入管理费用。所以采用这种分配方法，其结果是否准确，主要取决于计划单位成本的准确程度。

5. 代数分配法

代数分配法是根据代数中多元一次联立方程的原理，在辅助生产车间之间相互提供产品或劳务情况下的一种辅助生产成本费用的分配方法。采用这种分配方法，首先应根据各辅助生产车间相互提供产品和劳务的数量和金额，建立并求解联立方程，计算确定各辅助生产车间提供劳务的单位成本，然后再按照各受益单位的耗用数量和单位成本，计算分配辅助生产费用。

[案例 3-5]　仍以表 3-5 的资料为例，按代数分配法计算分配费用如下。

设 X 为每单位动力的成本，Y 为每单位电仪运输的成本，建立联立方程如下：

$$12\,000 + 60Y = 82\,000X$$
$$4\,800 + 2\,000X = 2\,460Y$$

求解得：$X = 0.147\,9$

$Y = 2.071\,4$

根据以上计算结果，对辅助生产费用计算分配如表 3-10 所示。

表 3-10　　**辅助生产费用分配表　（代数分配法）**

201×年 10 月

受益单位 \ 供应单位		供电车间		运输车间		费用合计（元）
		数量（千瓦时）	金额（元）	数量（小时）	金额（元）	
辅助生产车间	供电车间			60	124.28	124.28
	运输车间	2 000	295.8			295.8
基本生产车间	甲产品	30 000	4 437	1 000	2 071.4	6 508.4
	乙产品	40 000	5 916	800	1 657.12	7 573.12
	一般耗用	5 000	739.5	400	828.56	1 568.06
行政管理部门		5 000	739.5	200	414.28	1 153.78
合计		82 000	12 127.8		5 096.14	17 223.94

根据表 3-10，编制会计分录如下。

借：基本生产成本——甲产品　　6 508.4
　　　　　　　　——乙产品　　7 573.12
　　辅助生产成本——供电车间　　124.28
　　　　　　　　——运输车间　　295.8
　　制造费用——基本生产车间　　1 568.06
　　管理费用　　1 153.78
　贷：辅助生产成本——供电车间　　12 127.8
　　　　　　　　　——运输车间　　5 096.14

采用代数分配法对辅助生产费用进行计算和分配，其结果最为准确。但在辅助生产车间较多的情况下，未知数较多，计算的工作量大，所以代数分配法适用于辅助生产车间不多或已实现电算化的企业。

任务实施

一、各种方法下，辅助生产费用的分配

1. 直接分配法

编制直接分配法下的辅助生产费用分配表，如表 3-11 所示。

表 3-11　　辅助生产费用分配表（直接分配法）

201×年 10 月

项　目		运输车间	锅炉车间	合计（元）
待分配辅助生产费用（元）		480 000	45 000	525 000
供应辅助生产以外的劳务数量		150 000 小时	9 000 立方米	
单位成本（分配率）		3.2 元/小时	5 元/立方米	
制造费用（一车间）	耗用数量	80 000 小时	5 100 立方米	—
	分配金额（元）	26 5000	25 500	281 500
制造费用（二车间）	耗用数量	70 000 小时	3 900 立方米	—
	分配金额（元）	224 000	19 500	243 500
合计（元）		480 000	45 000	525 000

2. 交互分配法

（1）计算运输车间和锅炉车间交互分配的费用金额。

运输车间分配率 = 480 000 ÷ 160 000 = 3（元/小时）

锅炉车间应分配的运输费 = 10 000 × 3 = 30 000（元）

锅炉车间分配率 = 45 000 ÷ 10 000 = 4.5（元/立方米）

运输车间应分配的蒸汽费用 = 1 000 × 4.5 = 4 500（元）

计算对外分配的费用：

运输车间 = 480 000 + 4 500 − 30 000 = 454 500（元）

锅炉车间 = 45 000 + 30 000 − 4 500 = 70 500（元）

（2）计算对外分配的费用金额。

运输车间对外分配率 = 454 500 ÷ 150 000 = 3.03（元/小时）

一车间应分配的运输费用 = 80 000 × 3.03 = 242 400（元）

二车间应分配的运输费用 = 70 000 × 3.03 = 212 100（元）

锅炉车间对外分配率 = 70 500 ÷ 9 000 = 7.8333（元/立方米）

一车间应分配的蒸汽费用 = 5 100 × 7.8333 = 39 949.83（元）

二车间应分配的蒸汽费用 = 70 500 − 39 949.83 = 30 550.17（元）

一车间应承担的辅助生产成本 = 242 400 + 39 949.83 = 282 349.83（元）

二车间应承担的辅助生产成本 = 21 2100 + 30 550.17 = 242 650.17（元）

（3）编制交互分配法下的辅助生产费用分配表，如表 3-12 所示。

表 3-12　　　　**辅助生产费用分配表（交互分配法）**

201×年 7 月

分配方向			交互分配			对外分配		
辅助生产车间名称			运输	锅炉	合计	运输	锅炉	合计
待分配成本（元）			480 000	45 000	525 000	454 500	70 500	525 000
供应劳务数量			160 000 小时	10 000 立方米		150 000 小时	9 000 立方米	
单位成本（分配率）			3 元/小时	4.5 元/立方米		3.03 元/小时	7.8333 元/立方米	
辅助车间	运输	耗用数量		1 000 立方米				
		分配金额（元）		4 500	4 500			
	锅炉	耗用数量	10 000 小时					
		分配金额（元）	30 000		30 000			
	金额小计（元）		30 000	4 500	34 500			
基本车间	一车间	耗用数量				80 000 小时	5 100 立方米	
		分配金额（元）				242 400	39 949.83	282 349.83
	二车间	耗用数量				70 000 小时	3 900 立方米	
		分配金额（元）				212 100	30 550.17	242 650.17
分配金额小计（元）						454 500	70 500	525 000

3. 计划成本分配法

编制计划成本分配法下的辅助生产费用分配表，表 3-13 所示。

表 3-13　　　　**辅助生产费用分配表（计划成本分配法）**

201×年 10 月

供应单位 / 受益单位		运输车间		锅炉车间		费用合计（元）
		数量（小时）	金额（元）	数量（立方米）	金额（元）	
待分配数量和费用		160 000	480 000	10 000	45 000	
计划单位成本			3 元/小时		4.8 元/立方米	
辅助生产车间	运输车间			1 000	4 800	4 800
	锅炉车间	10 000	30 000			30 000
基本生产车间	一车间	80 000	240 000	5 100	24 480	264 480
	二车间	70 000	210 000	3 900	18 720	228 720
按计划成本分配金额			480 000		48 000	
辅助生产实际成本			484 800		75 000	
辅助生产成本差异			4 800		27 000	31 800

注：运输车间实际成本 = 480 000 + 4 800 = 484 800（元）

锅炉车间实际成本 = 45 000 + 30 000 = 75 000（元）

二、不同方法计算下，各受益单位应分配辅助生产费用的比较

不同方法计算下，各受益单位应分配辅助生产费用的比较如表 3-14 所示。

表 3-14　　辅助生产费用分配情况比较　　金额单位：元

受益单位＼分配方法		直接分配法	交互分配法	计划成本分配法	备注
基本生产车间	一车间	281 500	282 349.83	264 480	
	二车间	243 500	242 650.17	228 720	
合计		525 000	525 000	493 200	

任务二　制造费用的核算

任务引入

新的会计准则规定，制造费用的费用项目一般包括：机物料消耗，工资及福利费，折旧费，租赁费，低值易耗品摊销，水电费，运输费，试验检验费，差旅费，办公费，在产品盘亏、毁损和报废，以及季节性和修理期间的停工损失等。

制造费用的分配方法通常有按生产工人工时比例分配法、按生产工人工资比例分配法、按机器工时比例分配法和按年度计划分配率分配法等。

北方机械厂设有一车间、二车间两个基本生产车间和两个辅助生产车间，其中辅助生产车间的制造费用不单独设置明细账，直接在辅助生产成本中核算。该公司产品的生产不属于季节性生产，其中一车间的生产机械化程度较低，二车间的产品生产机械化、自动化程度较高。请分析该公司一车间和二车间制造费用的分配采用哪一种分配方法最为合适。

相关知识

一、制造费用的概念

制造费用是指企业内部各生产单位（分厂、车间）为生产产品或提供劳务而发生的，应该计入产品成本，但没有专设成本项目的各项生产费用。制造费用在产品成本中占有一定比重，构成比较复杂，企业计入产品成本的费用中除直接材料、直接人工之外的费用，一般都包括在制造费用之中。

制造费用包括的内容具体可划分为以下 3 类。

（1）间接材料费用：指企业内部各生产单位（分厂、车间）耗用的一般性消耗材料，如机物料消耗，低值易耗品摊销。

（2）间接人工费用：指企业内部各生产单位（分厂、车间），除生产工人之外的

管理人员、工程技术人员、车间辅助人员、清洁工、维修工、搬运工等的工资及按上述人员工资的一定比例提取的福利费。

（3）其他制造费用：指企业内部各生产单位（分厂、车间）发生的不属于材料和人工的各种与产品生产有关的费用，包括房屋、建筑物、机器设备的折旧费，租赁费，取暖费，水电费，办公费，运输费，设计制图费，试验检验费，季节性停工和生产用固定资产运输期间的停工损失等。

从制造费用的内容可以看出，制造费用中大部分是间接生产费用，如机物料消耗、分厂或车间辅助人员的工资及福利费；也有一部分是直接生产费用，但管理上不要求单独核算，也不专设成本项目，如机器设备的折旧费；制造费用中像车间管理用房屋、建筑物、机器设备的折旧费，管理人员工资及福利费，车间照明费，办公费，差旅费等，它们虽然有管理费用的性质，但很难和制造费用严格划分，为简化核算工作，这些费用也作为制造费用核算。

二、制造费用的归集

为了总括反映和监督企业各生产单位在一定时期内为组织和管理生产所发生的制造费用及其分配情况，需要设置“制造费用”账户并按车间设置明细账。制造费用发生时，记入本账户的借方；进行分配结转时，记入本账户的贷方；本账户月末一般无余额。

根据企业管理的需要，分析制造费用超支的原因，寻找降低费用的途径，“制造费用”账户应按生产单位分别设置明细账，并在账内按照费用项目设立专栏或专户，分别反映各生产单位各项制造费用的发生情况。

制造费用明细账的格式如表 3-15 所示。

表 3-15　　制造费用明细账

生产车间名称：　　　　单位：元

201×年		凭证号	摘要	借　方								贷方	余额
月	日			机物料消耗	工资及福利费	折旧费	办公费	水电费	低值耗品摊销	其他	小计		
略	略												
			合计										
			本月份配转出										

由表 3-15 可以看出，制造费用的费用项目一般包括：机物料消耗，工资及福利费，折旧费，租赁费，低值易耗品摊销，水电费，运输费，试验检验费，差旅费，办公费，在产品盘亏、毁损和报废，以及季节性及修理期间的停工损失等。企业可以根据费用比例的大小和管理要求，对上列某些费用项目进行合并或进一步细分，也可以另行设立制造费用项目。但是，为了使各期成本费用资料可比，制造费用项目一经确定，不应任意变更。

三、制造费用归集的账务处理

制造费用的归集按其记账依据不同可分为两种情况。

（1）一般费用发生时，根据付款凭证或据以编制的其他费用分配表，借记“制造费用”账户，贷记“银行存款”、“现金”或其他相关账户，如直接以现金、银行存款支付并计入当期制造费用的办公费等。

（2）机物料消耗、外购动力费用、工资及福利费、折旧费等直接以现金、银行存款支付的制造费用，在月末应根据转账凭证及汇总编制的各种费用分配表，借记“制造费用”账户，贷记“原材料”、“应付职工薪酬”、“累计折旧”、“应付账款”等账户。

需要指出的是：辅助生产车间发生的费用，如果辅助生产的制造费用是通过“制造费用——辅助生产车间”账户单独核算，则应比照基本生产车间制造费用的核算；如果辅助生产的制造费用不通过“制造费用——辅助生产车间”账户单独核算，应将其全部记入“辅助生产成本”账户。

下面以某化纤厂纺丝车间 2010 年 2 月份发生的经济业务为例说明制造费用归集的账务处理。

（1）某化纤厂纺丝车间 2010 年 2 月份发生车间管理人员工资费用 35 000 元，应付福利费 4 900 元。月末根据工资及福利费分配表，编制如下会计分录。

借：制造费用——纺丝车间　　39 900
　贷：应付职工薪酬——工资　　35 000
　　　　　　　　——职工福利　　4 900

（2）某化纤厂纺丝车间本月固定资产应计提折旧费 33 120 元。月末根据固定资产折旧分配表、修理费用分配表，编制如下会计分录。

借：制造费用——纺丝车间　　33 120
　贷：累计折旧　　33 120

（3）某化纤厂纺丝车间本月签发现金支票一张 4 300 元购买办公用品，根据购货发票，编制如下会计分录。

借：制造费用——纺丝车间　　4 300
　贷：银行存款　　4 300

（4）某化纤厂本月 26 日以银行存款为纺丝车间支付电费（照明用电）10 500 元，辅助生产车间本月为纺丝车间提供一般耗用水电费 3 280 元。根据付款凭证、辅助生产费用分配表，编制如下会计分录。

借：制造费用——纺丝车间　　13 780
　贷：银行存款　　10 500
　　　辅助生产成本　　3 280

（5）某化纤厂纺丝车间本月耗用辅助生产材料 27 880 元，月末根据原材料费用分配表，编制如下会计分录。

借：制造费用——纺丝车间　　27 880

　贷：原材料　　27 880

（6）某化纤厂纺丝车间本月领用低值易耗品价值 950 元，月末编制如下会计分录。

借：制造费用——纺丝车间　　950

　贷：周转材料——低值易耗品　　950

（7）某化纤厂本月 28 日以银行存款为纺丝车间支付其他费用 3 000 元。根据付款凭证，编制如下会计分录。

借：制造费用——纺丝车间　　3 000

　贷：银行存款　　3 000

（8）某化纤厂月末将本月纺丝车间发生的制造费用 122 930 元进行结转，转入基本生产成本账户，编制如下会计分录。

借：基本生产成本　　122 930

　贷：制造费用——纺丝车间　　122 930

某化纤厂根据以上经济业务，逐笔登记按车间和费用项目开设的制造费用明细账，如表 3-16 所示。

表 3-16　　制造费用明细账

纺丝车间　　单位：元

201×年		凭证号	摘要	借方								贷方	余额
月	日			机物料消耗	工资及福利费	折旧费	办公费	水电费	低值耗品摊销	其他费用	小计		
			分配材料费	27 880							27 880		
略	略		分配工资福利费		39 900						39 900		
			计提折旧费			33 120					33 120		
			支付办公费				4 300				4 300		
			支付水电费					10 500			10 500		
			分配周转材料						950		950		
			支付其他费用							3 000	3 000		
			分配辅助生产费用					3 280			3 280		
			合计	27 880	39 900	33 120	4 300	13 780	950	3 000	122 930		
			本月分配转出									122 930	0

四、制造费用的分配

每月终了，应将本月制造费用明细账中所归集的制造费用总额按一定标准计入有关的成本计算对象。在生产一种产品的车间中，制造费用是直接计入费用，应直接计入该种产品的生产成本。在生产多种产品的车间中，制造费用是间接计入费用，应采用适当的分配方法，分配计入该车间各种产品的生产成本。制造费用的分配方法通常有按生产工人工时比例分配法、按生产工人工资比例分配法、按机器工时比例分配法和按年度计划分配率分配法等。

1. 生产工人工时比例分配法

生产工人工时比例分配法是按照各种产品生产工人实际工时的比例分配制造费用，其分配的计算公式如下：

$$制造费用分配率 = \frac{制造费用总额}{各种产品生产工时总数}$$

某种产品应负担的制造费用 = 该产品的生产工时数 × 制造费用分配率

[案例 3-6] 北方机械公司某生产车间生产甲、乙两种型号产品，本期共发生制造费用 126 930 元，甲产品生产工人工时为 35 000 小时，乙产品生产工人工时为 25 000 小时，两种产品各自应分配的制造费用计算如下。

制造费用分配率 = 126 930/(35 000 + 25 000) = 2.115 5（元/小时）

甲产品应分配的制造费用 = 35 000 × 2.115 5 = 74 042.5（元）

乙产品应分配的制造费用 = 25 000× 2.115 5 = 52 887.5（元）

按照生产工人工时比例法编制制造费用分配表，如表 3-17 所示。

表 3-17　　制造费用分配表

车间名称

应 借 科 目	生产工人工时（小时）	分配率（元/小时）	分配金额（元）
基本生产成本——甲产品	35 000	2.115 5	74 042.5
——乙产品	25 000		52 887.5
合　　计	60 000		126 930

根据制造费用分配表编制会计分录如下。

借：基本生产成本——甲产品　　74 042.5

　　　　　　　——乙产品　　52 887.5

　贷：制造费用　　126 930

按照生产工时比例分配制造费用，将产品负担的制造费用多少与劳动生产率高低联系起来。如果劳动生产率提高，单位产品生产工时减少，所负担的制造费用相应降低，因此按生产工人工时比例分配是较为常用的一种分配方法。但是，如果生产各种产品的工艺过程机械化程度差异较大，采用生产工时作为分配标准，会使工艺过程机械化程度较低的产品（耗用生产工时多）负担过多的制造费用，致使分配结果不尽合理。因此，这种方法适用于机械化程度较低，或生产单位内生产的各产品工艺过程机械化程度大致相同的单位。

2. 生产工人工资比例分配法

生产工人工资比例分配法是以直接计入各种产品成本的生产工人实际工资的比例，作为分配标准分配制造费用的一种方法。其分配的计算公式为

$$\text{制造费用分配率}=\frac{\text{制造费用总额}}{\text{各种产品生产工人工资总额}}$$

某种产品应负担的制造费用 = 该产品的生产工人工资数 × 制造费用分配率

由于生产工人工资资料比较容易取得，因此采用这种标准分配比较简便。但是这种方法的使用前提是各种产品的工艺过程机械化程度或需要生产工人的操作技能大致相同。否则，机械化程度低（用工多，生产工人工资费用高）的产品，负担的制造费用较多，或需要生产工人操作技能高的产品负担较多的制造费用。这显然是不合理的。

3. 机器工时比例分配法

机器工时比例分配法是以各种产品生产所用机器设备运转时间的比例作为分配标准分配制造费用的一种方法。其分配的计算公式为

$$\text{制造费用分配率}=\frac{\text{制造费用总额}}{\text{各种产品耗用机器工时之和}}$$

某种产品应负担的制造费用 = 该产品的生产耗用机器设备数 × 分配率

[案例 3-7]　北方机械公司某生产车间生产甲、乙两种型号产品，本期共发生制造费用 126 930 元，甲产品耗用机器工时数为 2 000 小时，乙产品耗用机器工时数为 1 000 小时。两种产品各自应分担的制造费用计算如下。

制造费用分配率 = 126 930/(2 000 + 1 000) = 42.31（元/小时）

甲产品应分配的制造费用 = 2 000 × 42.31 = 84 620（元）

乙产品应分配的制造费用 = 1 000 × 42.31 = 42 310（元）

对机械化、自动化程度较高的车间，其制造费用可以按机器设备的运转时间进行分配。也就是按各种产品使用机器设备的使用时间比例分配，这样可以使制造费用中的机器设备折旧费用、修理费用得到较合理的分摊。这是因为机械化、自动化程度高的车间，制造费用中机器设备的折旧费占有相当大的比重，而这一部分费用与机器设备运转的时间有密切的联系。采用这种方法，必须取得各种产品所用机器工时的原始记录。

4. 年度计划分配率分配法

年度计划分配率分配法，是根据企业正常经营条件下的各生产车间或分厂的制造

费用年度预算和年度计划产量的定额分配标准量，事先计算出各生产车间的制造费用计划分配率，然后根据计划分配率和各月实际产量的定额分配标准量，分配制造费用的一种分配方法。

按年度计划分配率分配是指无论各月实际发生的制造费用多少，各月各种产品成本中的制造费用均按年度计划确定的计划分配率分配的一种方法。年度内如果发现全年制造费用的实际数和产品实际产量与计划数发生较大差额，应及时调整计划分配率。

其计算公式如下：

$$\text{制造费用计划分配率}=\frac{\text{该车间或分厂年度制造费用预算总额}}{\text{该车间或分厂计划产量的定额工时}}$$

某月某产品应负担的制造费用 = 该月该种产品实际产量的定额工时 × 制造费用计划分配率

采用年度计划分配率分配法，可随时结算已完工产品应负担的制造费用，简化分配手续，最适用于季节性生产的企业车间。但采用这种方法，必须要有较高的计划管理水平，否则计划分配额与实际发生额差异过大，就会影响制造费用分配的准确性。

这种方法核算工作简便，特别适用于季节性生产的车间，因为此方法不受淡月和旺月产量相差悬殊的影响，从而不会使各月单位产品成本中制造费用忽高忽低，便于进行成本分析。但是，采用该方法要求计划工作水平较高，否则会影响产品成本计算的正确性。

［案例 3-8］ 北方机械公司第一生产车间全年制造费用计划为 1 120 000 元；全年各种产品的计划产量为：甲产品 8 000 件，乙产品 4 000 件；单件产品的工时定额为甲产品 5 小时，乙产品 4 小时。2 月份实际产量为：甲产品 860 件，乙产品 450 件；本月实际发生制造费用为 126 930 元；“制造费用”账户 2 月份期初余额为 12 000 元。

（1）各种产品年度计划产量的定额工时：

甲产品年度计划产量的定额工时 = 8 000 × 5 = 40 000（小时）

乙产品年度计划产量的定额工时 = 4 000 × 4 = 16 000（小时）

（2）制造费用的年度计划分配率：

$$\text{制造费用计划分配率}=\frac{1\ 120\ 000}{40\ 000+16\ 000}=20\text{（元/小时）}$$

（3）各种产品本月实际产量的定额工时：

甲产品 2 月份实际产量的定额工时 = 860 × 5 = 4 300（小时）

乙产品 2 月份实际产量的定额工时 = 450 × 4 = 1 800（小时）

（4）各种产品该月应分配的制造费用：

2 月份甲产品分配制造费用 = 4 300 × 20 = 86 000（元）

2 月份乙产品分配制造费用 = 1 800 × 20 = 36 000（元）

制造费用分配的会计分录如下。

借：基本生产成本——甲产品　　　　86 000

　　　　　　　　——乙产品　　　　36 000

　贷：制造费用　　　　　　　　　　122 000

根据资料及计算结果，登记 2 月份“制造费用——第一生产车间”账户如下。

制造费用——第一生产车间

借方	贷方
期初余额：12 000 126 930	122 000
期末余额：16 930	

采用年度计划分配率分配法时，每月实际发生的制造费用与分配转出的制造费用金额不等，因此，“制造费用”账户一般有月末余额，可能是借方余额，也可能是贷方余额。如果是借方余额，表示年度内实际发生的制造费用大于按计划分配率分配累计的分配转出额；如果是贷方余额，表示年度内实际发生的制造费用小于按计划分配率分配累计的分配转出额。如果“制造费用”账户还有年末余额，就是全年制造费用的实际发生额与计划分配额的差额，应在年末调整计入 12 月份的产品成本。实际发生额大于计划分配额，借记“生产成本——基本生产成本”账户，贷记“制造费用”账户；实际发生额小于计划分配额，借记“制造费用”账户，贷记“基本生产成本”账户。

[案例 3-9]　承上例，假定本年度实际发生制造费用 480 000 元，至年末累计已分配制造费用 486 000 元（其中甲产品已分配 162 000 元，乙产品已分配 324 000 元），将“制造费用”账户的差额进行调整。

年末“制造费用”账户有贷方余额 6 000 元，应按已分配比例调整冲回。

甲产品应调减制造费用 = 6 000 × (162 000 ÷ 486 000) = 2 000（元）

乙产品应调减制造费用 = 6 000 × (324 000 ÷ 486 000) = 4 000（元）

调整分录如下。

借：制造费用　　　　　　　　　　6 000

　贷：基本生产成本——甲产品　　　　2 000

　　　　　　　　　——乙产品　　　　4 000

制造费用的分配方法，可以由企业主管部门统一规定，也可以由企业根据具体情况自行规定；一经确定不能随意变更，以保持前后期成本资料的可比性。

任务实施

北方机械公司的两个生产车间的生产都不属于季节性生产，机械化程度不同，应采用不同的分配方法。通过制造费用的各种分配方法的适用范围的比较，可以确定该公司采用哪一种分配方法最为合适，如表3-18所示。

表3-18　　制造费用分配方法比较

分配方法	适用范围	是否采用
生产工人工时比例法	适用于机械化程度较低，或生产单位内生产的各产品工艺过程机械化程度大致相同的单位	一车间采用
生产工人工资比例法	各种产品的工艺过程机械化程度或需要生产工人的操作技能大致相同	否
机器工时比例法	机械化、自动化程度较高的车间	二车间采用
年度计划分配率法	季节性生产的车间	否

从以上资料分析知道，该公司一车间采用生产工人工时比例法比较合适，二车间采用机器工时比例法较为合适。

任务三　废品损失和停工损失的核算

任务引入

废品是指不符合规定的技术标准，不能按照原定用途使用，或者需要加工修埋才能使用的在产品、半成品或产成品。

废品损失是指在生产过程中发现的和入库后发现的不可修复废品的生产成本，以及可修复废品的修复费用，扣除回收的废品残料价值和应由过失单位或个人赔款以后的损失。

北方机械厂主要生产甲、乙两种产品，其中甲产品在生产过程中不可避免会出现一定的废品。某月份经过质量检验部门鉴定后，检查出当月甲产品的废品5件，其单位成本为180元。其中2件是可以修复的废品，1件是可以降价出售的不合格品，2件是不可修复的废品。不可修复废品废料价值每件38元，不可修复废品产生的原因，是生产工人操作不当，其损失由生产工人负担50%；可修复废品的修复费用为每件62元（其中修复领料42元，修复工人工资20元）。请分析北方机械厂当月甲产品给企业带来的废品损失是多少。

相关知识

一、废品与废品损失的概念

废品是指不符合规定的技术标准，不能按照原定用途使用，或者需要加工修理才能使用的在产品、半成品或产成品，不论是在生产过程中发现的废品，还是在入库后发现的废品，都应包括在内。成本会计中的废品特指由于生产原因导致的不合格品。

合格品入库后因保管不善、运输装卸不当或其他原因而发生的变质、损坏，不能按照原定用途使用，应作为产成品毁损处理，不应包括在废品之内，因为它不是由于生产原因所致。凡质量不符合规定的技术标准，但经检验部门检验，可以不需要返修即可降价出售或使用的产品，在实际工作中称为次品，次品在成本会计中也不作废品处理。

按产生原因不同，废品可分为料废和工废两种。料废是由于材料不符合质量要求而造成的废品；工废则是由于工人操作原因，如操作违反规程、看错或绘错图纸等造成的废品。料废是材料供应部门或前道车间的责任造成的，工废则是生产车间的责任造成的。因此，区分废品是属于料废还是工废，有利于分清产生废品的责任。

按能否和是否有必要修复，废品可分为可修复废品和不可修复废品两类。可修复废品，是指经过修理可以使用，而且所花费的修复费用在经济上合算的废品；不可修复废品，则指不能修复，或者所花费的修复费用在经济上不合算的废品。所谓经济上是否合算，是指修复费用是否超过重新制造同一产品的费用。

废品损失是指在生产过程中发现的和入库后发现的不可修复废品的生产成本，以及可修复废品的修复费用，扣除回收的废品残料价值和应由过失单位或个人赔款以后的损失。需要指出：经过质量检验部门鉴定不需要返修、可以降价出售的不合格品，不应作为废品损失处理；实行包退、包修、包换（三包）的企业，在产品出售后发现的废品所发生的一切损失，不包括在废品损失内；入库时确定是合格品，由于保管不善、运输原因等造成产品损坏而发生损失，不包括在废品损失内。

质量检验部门发现废品时，应该填制废品通知单，列明废品的种类、数量、生产废品的原因和过失人等。成本会计人员应该会同检验人员对废品通知单所列废品生产的原因和过失人等项目加强审核。只有经过审核的废品通知单，才能作为废品损失核算的根据。废品通知单格式如表 3-19 所示。

表 3-19　　　　废品通知单

年　　月　　日

报废原因									
申报部门					日期				
产品规格名称	单位	数量	其中		原值		残值		损失金额
			工废	料废	单价	金额	单价	金额	
合计									
备注：									

经理：　　　　质检部：　　　　填表：

注：本表申报部门、财务、质检、仓库各执一份。

二、“废品损失”的账户设置

为了单独核算废品损失，在会计账户中应增设“废品损失”账户；在成本项目中应增设“废品损失”项目。“废品损失”账户是为了归集和分析废品损失而设立的。该账户应按车间设立明细账，账内按产品品种分设专户，并按成本项目分设专栏或专行，进行明细核算。不可修复废品的生产成本和可修复废品的修复费用，都应在“废品损失”账户的借方进行归集。

不可修复废品的生产成本，应根据不可修复废品计算表，借记“废品损失”账户，贷记“基本生产成本”账户；可修复废品的修复费用，应根据各种费用分配表，借记“废品损失”账户，贷记“原材料”、“应付职工薪酬”和“制造费用”等账户。因此，在单独核算废品损失的企业中，在编制各种费用分配表时，对修复废品而发生的费用，加填借记“废品损失”账户的行次。废品残料的回收价值和应收的赔款，应从“废品损失”账户的贷方转出，即借记“原材料”和“其他应收款”等账户，贷记“废品损失”账户。“废品损失”账户上述借方发生额大于贷方发生额的差额，就是废品损失，月末分配转由本月同种产品的成本负担，即借记“基本生产成本”账户，贷记“废品损失”账户。

通过上述归集和分配，“废品损失”账户月末没有余额。废品损失明细账如表 3-20 所示。

表 3-20　　废品损失明细账

车间名称：

201×年		摘　要	产品名称及废品损失金额		
月	日		甲产品	乙产品	丙产品
		可修复废品的修复费用			
		原材料			
		工资及福利费			
		制造费用			
		小计			
		不可修复废品的成本			
		原材料			
		工资及福利费			
		制造费用			
		小计			
		合计			
		减：废品残值			
		责任人赔偿款			
		废品（净）损失			

三、不可修复废品损失的核算

不可修复废品的损失是指不可修复废品的已耗生产成本减去废品残料价值、责任人赔偿款后的废品净损失。不可修复废品的已耗生产成本与合格品一起已经归集在相同产品的基本生产成本明细账中，所以要计算不可修复废品的已耗生产成本，必须从同种产品的基本生产成本明细账中转出。不可修复废品的生产成本，可按废品所耗实际费用计算，也可按废品所耗定额费用计算。

1. 不可修复废品成本按实际成本确定

在采用按废品所耗实际费用计算的方法时，由于废品报废以前发生的各项费用是与合格产品一起计算的，因而要将废品报废以前与合格品计算在一起的各项费用，采用适当的分配方法，在合格品与废品之间进行分配，计算出废品的实际成本，从“基本生产成本”账户的贷方转入“废品损失”账户的借方。

[案例 3-10]　北方机械公司某生产车间 201 × 年 2 月生产甲产品 860 件，生产过程中发现其中 10 件为不可修复废品。生产工时为：合格品 33 500 小时，废品 1 500 小时，合计 35 000 小时。该产品成本明细账所记合格品和废品共同发生的生产费用为：原材料费用 1 032 000 元，工资及福利费 35 000 元，制造费用 74 042 元，合计 1 141 042 元。废品回收的残料计价 2 000 元，原材料是在生产开始时一次投入的。原材料费用按合格品 850 件和废品 10 件的比例分配；其他费用按生产工时比例分配。根据上述资料，编制不可修复废品损失计算表，如表 3-21 所示。

表 3-21　　**不可修复废品损失计算表**

（按实际成本计算）

车间：　　201×年 2 月

产品：甲产品　　废品数量：10 件

项　　目	数量（件）	原材料（元）	生产工时（小时）	工资及福利费（元）	制造费用（元）	成本合计（元）
合格品和废品生产费用	860	1 032 000	35 000	35 000	74 042	1 141 042
费用分配率		1 200 元/件		1 元/小时	2.1155 元/小时	
废品生产成本	10	12 000	1 500	1 500	3 173.25	16 673.25
减：残料价值		2 000				2 000
废品损失		10 000	1 500	1 500	3 173.25	14 673.25

根据表 3-21，编制下列会计分录。

（1）将废品生产成本从其所记的“基本生产成本”账户和所属明细账的贷方转出。

借：废品损失——甲产品　　16 673.25

　贷：基本生产成本——甲产品　　16 673.25

（2）回收废品残料价值。

借：原材料　　2 000

贷：废品损失——甲产品　　　　　　　　　　　　2 000

（3）将废品净损失分配计入同种合格品的成本。

借：基本生产成本——甲产品（废品损失）　　　14 673.25

贷：废品损失——甲产品　　　　　　　　　　　　14 673.25

在上列会计分录中，第 1 项分录从甲产品成本明细账的各成本项目中将属于废品的成本项目转出；第 3 项分录是将其废品净损失转入该产品成本明细账中“废品损失”项目。这样，既可通过“废品损失”账户总括反映整个企业的废品损失，又可通过产品成本明细账“废品损失”项目具体反映各种产品的废品损失。这两项会计分录相比较，从“基本生产成本”账户和所属明细账的贷方转出、减少产品成本的废品生产成本为 16 673.25 元，而转入“基本生产成本”账户和所属明细账的借方、增加产品成本的废品净损失只有 14 673.25 元。但是，这并不意味着产品成本由于发生废品反而降低。因为这里降低的只是产品的总成本。由于发生废品，减少了合格品的数量，因而合格品的单位成本不是降低，而是提高了。

如果废品是在完工以后发现的，这时单位废品负担的各项生产费用应与单位合格品完全相同，可按合格品产量和废品的数量比例分配各项生产费用，计算废品的实际成本。按废品的实际费用计算和分配废品损失，符合实际，但核算工作量较大。

2. 不可修复废品成本按定额成本确定

按不可修复废品的数量和各项费用定额计算废品的定额成本，再将废品的定额成本扣除废品残料回收价值，算出废品损失，而不考虑废品实际发生的费用。

［案例 3-11］ 北方机械公司某生产车间 201×年 2 月生产乙产品的过程中，生产不可修复废品 10 件，按其所耗定额费用计算废品的生产成本。其原材料费用定额为 1 200 元，已完成的定额工时共计 200 小时，每小时的费用定额为：工资及福利费 4.5 元，制造费用 11.5 元。回收废品残料计价 1 000 元。根据上列资料，编制不可修复废品损失计算表，如表 3-22 所示。

表 3-22　　　　不可修复废品损失计算表

（按定额成本计算）

车间：　　　　　　　　201×年 2 月

产品：乙产品　　　　　　废品数量：10 件

项　目	原材料（元）	定额工时（小时）	工资及福利费（元）	制造费用（元）	成本合计（元）
每件或每小时费用定额	1 200		4.5	11.5	
废品定额成本	12 000	200	900	2 300	15 200
减：残料价值	1 000				1 000
废品损失	11 000		900	2 300	14 200

根据表 3-22，编制下列会计分录。

（1）将废品生产成本从其所记的“基本生产成本”账户和所属明细账的贷方转出。

借：废品损失——乙产品　　15 200

　贷：基本生产成本——乙产品　　15 200

（2）回收废品残料价值。

借：原材料　　1 000

　贷：废品损失——乙产品　　1 000

（3）将废品净损失分配计入同种合格品的成本。

借：基本生产成本——乙产品（废品损失）　　14 200

　贷：废品损失——乙产品　　14 200

在表 3-22 中，废品的定额原材料费用根据原材料费用定额乘以废品数量计算；定额工资及福利费和定额制造费用，根据各费用定额乘以定额工时计算。根据该表所编制的会计分录，与按实际费用计算废品生产成本的结果相同。

按废品的定额费用计算废品的定额成本，由于费用定额事先规定，不仅计算工作比较简便，而且还可以使计入产品成本的废品损失数额不受废品实际费用水平高低的影响，从而有利于废品损失和产品成本的分析与考核。但是，采用这一方法计算废品生产成本，必须具备准确的消耗定额和费用定额资料。

四、可修复废品损失的核算

可修复废品损失，是指可修复废品在返修过程中发生的各种修复费用。返修前发生的各项生产费用，在产品成本明细账中不必转出，因为它不被看做是废品损失。可修复废品返修发生的各种费用，应根据各种费用分配表，记入“废品损失”账户的借方。其回收的残料价值和应收的赔款，应从“废品损失”账户的贷方，转入“原材料”和“其他应收款”账户的借方。废品修复费用减去残料和赔款后的废品净损失，也应从“废品损失”账户的贷方转入“基本生产成本”账户的借方，在所属有关的产品成本明细账中，记入“废品损失”项目。

在不单独核算废品损失的企业中，不设立“废品损失”账户和项目，只在回收废品残料时，借记“原材料”账户，贷记“生产成本——基本生产成本”账户，并从所属有关产品成本明细账的“原材料”成本项目中扣除残值价值。“生产成本——基本生产成本”账户和所属有关产品成本明细账归集的完工产品总成本，除以扣除废品数量以后的合格品数量，就是合格品的单位成本。这样核算很简便，但由于合格产品的各成本项目中都包括不可修复废品的生产成本和可修复产品的修复费用，没有对废品损失进行单独的反映，因而会对废品损失的分析和控制产生不利的影响。

对入库后发现的废品，从理论上讲，应将废品成本从“库存商品”账户转回“基本生产成本”明细账，然后再区分不可修复废品和可修复废品，按照前述方法进行核算。在实际工作中，为简化核算手续，对不可修复废品的成本可以直接从“库存商品”账户转到“废品损失”账户，即借记“废品损失”账户，贷记“库存商品”账户，对于可修复废品，其成本仍保留在“库存商品”账户内，发生的修复费用直接记入“废品损失”账户。

为了加强对废品进行控制，有必要区别正常范围内的废品和超过正常范围的废品。所谓“正常范围内的废品”，是指在目前技术条件和管理水平下允许发生废品的限度。有的企业虽然在技术上能够消除废品，但为减少废品所付出的代价若大于发生的废品损失，经济上就不合算。因此，对这种产品应允许存在一定限度的废品。对于正常范围内的废品，一般不进一步追查原因；对于超过正常范围的废品，应及时查明原因，积极采取措施，防止成本超支。

五、停工损失的核算

在管理上要求单独反映和控制停工损失的工业企业中，在进行成本核算时，还应进行停工损失的核算。

停工损失是指生产车间内某个班组在停工期间发生的各项费用，包括停工期间发生的原材料费用、工资及福利费和制造费用等。应由过失单位或保险公司负担的赔款，应从停工损失中扣除。为了简化核算工作，停工不满一个工作日的，一般不计算停工损失。只有超过一定范围和时间的停工（如全车间停工一个工作日以上）才核算停工损失。

发生停工的原因很多，例如电力中断，原材料不足，机器设备发生故障，发生非常灾害，以及计划减产等，都可能引起停工。可以取得赔偿的停工损失，应该索赔；由于自然灾害等引起的非正常停工损失，应计入营业外支出；其他停工损失，例如季节性和固定资产修理期间的停工损失，不作为停工损失核算，应计入产品成本。

在停工时，车间应该填列停工报告单，并在考勤记录中进行登记。会计部门和车间核算人员，应对停工报告单所列停工范围、时数及其原因和过失单位等事项进行审核。只有经过审核的停工报告单，才能作为停工损失核算的根据。

为了单独核算停工损失，在会计账户中应增设“停工损失”账户；在成本项目中应增设“停工损失”项目。

“停工损失”账户是为了归集和分配停工损失而设立的。该账户应按车间设立明细账，账内按成本项目分设专栏或专行，进行明细核算。停工期间发生应该计入停工损失的各种费用，都应在该账户的借方归集：借记“停工损失”账户，贷记“原材料”、“应付职工薪酬”、“制造费用”等账户。因此，在单独核算停工损失的企业中，在编制各种费用分配表时，应该将属于停工损失的费用，加填借记“停工损失”账户的行次；而在制造费用的费用项目中，则可不再设立“季节性修理期间停工损失”费用项目。

归集在“停工损失”账户借方的停工损失，其中应取得赔偿的损失和应计入营业外支出的损失，应从该账户的贷方分别转入“其他应收款”和“营业外支出”账户的借方；应计入产品成本的损失，则应从该账户的贷方分别转入“基本生产成本”账户的借方。应计入产品成本的停工损失，如果停工的车间只生产一种产品，应直接记入该种产品成本明细账的“停工损失”项目；如果停工的车间生产多种产品，则应采用适当的分配方法（如采用类似于分配制造费用的方法），分配记入该车间各种产品成本明细账的“停工损失”项目。通过上述归集和分配，“停工损失”账户应无月末余额。

在不单独核算停工损失的企业中，不设立“停工损失”账户和项目。停工期间发生的属于停工损失的各种费用，直接记入“制造费用”和“营业外支出”等账户。这样核算很简便，但对于停工损失的分析和控制会产生不利的影响。辅助生产由于规模一般不大，为了简化核算工作，都不单独核算废品损失和停工损失。

如上所述，在单独核算废品损失和停工损失的企业中，已将应计入本月产品成本的生产费用全部归集在“基本生产成本”账户的借方，并在各产品成本明细账本月发生额中按“直接材料”、“直接人工”、“制造费用”、“废品损失”、“停工损失”等成本项目分别反映。

分析：北方机械厂检查出当月甲产品的废品 5 件，其中 1 件是可以降价出售的不合格品，这 1 件不合格品可以作为次品对外销售，所以不能算是废品，其他 4 件废品给公司带来的废品损失如下。

不可修复废品带来的损失 = (180−38) × 2 × 50% = 142（元）

可修复废品的带来的损失 = 62 × 2 = 124（元）

当月甲产品给企业带来的废品损失 = 142 + 124 = 266（元）

相关账务处理如下。

（1）将废品生产成本从其所记的“基本生产成本”账户和所属明细账的贷方转出。

借：废品损失——甲产品　　　　360

　贷：基本生产成本——甲产品　　　　360

（2）回收废品残料价值。

借：原材料　　　　76

　贷：废品损失——甲产品　　　　76

（3）修复废品领用材料。

借：废品损失——甲产品　　　　84

　贷：原材料　　　　84

（4）计发修复废品工人工资。

借：废品损失——甲产品　　　　40

　贷：应付职工薪酬——职工工资　　　　40

（5）由生产工人负担 50%的不可修复废品的损失。

借：其他应收款　　142

　贷：废品损失　　142

（6）将废品净损失分配计入同种合格品的成本。

借：基本生产成本——甲产品（废品损失）　　266

　贷：废品损失——甲产品　　266

职业能力训练

一、单项选择题（在下列备选答案中选出一个正确的答案，填在括号内）

1. 将辅助生产车间的各项费用直接分配给辅助生产车间以外各受益单位，这种分配方法是（　　）。

A. 计划成本分配法　B. 直接分配法　C. 顺序分配法　D. 代数分配法

2. 采用计划成本分配法进行辅助生产费用的分配，辅助生产实际成本应根据辅助生产车间按计划成本分配前的费用（　　）计算。

A. 加上按计划成本分配转入的费用

B. 减去按计划成本分配转出的费用

C. 加上按计划成本分配转入的费用，减去按计划成本分配转出的费用

D. 直接按计划成本计算的费用

3. 辅助生产费用的归集、分配是通过（　　）账户进行的。

A. 辅助生产　B. 生产成本

C. 辅助生产成本　D. 基本生产成本

4. 如果辅助生产车间规模不大，制造费用不多，为了简化核算工作，其制造费用可直接计入（　　）。

A. 制造费用　B. 辅助生产成本

C. 基本生产成本　D. 本年利润

5. 辅助生产费用分配采用计划成本分配法结算出的辅助生产成本差异，为简化核算一般可全部记入（　　）科目。

A. 辅助生产成本　B. 制造费用

C. 基本生产成本　D. 管理费用

6. 不可修复废品的成本，应借记“废品损失”，贷记（　　）账户。

A. 库存商品　B. 生产成本　C. 制造费用　D. 原材料

7. 废品残料价值和应收赔偿款，应从“废品损失”账户（　　）转出。

A. 借方　B. 贷方　C. 余额　D. 视情况而定

8. 辅助生产费用的交互分配是在（　　）。

A. 各受益单位间分配

B. 受益的各辅助生产车间之间分配

C. 辅助生产车间以外的受益单位之间分配

D. 受益的各基本生产车间之间分配

9. 辅助生产费用交互分配后的实际费用，再在（　　）。

A. 辅助生产车间以外的受益单位分配

B. 各受益单位之间分配

C. 各辅助生产单位之间分配

D. 受益的各基本生产车间之间进行分配

10. 下列（　　）应记入“制造费用”账户？

A. 非季节性停工损失　　B. 劳动保险费

C. 职工教育经费　　D. 车间管理人员工资

二、多项选择题（在下列备选答案中选出多个正确的答案，填在括号内）

1. 某基本生产车间下列费用，可作为制造费用分配的有（　　）。

A. 车间管理人员工资　　B. 车间设备折旧费用

C. 车间机物料消耗　　D. 车间一般消耗原材料

2. 制造费用分配常用的方法有（　　）。

A. 生产工人工时比例法　　B. 生产工人工资比例法

C. 机器工时比例法　　D. 年度计划分配率法

3. 计算不可修复废品的净损失,应考虑的因素有（　　）。

A. 不可修复废品的成本　　B. 不可修复废品的修复费用

C. 回收废料价值　　D. 过失人赔偿款

4. 辅助生产费用的分配方法,通常有（　　）。

A. 直接分配法　　B. 一次交互分配法　　C. 顺序分配法　　D. 代数分配法

5. 在不单独核算废品损失的企业中，回收废品残料时应（　　）。

A. 借记“原材料”账户　　B. 借记“银行存款”账户

C. 贷记“废品损失”账户　　D. 贷记“基本生产成本”账户

三、判断题（正确的画“√”，错误的画“×”）

1. 提供供电劳务的辅助生产部门发生的费用，在分配给各受益对象后，辅助生产成本明细账户应无余额。（　　）

2. 按计划成本分配法分配辅助生产费用时，其成本差异可记入“管理费用”账户。（　　）

3. 辅助生产车间发生的制造费用，一般情况下，可以直接记入辅助生产车间的生产成本账户。（　　）

4. 辅助生产费用的交互分配法，先进行辅助生产车间之间的交互分配，然后进行对外分配。(　　)

5. 采用直接分配法分配辅助生产费用，既简单，又准确。(　　)

6. 季节性生产企业的“制造费用”账户，期末没有余额。(　　)

7. 采用计划分配率法分配制造费用，实际与预定计划分配额的差异，年终可调整记入“管理费用”账户。(　　)

8. 企业无论在什么环节发现的废品，都应并入废品损失内核算。(　　)

9. “废品损失”账户期末一般没有余额。(　　)

10. 停工损失、季节性生产和大修理停工的损失列作制造费用计入产品成本，其他各种非正常停工的损失列作营业外支出。(　　)

四、实践练习

1. 辅助生产费用的分配

资料：某企业设有供电和机修两个辅助生产车间。本月供电车间供电 88 000 千瓦时，其中机修车间用电 8 000 千瓦时，生产甲产品用电 60 000 千瓦时，基本生产车间照明用电 6 000 千瓦时，企业管理部门用电 14 000 千瓦时；本月机修车间修理总工时为 8 480 小时，其中供电车间 480 小时，基本生产车间 6 000 小时，企业管理部门 2 000 小时。根据辅助生产成本明细账，在交互分配前，供电车间待分配费用 29 120 元，机修车间待分配费用 26 880 元。

要求：按直接分配法分配辅助生产费用，并编制辅助生产费用分配表（见表 3-23）及有关的会计分录。

表 3-23　　辅助生产费用分配表（直接分配法）

辅助生部门		供电车间	机修车间	合计
待分配费用（元）				
供应辅助生产部门以外的单位的劳务量				
费用分配率				
基本生产成本	耗用劳务量			
	应分配金额（元）			
制造费用	耗用劳务量			
	应分配金额（元）			
管理费用	耗用劳务量			
	应分配金额（元）			
分配金额合计（元）				

2. 某企业设有修理和运输两个辅助生产车间、部门。修理车间本月发生费用 10 000 元，提供修理劳务 2 000 小时，其中，为运输部门修理 200 小时，为基本生产车间修理 1 500 小时，为行政管理部门修理 300 小时。运输部门本月发生费用 36 000 元，

提供运输 30 000 公里，其中，为修理车间提供运输劳务 1 500 公里，为基本生产车间提供运输劳务 28 000 公里，为行政管理部门提供运输劳务 500 公里。

要求：采用交互分配法计算分配修理、运输费用，编制辅助生产费用分配表（见表 3-24）及会计分录（辅助生产车间不设置“制造费用”账户）。

表 3-24　　辅助生产费用分配表（交互分配法）

<table>
<tr><td colspan="3">分配方向</td><td colspan="3">交互分配</td><td colspan="3">对外分配</td></tr>
<tr><td colspan="3">辅助生产车间名称</td><td>修理</td><td>运输</td><td>合计</td><td>修理</td><td>运输</td><td>合计</td></tr>
<tr><td colspan="3">待分配成本（元）</td><td></td><td></td><td></td><td></td><td></td><td></td></tr>
<tr><td colspan="3">供应劳务数量</td><td></td><td></td><td></td><td></td><td></td><td></td></tr>
<tr><td colspan="3">单位成本（分配率）</td><td></td><td></td><td></td><td></td><td></td><td></td></tr>
<tr><td rowspan="5">辅助车间</td><td rowspan="2">修理</td><td>耗用数量</td><td></td><td></td><td></td><td></td><td></td><td></td></tr>
<tr><td>分配金额(元)</td><td></td><td></td><td></td><td></td><td></td><td></td></tr>
<tr><td rowspan="2">运输</td><td>耗用数量</td><td></td><td></td><td></td><td></td><td></td><td></td></tr>
<tr><td>分配金额(元)</td><td></td><td></td><td></td><td></td><td></td><td></td></tr>
<tr><td colspan="2">金额小计（元）</td><td></td><td></td><td></td><td></td><td></td><td></td></tr>
<tr><td colspan="2" rowspan="2">基本生产车间</td><td>耗用数量</td><td></td><td></td><td></td><td></td><td></td><td></td></tr>
<tr><td>分配金额(元)</td><td></td><td></td><td></td><td></td><td></td><td></td></tr>
<tr><td colspan="2" rowspan="2">行政管理部门</td><td>耗用数量</td><td></td><td></td><td></td><td></td><td></td><td></td></tr>
<tr><td>分配金额(元)</td><td></td><td></td><td></td><td></td><td></td><td></td></tr>
<tr><td colspan="3">分配金额合计（元）</td><td></td><td></td><td></td><td></td><td></td><td></td></tr>
</table>

3. 某企业修理车间和供电部门本月相关经济业务汇总如下。修理车间发生费用 38 000 元，提供修理劳务 20 000 小时，其中，为供电部门提供 3 000 小时，为基本生产车间提供 16 000 小时，为行政管理部门提供 1 000 小时。供电部门发生费用 20 000 元，提供电 40 000 千瓦时，其中，为修理车间提供 3 500 千瓦时，为基本生产车间提供 30 000 千瓦时，为行政管理部门提供 6 500 千瓦时。计划单位成本：修理每小时 2 元，电每千瓦时 0.48 元。

要求：

（1）按计划成本分配辅助生产费用。

（2）计算辅助生产（修理、供电）实际成本数额。

（3）计算辅助生产成本差异。

（4）编制按计划成本分配和调整辅助生产成本差异的会计分录（成本差异计入管理费用）。

4. 某企业有供电和供水两个辅助生产车间，本月份根据辅助生产成本明细账得知：供电车间直接发生的待分配费用为 14 080 元，供水车间为 13 440 元。供电车间和供水车间之间相互提供产品和劳务，供电车间受益少，供水车间受益多。车间本月提供产品和劳务量如表 3-25 所示。

表 3-25　　各车间提供的产品和劳务量

车间、部门		供电（千瓦时）	供水（立方米）
第一基本生产车间	产品耗用	37 000	—
	一般耗用	3 000	3 600
第二基本生产车间	产品耗用	34 000	—
	一般耗用	2 000	4 200
管理部门		4 000	200
供电车间		—	400
供水车间		8 000	—
合计		88 000	8 400

要求：

（1）采用顺序分配法分配辅助生产费用，并做相应的会计分录。

（2）采用代数分配法分配辅助生产费用，并做相应的会计分录。

5. 制造费用的分配（按年度计划分配率法分配）

资料：某企业基本生产车间的有关资料如表 3-26 所示。

表 3-26　　生产费用资料

产品名称	年度预算产量（件）	单位产品定额工时（工时）	1 月份实际产量（件）
甲	3 000	5	400
乙	2 000	8	100

该年度制造费用预算为 62 000 元，1 月份实际制造费用为 5 400 元，本年度实际费用为 60 000 元。

要求：

（1）根据上述资料，计算 1 月份甲、乙产品负担的制造费用。

（2）假定年终已分配制造费用 60 500 元（其中甲产品承担 43 000 元，乙产品承担 17 500 元），那么本年度的差异额中甲、乙产品各应负担多少？并做出差异额处理的会计分录。

6. 某企业本月可修复废品的修复费用为：原材料 1 500 元，应付生产工人工资 600 元，提取的生产工人职工福利费 60 元，制造费用 280 元。该企业不可修复废品成本按定额成本计价，本月不可修复废品 5 件，单件原材料费用定额 120 元，5 件废品的定额工时共为 100 小时，每小时费用定额为：工资及福利费 4 元，制造费用 2 元。全部废品残料作为辅助材料入库，按计划成本计价 240 元。应由过失人员赔款 150 元。废品净损失计入当月产品成本。

要求：设置“废品损失”账户，编制有关废品损失的归集和分配的会计分录。

7. 某企业设有第一、第二基本生产车间。其总账“停工损失”科目的月初余额为2 800元，系第一车间上月由于季节性生产发生的停工损失。其他资料如下。

（1）工资费用分配表反映第一车间支付停工工资2 000元，第二车间支付停工工资3 200元。

（2）各车间制造费用分配表反映的分配金额为：第一车间停工损失分配2 500元，第二车间停工损失分配4 600元。

（3）第一车间的停工损失是由季节性生产停工引起的，由企业负担；第二车间停工是意外停工，应由保险公司赔偿50%，其余部分由企业负担。

要求：

根据上述资料编制会计分录，计算保险公司应付赔偿款数额和本月产品成本应负担的停工损失。

项目四

生产费用在完工产品与在产品之间的分配

【知识目标】

- 掌握按各种方法对生产费用在完工产品与在产品之间进行分配
- 掌握产品成本计算单的计算
- 掌握完工产品成本结转
- 了解在产品数量的确定

【能力目标】

- 会填制产品成本计算单，登记生产成本明细账
- 会对相关业务进行账务处理
- 会进行在产品收发结存的核算

任务一　在产品的核算

任务引入

生产过程发生的各种耗费经过归集、分配，已全部记入到基本生产成本账户。通过基本生产成本的汇总，产品在本期生产过程中发生的耗费均已计入各个成本计算对

象，并按各成本计算对象规定的各成本项目计入各成本明细账。如果当期产品全部完工，本期发生的生产费用与期初在产品成本之和就是该完工产品的成本；如果月末既有完工产品，又有在产品，就需要将期初在产品成本与本期发生的生产费用之和，在本期完工产品与月末在产品之间进行分配，计算出本月完工产品成本和月末在产品成本。

要想正确地计算完工产品成本，则需正确地确定在产品的数量，北方机械公司生产的甲产品加工过程较长，月末均有在产品。北方机械公司的成本核算员，为了正确计算完工产品与在产品的成本，在月末要对在产品进行盘点，当在产品数量账实不符的时候，应该如何处理？

相关知识

一、在产品的概念

企业的在产品是指已经投入生产，但尚未最后完工，不能作为商品销售的产品。在产品有广义和狭义之分。

广义的在产品是就整个企业而言的，即指产品生产从投料开始，到最终制成产成品交付验收入库前的一切产品，包括正在车间加工中的在产品和已经完成一个或几个生产步骤，但仍需继续加工的半成品，尚未验收入库的产成品和正在返修或等待返修的废品等。对外销售的自制半成品属于商品产品，虽未全部完成加工过程，但不包括在在产品之内。

狭义的在产品，是就某一生产单位（或生产步骤或车间或分厂）来说的，它仅指本生产车间或生产步骤正在加工尚未完成的产品。该车间或生产步骤完工的半成品不包括在内。

应该指出，在成本会计中，在产品的两种含义都会用到，要根据不同的需要来确定，此处讨论的在产品是指狭义的在产品。

二、在产品数量的核算

要准备核算在产品的成本，首先要准确核算在产品的数量。在产品数量的核算，应与其他物资的数量核算一样，一方面要做好在产品收发结存的日常核算工作，另一方面要做好在产品的清查工作。这样，既可以从账面上随时掌握在产品的动态，又可明确在产品的实存数量。这不仅对于正确计算产品成本，加强生产资金的管理，保护企业财产的安全完整有着重要的意义，而且对于掌握生产进度，加强生产管理也有着重要意义。

车间在产品收发结存的日常核算，可以通过“在产品收发结存账”进行实物数量核算。实际工作中这种账簿也叫“在产品台账”或“在产品记录卡”，属辅助性质的备查账簿。该账簿应分车间并按照在产品名称设置，以便反映车间各种在产品的收入、发出和结存的数量。在产品在各车间或车间内部转移，应认真做好计量验收工作，并根据有关领料凭证、在产品内部转移凭证、在产品检验凭证和产品交库单等原始凭证逐笔登记“在产品收发结存账”。其基本格式如表 4-1 所示。

表 4-1　　在产品收发结存账

车间名称：加工车间　　201×年 2 月　　零件名称：底座　　单位：件

××年		摘　要	收　入		发　出			结　存	
月	日		凭证号数	数量	凭证号数	合格品	废品	完工	未完工
		合计							

三、在产品清查及其盈亏的核算

为核实在产品数量，保护在产品的安全完整，企业必须定期和不定期地做好在产品的清查工作，以准确地计算产品成本。

在产品的清查一般于月末结账前进行，并采用实地盘点法。盘点的结果，应填制“在产品盘存表”，并与“在产品收发结存账”核对。如有不符，还应填制“在产品盘盈盘亏报告表”，并说明在产品的账面数、实存数、盘盈盘亏数，以及盈亏的原因和处理意见等。对于报废和毁损的在产品，还要登记残值。财会部门应认真审核，并按规定程序报请有关部门审批后，进行在产品盘盈、盘亏和毁损的账务处理。

在产品的盘盈、盘亏和毁损，应通过“待处理财产损溢——待处理流动资产损溢”科目核算，而后应根据有关部门的批准，区分不同情况转入“管理费用”、“制造费用”、“营业外支出”等账户。

1. 在产品盘盈的核算

企业在清查中发现在产品盘盈时，应按实际平均单位成本、定额成本或计划成本予以入账，借记“基本生产成本”账户，贷“待处理财产损溢”账户；按规定核销时，则借记“待处理财产损溢”账户，贷记“制造费用”账户，以冲减制造费用。

［案例 4-1］　北方机械公司加工车间在财产清查中，发现甲在产品盘盈 10 件，据调查属收发计量错误造成，甲在产品实际平均单位成本为 400 元/件。编制月末在产品盘存表及在产品盘盈盘亏报告表，如表 4-2、表 4-3 所示。

表 4-2　　生产车间月末在产品盘存表

车间：加工车间　　201×年 2 月 28 日　　第 1 联

在产品	型号规格	单位	盘点数量	下单数量	单位成本	总成本	在产品完工率	备　注
甲		件	860	850	400		50%	收发计量错误所致

主管：李华　　审核：赵中　　保管：王鲁　　盘点：张齐

表 4-3　　在产品盘盈盘亏报告表

车间：加工车间　　201×年 2 月 28 日　　第 1 联

在产品	型号规格	单位	盘点数量	下单数量	单位成本	总成本	盘点结果	处理意见	备注
甲		件	860	850	400		盘盈 10 件	记入成本	

主管：李华　　审核：赵中　　保管：王鲁　　盘点：张齐

编制会计分录如下。

（1）借：基本生产成本——甲　　4 000

　　贷：待处理财产损溢——待处理流动资产损溢　　4 000

（2）借：待处理财产损溢——待处理流动资产损溢　　4 000

　　贷：制造费用　　4 000

2. 在产品盘亏和毁损的核算

在产品发生盘亏或毁损时，借记“待处理财产损溢”账户，贷记“基本生产成本”账户，以冲减在产品的账面价值。毁损的在产品残值，应借记“原材料”账户，贷记“待处理财产损溢”账户以冲减其损失；对于由保险公司、过失人赔偿的部分，借记“银行存款”或“其他应收款”账户，贷记“待处理财产损溢”账户以冲减其损失。按规定核销在产品的盘亏或毁损损失时，按实际损失扣除残值和赔款后计算的净损失，根据盘亏、毁损的原因不同，将损失从“待处理财产损溢”账户的贷方转出，借记“制造费用”或“营业外支出”账户。

[案例 4-2]　北方机械公司在财产清查中，加工车间发现毁损乙在产品 1 件，其实际成本为 300 元。乙在产品毁损属操作工人违规造成的，应由个人赔偿 80%，毁损乙在产品的残料已入库，实际成本 20 元。编制月末在产品盘存表及在产品盘盈盘亏报告表，如表 4-4、表 4-5 所示。

表 4-4　　生产车间月末在产品盘存表

车间：加工车间　　201×年 2 月 28 日　　第 1 联

在产品	型号规格	单位	盘点数量	下单数量	单位成本	总成本	在产品完工率	备　注
乙		件	24	25	300		50%	职工高壮壮操作失误所致

主管：李华　　审核：赵中　　保管：王鲁　　盘点：张齐

表 4-5　　　　　　　　　　在产品盘盈盘亏报告表

车间：加工车间　　　　　　201×年 2 月 28 日　　　　　　第 1 联

在产品	型号规格	单位	盘点数量	下单数量	单位成本	总成本	盘点结果	处理意见	备注
乙		件	24	25	300		盘亏 1 件	残料入库，净损失由责任人负担 80%，其余企业负担	

主管：李华　　审核：赵中　　保管：王鲁　　盘点：张齐

根据上述资料，进行如下账务处理。

（1）借：待处理财产损溢——待处理流动资产损溢　　300

　　贷：基本生产成本——乙　　300

（2）借：其他应收款——高壮壮　　224

　　贷：待处理财产损溢——待处理流动资产损溢　　224

（3）借：原材料　　20

　　贷：待处理财产损溢——待处理流动资产损溢　　20

（4）借：营业外支出　　56

　　贷：待处理财产损溢——待处理流动资产损溢　　56

月末“待处理财产损溢”账户要及时核销，账面不得保留余额。此外，在产品盘盈、盘亏及毁损的账务处理应在制造费用分配前进行。

需要说明的是，在产品非正常盘亏、毁损要换算应负担的增值税，其增值税额也应记入“待处理财产损溢”账户，账务处理如下。

借：待处理财产损溢——待处理流动资产损溢

　　贷：应交税费——应交增值税（进项税额转出）

任务实施

北方机械公司的成本核算员，每月在结账前都应该对在产品进行盘点，填制“在产品盘存表”，并与“在产品收发结存账”核对。如有不符，还应填制“在产品盘盈盘亏报告表”，并说明在产品的账面数、实存数、盘盈盘亏数，以及盈亏的原因和处理意见等。

当账实不符时，需要及时做出如下账务处理。

1. 盘盈

（1）根据在产品盘存表，结转盘盈在产品成本。

借：基本生产成本——××

　　贷：待处理财产损溢——待处理流动资产损溢

（2）根据处理意见进行相关处理。

借：待处理财产损溢——待处理流动资产损溢

　贷：制造费用

2. 盘亏

（1）根据在产品盘存表，结转盘亏在产品成本。

借：待处理财产损溢——待处理流动资产损溢

　贷：基本生产成本——××

（2）应由责任人或保险公司赔偿部分。

借：其他应收款——××（责任人或保险公司）

　贷：待处理财产损溢——待处理流动资产损溢

（3）回收残料。

借：原材料

　贷：待处理财产损溢——待处理流动资产损溢

（4）处理净损失。

借：营业外支出/管理费用等

　贷：待处理财产损溢——待处理流动资产损溢

任务二　产品成本在完工产品和在产品之间的分配

任务引入

产品成本在完工产品与在产品之间的分配是成本计算工作中一个重要问题，对于在产品加工工序较多的企业，又是一个复杂问题。企业应该根据在产品数量的多少、各月在产品数量变化的大小、各项费用比重的大小以及定额管理基础等具体条件并考虑管理的要求，选择合理而又简便的方法。

北方机械公司生产甲产品，本月完工 800 件，期末在产品 200 件。原材料费用在各工序生产开始时一次性投入，其他费用随加工进度陆续投入。月末在产品资料如表 4-6 所示。

表 4-6　　月末在产品资料

工序	各工序的定额工时（小时）	各工序定额材料消耗量（千克）	盘存数（件）
1	40	100	60
2	30	50	100
3	10	10	40
合计	80	160	200

任务：（1）比较分析各种分配方法的适用范围。

（2）计算各工序在产品各项目的完工率及各工序在产品的约当产量。

（3）填写完工产品和在产品成本分配表。

一、在产品数量与完工产品成本计算的关系

经过前面各项要素费用的横向归集与分配后，应计入本期各种产品的费用均已集中反映到各成本核算对象的“基本生产成本”明细账中。这时，登记在各个基本生产成本明细账中的累计生产费用（即期初在产品成本加上本期发生的生产费用）就是本期所生产的该产品的总成本。

企业产品的生产情况一般有3种。在某种产品没有在产品的情况，计入该种产品成本的全部生产费用，就是本期完工产品的总成本。

如果本月没有完工产品，则计入该种产品成本的全部生产费用，就是期末在产品的总成本。

如果本期产品生产既有完工产品，又有在产品，那么就需要采用适当的方法，将本月累计生产费用在完工产品和月末在产品之间进行分配，分别计算出完工产品成本和期末在产品成本。

显然，上述3种情况中，前两种比较特殊，不存在累计生产费用在完工产品和在产品之间的分配问题。在实际工作中，期末既有完工产品，又有部分未完工产品。因而将一定时期的生产费用在完工产品和在产品之间进行分配，也就成为成本核算的重要环节。搞好这一核算工作，对于合理地确定完工产品成本和在产品成本，正确确认当期损益具有重要意义。

月末需要视产品的完工情况将累计生产费用分别计入到本期完工产品和月末在产品的成本中去。月初在产品成本、本月生产费用、本月完工产品成本和月末在产品成本4者之间的关系，可用下列公式表示：

月初在产品成本＋本期生产费用＝本期完工产品成本＋月末在产品成本

上列公式中，等式左方两项均属已知数，即为本月累计生产费用发生额。其中月初在产品成本就是上期的月末在产品成本。本期生产费用则表示本月产品生产所汇集的生产费用，均可以从其“基本生产成本”明细账中直接取得。等式右边则表示生产费用的分配关系，是未知数，需经分配求得。

产品本月累计生产费用应该由完工产品和月末在产品共同承担，也就是说要将累计生产费用在完工产品和在产品之间进行分配。采用什么方法以解决累计生产费用在完工产品和在产品之间分配，也就是通常所说的费用纵向分配问题，其分配方法有两类。

一是将前两项之和按一定比例在完工产品与在产品之间进行分配，同时计算完工产品与月末在产品成本；二是先确定月末在产品成本，再从生产费用之和中减去月末在产品成本，计算完工产品成本。该类方法公式可转换为：

本期完工产品成本=月初在产品成本+本期生产费用-月末在产品成本

从公式中可以看到：无论是归集生产费用，还是分配生产费用，都必须准确地计算在产品的成本。在产品成本是准确计算产成品成本的前提，而在产品成本则取决于对在产品数量的确定。所以正确计算产品成本，企业首先必须正确组织在产品数量的核算，以取得在产品动态和结存的数量资料。

二、生产费用在完工产品与在产品之间的分配方法

企业应该根据在产品数量的多少、各月在产品数量变化的大小、各项费用比重的大小以及定额管理基础等具体条件并考虑管理的要求，选择合理而又简便的方法。企业常用的完工产品成本和在产品成本的分配方法有：不计算在产品成本法、在产品成本按其年初固定数计算法、在产品成本按所耗原材料费用计算法、约当产量比例法、在产品成本按定额成本计算法、在产品按完工产品成本计算法、定额比例法等。

1. 不计算在产品成本法

该方法的基本特点：基本生产成本明细账中归集的产品成本，全部由本月完工产成品负担，月末在产品不分担。它适用于各月月末在产品数量很少的企业。采用该方法，月末虽然有在产品，但由于数量很少，月初和月末在产品成本就很低，月初在产品成本与月末在产品成本的差额更小，不计算在产品成本对产成品成本核算的正确性影响不大。如食品行业、煤炭企业生产周期短，月末即使有在产品，数量也很少，为简化核算，月末一般不计算在产品成本，本期发生的生产费用即为完工产品成本。

2. 在产品成本按其年初固定数计算法

该方法的基本特点是：年内各月在产品成本都按年初在产品成本计算，固定不变。这种方法下，各月（1 月份～11 月份）的在产品成本相同，本期发生的产品生产费用，全部由完工产品负担。它适用于在产品数量很少，或各月末在产品数量虽然较大，但相差不多，变化较小的产品生产。例如，炼铁厂、化工厂、炼油厂等有固定容器或管道装置的在产品，数量都较均衡，均属于这种情况。在这种方法下，各月的月初、月末在产品成本都等于年初确定的固定数额，各月发生的生产费用也就是各月完工的产成品成本。但是在年末，企业应根据实际盘点的产品数量，重新计算在产品成本，并据以计算 12 月份的完工产品成本；将计算出来的年末在产品成本作为下年度（1 月份～11 月份）的在产品成本，以免相隔时间过长，使在产品固定的成本与实际成本差距过大，影响成

本计算的准确性。

3. 在产品成本按所耗原材料费用计算法

该方法的基本特点是：月末在产品成本只按所耗原材料费用计算，直接人工、制造费用等加工费用及其他费用全部由当月完工产品成本负担。这种方法适用于月末在产品数量较大，各月在产品数量变化也较大，以及原材料费用项目在产品成本中占有较大比重的产品。这是因为，各月末在产品数量较大且变化也较大的产品采用上述几种方法都不合适，因而对月末在产品成本就要采用具体的计算方法计算。由于产品成本中原材料费用比重大，工资及制造费用比重较小，对于未完工的在产品来说，其工资及制造费用就更小，这样月初、月末在产品工资及制造费用的差额也就很小，因此为了简化成本计算，可以只计算其所耗的原材料费用，其他费用全部由完工产成品负担。例如，纺织、造纸和酿酒等行业就可以采用这种方法。其计算公式为（假定原材料在生产开始时一次投入）：

$$单位产品原材料成本=\frac{原材料费用总额}{完工产品数量+月末在产品数量}$$

月末在产品成本=月末在产品数量×单位产品原材料成本

当月完工产品成本=月初在产品成本+本月生产费用−月末在产品成本

［案例 4-3］ 北方机械公司生产的甲产品月末在产品成本只计算原材料费用，原材料在生产开始时一次投入。该公司 201×年 2 月份有关产量及费用资料如表 4-7 所示。

表 4-7　产品产量及费用表

成本项目	月初在产品		本月发生		月末在产品数量（件）	
	数量（件）	成本（元）	数量（件）	成本（元）	完工	在产品
直接材料		15 000		168 000		
直接人工				12 000		
制造费用				5 000		
合计	200	15 000	2 300	185 000	2 200	300

根据上述资料，完工产品与月末在产品成本计算如下。

单位产品原材料成本=(15 000+168 000)÷(200+2 300)=73（元/件）

月末在产品成本=300×73=21 900（元）

完工产品成本=15 000+185 000−21 900=178 100（元）

在这种方法下，产品制造费用、直接人工和其他直接费用均由完工产品承担，而在产品成本只由原材料费用构成。

4. 约当产量比例法

所谓约当产量，是指在产品按其完工程度折合成完工产品的产量。这种方法是按完工产品数量和期末在产品的约当产量比例来分配生产费用，以确定完工产品成本和月末在产品实际成本的方法。

它的特点是先把月末在产品数量按材料消耗比例或完工程度折合成完工产品数量，再将归集的生产费用在月末在产品约当产量和完工产品产量之间进行分配，分别确定其成本。这种方法适用于期末的在产品数量较多，各月月末的在产品数量变化较大，产品中各个成本项目所占比重相差不大的产品。

用约当产量分配生产费用，是按成本项目分别进行的。

约当产量法确定产品成本的程序及运用的计算公式如下：

在产品约当产量=月末在产品数量×月末在产品完工程度（或投料比例）

约当总产量=本月完工产品数量+月末在产品约当产量

$$\text{某项费用分配率}=\frac{\text{该项费用总额}}{\text{约当总产量}}$$

月末在产品应负担某项费用=在产品约当产量×该项费用分配率

本期完工产品应负担的某项生产费用=该项费用总额－月末在产品应负担的该项费用额

本期完工产品总成本=Σ（本期完工产品应负担的各项生产费用）

$$\text{本期完工某产品单位成本}=\frac{\text{本期完工的产品总成本}}{\text{本期完工的产品产量}}$$

（1）直接材料费用项目约当量的确定。直接材料费用项目约当量的确定，取决于产品生产过程中的投料程度。由于原材料的投料方式不一定与产品的完工程度同步，因而运用约当产量法计算在产品成本时，要将材料费用与其他生产费用分别加以计算。产品生产过程中，原材料的投入方式不同，其在产品投料程度的确定方法也不同。

① 为生产开始时一次投料。一次投料是指在产品生产开始时，一次投入生产该产品所需的全部材料。在这种投料方式下一件月末在产品所耗材料与一件完工产品所耗材料相同，在产品的投料程度为100%。

② 每道工序开始时一次投料。每道工序开始时一次投料是指在在产品生产的每道生产工序开始时投入本工序所需的全部材料，使每道工序的月末在产品应负担的材料费用为截至该工序的累计投料额，月末在产品可按投料比例折合为完工产品。确定月末在产品约当产量的公式如下：

$$\text{某工序期末在产品投料比例}=\frac{\text{截至该工序累计材料消耗定额（数量）}}{\text{完工产品材料消耗定额（数量）}}\times 100\%$$

某工序上的在产品约当产量=该工序在产品数量×该工序期末在产品投料比例

③ 随生产进度逐步投料。在逐步投料方式下，由于在产品所消耗的原材料费用是与生产进度相一致的，所以分配费用时和加工费用分配方法是一样的。

（2）直接人工与制造费用项目约当产品的确定。在每月末计算产品成本时，根据各工序的在产品数量和既定的完工率，即可计算各工序在产品的约当产量，据以分配加工费用。在用约当产量法分配生产费用时，测定在产品完工率一般有两种方法。

① 平均计算，即一律按 50%作为各工序在产品的完工程度。平均计算只能在各工序在产品数量和单位产品在各工序的加工量都相差不多的情况下使用。这是由于后面各工序在产品多加工的程度可以抵补前面各工序少加工的程度，全部在产品完工程度均可按 50%平均计算，这样能够简化成本核算。

② 各工序分别测定完工程度。为了提高成本计算的正确性，并加速成本计算工作，可以根据各工序的累计工时定额数占完工产品工时定额数的比率，事前确定各工序在产品的完工程度。这种方法特别是在多步骤生产的情况下适用。

在产品完工率的计算公式为：

某工序在产品完工程度=（前面各工序工时定额之和+本工序工时定额×本工序完工程度）÷产品工时定额×100%

在产品约当产量=∑（某道工序在产品数量×本道工序的在产品完工程度）

[案例 4-4] 假定某产品生产经 3 道工序完成。3 道工序工时定额分别为 4 小时、4 小时、2 小时；3 道工序的在产品数量分别为 100 件、60 件、40 件。每道工序的在产品完工程度为 50%。计算在产品的约当产量，如表 4-8 所示。

表 4-8　　在产品加工程度和约当产量计算表

20××年 3 月 31 日

工序	工时定额（小时）	月末在产品数量(件)	在产品完工程度（%）	在产品约当产量（件）
第一道工序	4	100	$\frac{4\times50\%}{10}\times100\%=20\%$	100×20%=20
第二道工序	4	60	$\frac{4+4\times50\%}{10}\times100\%=60\%$	60×60%=36
第三道工序	2	40	$\frac{4+4+2\times50\%}{10}\times100\%=90\%$	40×90%=36
合计	10	200		92

[案例 4-5] 北方机械公司生产小型电机，某月末小型电机完工 800 台，期末在产品 200 台，原材料开工时一次投入，在产品完工率 50%，期初在产品成本、本期发生费用如表 4-9 所示。

表 4-9　　北方机械公司小型电机费用表

201×年 3 月 31 日　　单位：元

成本项目	直接材料	直接人工	制造费用	合　计
期初在产品成本	8 000	2 000	1 000	11 000
本期发生费用	40 000	16 000	8 000	64 000
合　计	48 000	18 000	9 000	75 000

要求：采用约当产量法分配完工产品与期末在产品成本。

（1）计算分配率。

材料费用分配率：48 000÷(800+200)=48（元/件）

人工费用分配率：18 000÷(800＋200×50%)=20（元/件）

制造费用分配率：9 000÷(800＋200×50%)=10（元/件）

（2）期末在产品成本。

直接材料成本=200×48=9 600（元）

直接人工成本=200×50%×20=2 000（元）

制造费用成本=200×50%×10=1 000（元）

（3）本期完工产品成本。

直接材料成本=48 000−9 600=38 400（元）

直接人工成本=18 000−2 000=16 000（元）

制造费用成本=9 000−1 000=8 000（元）

（4）根据上述计算结果，编制产品成本计算单，如表 4-10 所示。

表 4-10　　北方机械公司小型电机产品成本计算单

201×年 3 月　　本月完工：800 台　　期末在产品：200 台　　单位：元

成本项目	直接材料	直接人工	制造费用	合　计
期初在产品成本	8 000	2 000	1 000	11 000
本期发生费用	40 000	16 000	8 000	64 000
合　计	48 000	18 000	9 000	75 000
期末在产品成本	9 600	2 000	1 000	12 600
完工产品成本	38 400	16 000	8 000	62 400
单位成本	48	20	10	78

5. 在产品成本按定额成本计算法

该方法的基本特点是：按照事先制订的单位定额成本和在产品的实存数量计算月末在产品的定额成本。这种方法是事先经过调查研究、技术测定或按定额资料，对各个加工阶段上的在产品，直接确定一个定额单位成本，月终根据在产品数量，分别乘以各项定额单位成本，即可计算出月末在产品的定额成本。最后将月初在产品成本加上本期发生费用，减去月末在产品的定额成本，就可倒算出完工产成品的总成本了。其计算公式如下：

在产品直接材料定额成本=在产品数量×材料单位消耗定额×材料（实际或计划）单价

在产品直接工资定额成本=在产品数量×工时定额×小时工资率（计划或实际）

在产品制造费用定额成本=在产品数量×工时定额×计划小时制造费用率（计划或实际）

在产品定额成本=在产品直接材料定额成本+在产品直接工资定额成本+在产品制造费用定额成本

完工产品成本=（月初在产品成本+本期发生生产费用）−月末在产品定额成本

［案例 4-6］ 北方机械公司生产甲产品，月末在产品按定额成本计算法。201×年 2 月末在产品数量 100 件，完工产品 200 件，原材料系生产开始时一次投入。单件产品的原材料消耗定额为 10 千克，材料的计划单价为 60 元/千克；单位在产品的工时定额为 4 小时，人工费用定额为 10 元/小时，制造费用定额为 2 元/小时。月初在产品和本月发生的生产费用如下：原材料 180 000 元，直接人工 25 000 元，制造费用 8 000 元。

月末在产品定额成本为：

在产品直接材料定额成本=100×10×60=60 000（元）

在产品直接人工定额成本=100×4×10=4 000（元）

在产品制造费用定额成本=100×4×2=800（元）

编制产品成本计算单，如表 4-11 所示。

表 4-11　　产品成本计算单

产品名称：甲产品　　完工产量：200 件

投料方式：生产开始时一次投入　　201×年 2 月　　月末在产品：100 件　　单位：元

成本项目	直接材料	直接人工	制造费用	合计
累计生产费用	180 000	25 000	8 000	213 000
月末在产品成本	60 000	4 000	800	64 800
完工产品成本	120 000	21 000	7 200	148 200
产成品单位成本	600	105	36	741

若是定额制定比较接近实际，则该方法既简便又合理。定额成本法适用于企业具备完整的消耗定额资料，消耗定额比较准确、稳定而且各月在产品数量变化不大的企业。另外，采用这种方法的企业，在定额资料中的某些因素发生变化时，要及时加以修订，否则会影响产品成本核算的正确性。

6. 在产品按完工产品成本计算法

这种分配方法将在产品视同完工产品分配费用，即完工产品和月末在产品之间按其数量比例分配直接材料费用和其他各项加工费用。这种方法适用于月末在产品已经接近完工或者已经完工、只是尚未包装或尚未验收入库的产品。因为这种情况下的在产品成本已经接近完工产品成本，为了简化产品成本计算工作，在产品可以视同完工产品，按两者的数量比例分配生产费用。

[案例 4-7]　北方机械公司本月完工甲产品 600 件，期末在产品 200 件，在产品已接近完工，期初在产品成本、本期发生费用汇集如表 4-12 所示。

表 4-12　　月末在产品成本按完工产品计算分配

成本项目	生产费用合计（元）	费用分配率（元/件）	完工产品		月末在产品	
			数量（件）	费用（元）	数量（件）	费用（元）
①	②	③=②/（④+⑥）	④	⑤=④×③	⑥	⑦=⑥×③
直接材料	32 000	40	600	24 000	200	8 000
直接人工	5 400	6.75	600	4 050	200	1 350
制造费用	6 400	8	600	4 800	200	1 600
合　计	43 800	—	600	32 850	—	10 950

7. 定额比例法

定额比例法是产品的生产费用按照完工产品和月末在产品的定额消耗量或定额费用的比例，分配计算完工产品成本和月末在产品成本的方法。其中，直接材料费用按照原材料定额消耗量或原材料定额费用比例分配；直接人工、制造费用等各项加工费用，按定额工时的比例分配，也可以按定额费用比例分配。

这种方法适用于定额管理基础较好，各项消耗定额或费用定额比较准确、稳定，各月末在产品数量大或变化大的产品。这种方法下，每月实际生产费用脱离定额的差异，就在当月完工产品成本和月末在产品之间按比例分配，因而成本计算的准确性比在产品按定额成本法高。

采用定额比例法对产品成本进行分配，既可以用定额消耗量比例，也可以用定额费用比例进行分配。

（1）按定额消耗量比例分配。

$$消耗量分配率=\frac{月初在产品实际消耗量+本月实际消耗量}{完工产品定额消耗量+月末在产品定额消耗量}$$

完工产品实际消耗量=完工产品定额消耗量×消耗量分配率

完工产品直接材料成本=完工产品实际消耗量×原材料单价

月末在产品实际消耗量=月末在产品定额消耗量×消耗量分配率

月末在产品直接材料成本=月末在产品实际消耗量×原材料单价

（2）按定额费用比例分配。

直接人工（制造费用）分配率

$$=\frac{月初在产品实际直接人工（费用）+本月投入的实际人工（费用）}{完工产品定额工时+月末在产品定额工时}$$

完工产品实际直接人工（费用）= 完工产品定额工时×直接人工（制造费用）分配率

［案例 4-8］　北方机械公司生产小型电机。201×年 3 月电机完工 800 件，月末在产品 200 件。其各项生产费用如表 4-13 所示。

表 4-13　　各项生产费用

成本项目	直接材料	直接人工	制造费用	合计
期初在产品成本（元）	8 000	2 000	1 000	11 000
本期发生费用（元）	40 000	16 000	8 000	64 000
合　计（元）	48 000	18 000	9 000	75 000
完工产品定额	40 000 元	450 工时	450 工时	—
月末在产品定额	10 000 元	150 工时	150 工时	—

要求：按定额比例法分配计算完工产品和在产品成本。

① 直接材料费用分配率=48 000÷(40 000+10 000)=0.96

完工产品直接材料费用=40 000×0.96=38 400（元）

在产品直接材料费用=10 000×0.96=9 600（元）

② 直接人工费用分配率=18 000÷(450 + 150)=30（元/工时）

完工产品直接人工费用=450×30=13 500（元）

在产品直接人工费用=150×30=4 500（元）

③ 制造费用分配率=9 000÷(450 + 150)=15（元/工时）

完工产品制造费用=450×15=6 750（元）

在产品制造费用 = 150×15=2 250（元）

④ 完工产品成本=38 400+13 500+6 750=58 650（元）

月末在产品成本=9 600+4 500+2 250=16 350（元）

填写成本计算单，如表 4-14 所示。

表 4-14　　小型电机生产成本计算单　　单位：元

项　目	直接材料	直接人工	制造费用	合计
月初在产品成本	8 000	2 000	1 000	11 000
本月发生费用	40 000	16 000	8 000	64 000
费用合计	48 000	18 000	9 000	75 000
完工产品成本	38 400	13 500	6 750	58 650
月末在产品成本	9 600	4 500	2 250	16 350

定额比例法分配生产费用与在产品按定额成本法的区别在于：前者产品实际成本脱离定额成本的差异，按完工产品与月末在产品定额的比例，在两者之间进行分摊；而后者实际成本脱离定额成本差异完全由完工产品承担。因此，采用定额比例法计算完工产品和在产品成本，相对在产品按定额成本法来说比较准确。

三、完工产品成本的结转

通过以上内容的介绍，企业发生的各项费用，按照成本的要求，划清了各项费用界限。即经过费用的分类、归集和分配，应计入本月各种产品成本的各项费用，按照成本项目直接计入或分配计入各种产品的成本；计入各种产品成本的生产费用，又经过在完工产品和月末在产品之间的分配，从而求得了月末在产品的成本和完工产品的成本。

完工产品是指完成全部生产过程，符合技术与质量要求，验收入库，具备对外销售条件的完工产品。为了反映完工产品入库情况，需要设置“库存商品”账户进行核算。其账务处理如下。

借：库存商品——××产品

　贷：基本生产成本——××产品

工业企业生产完工的产品，除了对外销售的商品产品外，还可能有自制完工的材料、工具、模具和包装物等。对于这些完工的产品，其成本也应区分不同的情况进行结转。

当月末存在有完工产品与在产品的时候，需要采用一定的方法，将费用总额在完工产品与在产品之间分配。费用总额=月初在产品成本+本期生产费用=本期完工产品成本+月末在产品成本。

企业常用的完工产品成本和在产品成本的分配方法有不计算在产品成本法、在产品成本按其年初固定数计算法、在产品成本按所耗原材料费用计算法、约当产量比例法、在产品成本按定额成本计算法、在产品按完工产品成本计算法、定额比例法等。

（1）各种方法的适用范围如表4-15所示。

表4-15　　企业常用的完工产品成本和在产品成本的分配方法比较

分配方法	基本特点	适用范围
不计算在产品成本法	基本生产成本明细账中归集的产品成本，全部由当月完工产成品负担，月末在产品不分担	适用于各月月末在产品数量很少的企业
在产品成本按其年初固定数计算法	年内各月在产品成本都按年初在产品成本计算，固定不变	适用于在产品数量很少，或各月末在产品数量虽然较大，但相差不多，变化较小的产品生产
在产品成本按所耗原材料费用计算法	月末在产品成本只按所耗原材料费用计算，直接人工、制造费用等加工费用及其他费用全部由当月完工产品成本负担	适用于月末在产品数量较大，各月在产品数量变化也较大，以及原材料费用项目在产品成本中占有较大比重的产品

续表

分配方法	基本特点	适用范围
约当产量比例法	先把月末在产品数量按材料消耗比例或完工程度折合成完工产品数量，再将归集的生产费用在月末在产品约当产量和完工产品产量之间进行分配，分别确定其成本	适用于期末的在产品数量较多，各月月末的在产品数量变化较大，产品中各个成本项目所占比重相差不大的产品
在产品成本按定额成本计算法	按照事先制订的单位定额成本和在产品的实存数量计算月末在产品的定额成本	适用于企业具备完整的消耗定额资料，消耗定额比较准确、稳定而且各月在产品数量变化不大的企业
在产品按完工产品成本计算法	将在产品视同完工产品分配费用，即完工产品和月末在产品之间按其数量比例分配直接材料费用和其他各项加工费用	适用于月末在产品已经接近完工或者已经完工、只是尚未包装或尚未验收入库的产品
定额比例法	产品的生产费用按照完工产品和月末在产品的定额消耗量或定额费用的比例，分配计算完工产品成本和月末在产品成本	适用于定额管理基础较好，各项消耗定额或费用定额比较准确、稳定，各月末在产品数量大或变化大的产品

（2）计算约当产量。

① 原材料在各工序的完工率及约当产量。

第一道工序的完工率=(100÷160)×100%=62.5%

第一道工序在产品的约当产量=60×62.5%=37.5（件）

第二道工序的完工率=(100+50)÷160×100%=93.75%

第二道工序在产品的约当产量=100×93.75%=93.75（件）

第三道工序的完工率=(100+50+10)÷160×100%=100%

第三道工序在产品的约当产量=40 × 100%=40（件）

各道工序在产品的约当产量=37.5+93.75+40=171.25（件）

② 工资福利费及制造费用的完工率及约当产量。

第一道工序的完工率=(40×50%)÷80×100%=25%

第一道工序在产品的约当产量=60×25%=15（件）

第二道工序的完工率=(40+30×50%)÷80×100%=68.75%

第二道工序在产品的约当产量=100×68.75%=68.75（件）

第三道工序的完工率=(40+30+10×50%)÷80×100%=93.75%

第三道工序在产品的约当产量=40×93.75%=37.5（件）

各道工序在产品的约当产量=15+68.75+37.5=121.25（件）

（3）填写完工产品和在产品成本分配表，如表 4-16 所示。

表 4-16　　　　完工产品和在产品成本分配表

项　目	直接材料	直接人工	制造费用	合　计
分配前的费用金额（元）	182 615.56	74 900	112 350	369 865.56
分配率（单位成本）	188.02	81.30	121.95	391.27

续表

项　　目		直接材料	直接人工	制造费用	合　计
完工产品	数量（件）	800	800	800	
	金额（元）	150 416	65 040	97 560	313 016
期末在产品	数量（件）	171.25	121.25	121.25	
	金额（元）	32 199.56	9 860	14 790	56 849.56

职业能力训练

一、单项选择题

1. 假设某企业甲产品本月完工 250 件，月末在产品为 160 件，在产品完工程度测定为 40%，月初和本月发生的原材料费用共为 56 520 元，原材料随着加工进度陆续投入，则完工产品和月末在产品的原材料费用分别为（　　）。

A. 45 000 元和 11 250 元　　B. 4 000 元和 16 250 元

C. 34 298 元和 21 952 元　　D. 45 000 元和 11 520 元

2. 原材料在生产开工时一次投入，月末在产品的投料程度按（　　）计算。

A. 100%　　B. 50%　　C. 定额耗用量比例　　D. 定额工时比例

3. 原材料在各工序的加工过程采用陆续投料方式时，对各工序在产品在本工序的投料程度可按（　　）计算。

A. 50%　　B. 100%　　C. 定额工时比例　　D. 消耗定额比例

4. 在产品成本按定额成本法计算，适用于（　　）的企业。

A. 定额管理水平较高，定额资料完整、准确、稳定

B. 各月在产品数量变动不大

C. 各月在产品数量变动较大

D. 原材料在产品成本中所占的比重较大

5. 产品成本中原材料费用占有较大比重的企业，为了简化核算工作，在产品成本可按（　　）计算。

A. 原材料费用　　B. 定额成本　　C. 约当产量　　D. 计划成本

6. 在产品成本按所耗直接材料费用计算的方法，适用于（　　）的企业。

A. 各月末在产品数量不多

B. 各月末在产品数量较多

C. 各月末在产品数量不稳

D. 直接材料在产品成本中所占比重较大

7. 由于各道工序内部在产品完工程度不同，有的已近完成，有的刚刚开始加工，为简化计算，对各工序内部在产品在本工序的加工过程可按（　　）计算。

A. 50%　　　B. 100%　　　C. 定额工时比例　　　D. 消耗定额比例

8. 假设某企业某产品工时定额为40小时，由两道工序组成，每道工序的工时定额分别为30小时和10小时，则第二道工序的完工程度为（　　）。

A. 37.5%　　　B. 50%　　　C. 87.5%　　　D.90%

9. 采用约当产量比例法，当各工序在产品数量和单位产品在各工序的加工量都相差不多的情况下，全部在产品完工程度可按（　　）平均计算。

A. 80%　　　B. 25%　　　C. 50%　　　D. 75%

10. 某产品在产品数量较小，或者数量虽大但各月之间在产品数量变化不大，月初、月末在产品成本对完工产品成本影响不大，为了简化核算工作，可采用（　　）。

A. 不计算在产品成本的方法　　　B. 在产品按所耗的原材料费用计算法

C. 按年初数固定计算在产品成本法　　　D. 定额比例法

二、多项选择题

1. 广义在产品包括（　　）。

A. 正在各个车间加工中的制成品

B. 已经完成一个或几个生产步骤，但还需继续加工的自制半成品

C. 已完工但尚未验收入库的产成品

D. 等待返修的可修复废品

2. 在产品成本按年初在产品成本计算的方法，适用于（　　）的企业。

A. 各月在产品数量较少

B. 各月在产品数量较大

C. 各月末在产品数量变化较大

D. 各月末在产品数量较多，但各月数量比较均衡

3. 采用约当产量法计算月末在产品成本，在产品的约当产量应按（　　）计算。

A. 投料程度　　　B. 约当产量法　　　C. 预计废品率　　　D. 完工入库程度

4. 期末在产品成本的计算，应根据生产特点和成本管理的要求，采用（　　）等不同的方法进行计算。

A. 交互分配法　　　B. 约当产量法

C. 定额成本法　　　D. 定额比例法

5. 企业在产品成本的计算方法可按（　　）计算。

A. 所耗原材料费用　　　B. 定额成本

C. 定额耗用量比例　　　D. 约当产量

三、判断题

1. 为了反映完工产品成本构成情况，分配生产费用时，应按成本项目分别计算。（　　）

2. 按定额比例法计算月末在产品成本，一般以原材料定额消耗量作为分配标准。(　　)

3. 在产品数量的日常核算，可以通过设置“在产品台账”来进行。(　　)

4. 任何企业都可以采用定额成本法在完工产品与在产品之间分配生产费用。(　　)

5. 将在产品按其完工程度折合为相当于完工产品的产量称为约当产量。(　　)

6. 广义在产品，包括狭义在产品和已完成一个或多个生产步骤，尚未最终完工需继续加工的自制半成品。(　　)

7. 采用固定成本方法对在产品计价时，年内1至11月份本月发生的生产费用，等于本月完工产品成本。(　　)

8. 当月末既有完工产品，又有未完工产品，就必须将归集的生产费用任意选择一种方法在完工产品和月末在产品之间进行分配。(　　)

9. 某工序在产品的完工率为截至该工序累计的工时定额与完工产品工时定额的比率。(　　)

10. 在产品按所耗原材料费用计价时，产品的加工费用全部计入管理费用。(　　)

四、实践练习

1. 在产品成本的计算（约当产量法）

资料：某企业第一车间甲产品月初在产品成本为18 000元，其中直接材料费用为10 000元，直接人工为5 000元，制造费用为3 000元。甲产品本月发生生产费用为97 350元，其中直接材料50 000元，直接人工30 325元，制造费用17 025元。本月完工入库甲产品200件，月末在产品50件。甲产品原材料在生产开始时一次投入，工资和其他费用的发展比较均衡，月末在产品加工程度为50%。

要求：采用约当产量法计算甲产品本月完工产品成本和月末在产品成本。

2. 定额比例法

资料：某企业本月生产甲产品的有关资料如表4-17所示。

表4-17　　生产费用资料

摘　要	直接材料	直接人工	制造费用
月初在产品成本（元）	2 800	1 400	400
本月生产费用（元）	16 400	7 000	2 400
完工产品定额	50千克	30小时	
月末在产品定额	50千克	20小时	

本月完工甲产品400件，月末在产品100件。

要求：根据上述资料，采用定额比例法编制产品成本计算单，计算本月完工产品及月末在产品成本。

3. 某厂生产甲、乙、丙三种产品，其中甲、乙产品本月的期初在产品成本资料如表 4-18 所示。丙产品无期初在产品。3 种产品本月发生费用资料如表 4-19 所示。

表 4-18　　　　期初在产品成本资料　　　　单位：元

产品名称	直接材料	直接人工	制造费用	合　计
甲	35 000	1 400	4 000	40 400
乙	15 000	2 400	4 800	22 200

表 4-19　　　　本月发生费用资料　　　　单位：元

分配表 ＼ 产品名称	甲	乙	丙
原材料分配表	260 000	184 000	26 000
工资及福利费分配表	7 800	5 600	10 200
制造费用分配表	23 800	19 200	18 600

各种产品本月产品产量、在产品数量和完工程度如表 4-20 所示。

表 4-20　　　　在产品数量和完工程度

产　品	完工数量（件）	期末在产品	
		数量（件）	完工程度
甲	2 500	625	80%
乙	3 200	1 600	50%
丙	4 000	0	—

甲产品耗用的原材料是在生产开始时一次投入的，乙、丙产品耗用的原材料，则是随着加工进度逐步投入的。要求：按约当产量比例计算完工产品成本和在产品成本（填制产品成本计算单，见表 4-21、表 4-22、表 4-23），并编制产品入库的会计分录。

表 4-21　　　　甲产品成本计算单

产成品：　　　件　　　在产品：　　　件　　　完工程度：　　　%

摘　要	直接材料	直接人工	制造费用	合　计
期初在产品成本（元）				
本期发生费用（元）				
合计（元）				
约当产量（件）				
分配率（元/件）				
完工产品成本（元）				
月末在产品成本（元）				

表 4-22　　　　　　　　　乙产品成本计算单

产成品：　　　　　件　　　　　　　在产品　　　　　件　　　完工程度　　　%

摘　要	直接材料	直接人工	制造费用	合　计
期初在产品成本（元）				
本期发生费用（元）				
合计（元）				
约当产量（件）				
分配率（元/件）				
完工产品成本（元）				
月末在产品成本（元）				

表 4-23　　　　　　　　　丙产品成本计算单

产品数量：　　　　　　　　　　件　　　　　　　　　　　单位：元

摘　要	直接材料	直接人工	制造费用	合　计
期初在产品成本				
本期发生				
合　计				
完工产品成本				

做出相关会计处理。

项目五

产品成本计算的品种法

【知识目标】

- 了解生产特点和管理要求对产品成本计算的影响
- 掌握产品成本计算方法的形成原因、品种法的成本计算步骤和程序
- 掌握品种法产品成本计算方法

【能力目标】

- 会解答生产特点和管理要求对成本计算方法的影响
- 会解答品种法的特点、适用范围
- 会解答品种法的成本计算程序
- 会根据成本核算任务按品种法计算产品成本
- 会对成本计算结果进行账务处理

任务一　产品成本计算方法概述

任务引入

华东机械厂是国内较大的机械加工厂，主要大量生产甲和乙两种产品，设有

三个基本生产车间。产品属于连续式多步骤加工，其中第一车间加工的半成品直接交由第二车间继续加工，第二车间加工完成的半成品直接交给第三车间继续加工，最后完成甲产品和乙产品的生产。管理上不要求分步骤计算半成品成本。企业设有机修和供电两个辅助生产车间。从华东机械厂产品生产的类型和企业管理上的要求来讲，该厂的甲和乙两种产品以及两个辅助车间适用什么方法核算成本呢？

相关知识

一、企业生产类型

由于企业的生产特点以及对成本的管理要求不同，费用归集和分配的方法也有所不同，从而形成不同的产品成本计算方法。生产类型就是按照一定的标准对不同企业的生产过程进行的分类，体现了不同企业的生产特点。企业的生产类型，可按生产工艺过程的特点和生产组织的特点来划分。

1. 企业生产按生产工艺过程的特点划分

生产工艺过程是指产品从投产到完工的生产工艺技术过程。按生产工艺过程的特点来划分，工业企业的生产可分为单步骤生产和多步骤生产两种类型。

单步骤生产又称简单生产，是指生产工艺过程不能间断，或不能分散在不同地点进行的生产。这类生产工艺技术较简单，生产周期较短，产品品种较少且相对稳定。这类企业生产由于技术上的不可间断性（如发电），或由于工作地点上的限制（如采掘），通常由一个企业整体进行，而不能由几个车间协作进行，如供水、供气、采掘、化肥等生产。

多步骤生产又称复杂生产，是指产品的生产工艺过程由若干个可以间断的、分散在不同地点、分别在不同时间进行的生产步骤所组成的生产。这类生产工艺技术较复杂，生产周期较长，产品品种较多且不很稳定，一般由一个企业的若干步骤或车间协作进行生产。

多步骤生产按照产品的加工方式和各个生产步骤的内在联系，又可分为连续式多步骤生产和装配式多步骤生产。

连续式多步骤生产是指原材料投入生产后到产品完工，要依次经过各生产步骤的连续加工的生产，前一加工步骤完工的半成品为后一加工步骤加工的对象。其特点是原材料投入生产后必须按一定的顺序，经过几个连续加工步骤，最后制成产成品，如纺织、冶金、造纸等生产。

装配式多步骤生产，是指从投料开始到制成产成品，是由几个生产步骤同时进行加工，最后组装成产成品的生产。其特点是各个生产步骤可以在不同地点和不同时间同时进行，先将原材料平行加工成零件、部件，然后将零件、部件装配成产成品，如机械、仪表等生产。

2. 企业生产按生产组织的特点划分

生产组织是指保证生产过程各个环节、各个因素相互协调的生产工作方式。按生产组织的特点，工业企业生产可分为大量生产、成批生产和单件生产 3 种类型。

大量生产是指连续不断的大量重复生产相同产品的生产。这类生产的特点是产量较大，品种少，生产的重复性强，专业化程度高，而且比较稳定，如纺织、面粉、采掘、发电、冶金、造纸等企业的生产。

成批生产是指按照事先规定的产品批别和数量进行的生产。在这种生产的企业或车间里，通常产品品种较多，产量较大，生产具有重复性，如服装、机床、电机、自行车等企业的生产。成批生产按照产品批量的大小，又可分为大批生产和小批生产。大批生产，由于产品批量较大，往往在几个月内不断地重复生产一种或几种产品，因而性质上接近于大量生产，如汽车、自行车等；小批生产，由于产品批量较小，一批产品一般可以同时完工，因而性质上近于单件生产，如服装、机床等。

单件生产是指根据订货单位的要求，依据订单中规定的规格、型号、性能进行的特定产品的少量生产。这类生产的特点是，产量少、品种多，一般不重复生产，如船舶、重型机械、新产品试制等的生产。

在实际工作中，大批生产由于批量大，往往在几个月内不断地重复生产一种或几种产品，因此与大量生产相接近；而小批生产，由于批量小，一批产品一般可以同时完工，因此与单件生产相接近。基于此，企业习惯性说法是大量大批生产、成批生产、单件小批生产。

将上述生产工艺过程的特点和生产组织的特点相结合，可形成不同的生产类型。单步骤生产和多步骤连续加工式生产，一般大量大批生产，可分别称之为大量大批单步骤生产和大量大批连续式多步骤生产。多步骤装配式加工生产，可以是大量生产，也可以是成批生产，还可以是单件生产，前一种可称为大量大批装配式加工多步骤生产，后两种可统称为单件小批装配式加工多步骤生产。以上 4 种生产类型，是就整个企业而言的，主要是基本生产车间的特点及类型。但同一企业的各个生产车间的生产类型可能不同，同一车间各工段或班组的生产类型也可能不同。工业企业生产类型的分类及其关系如图 5-1 所示。

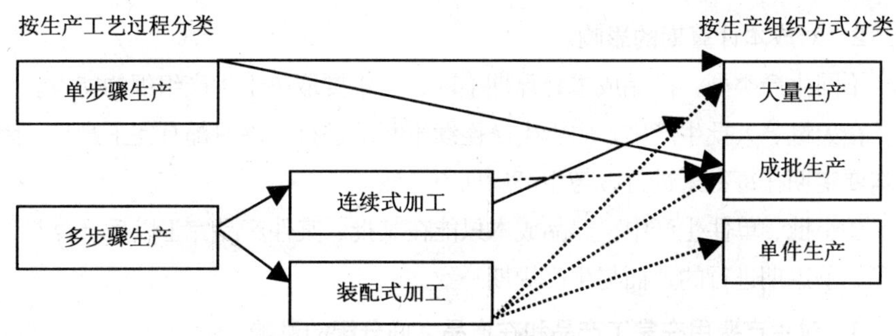

图 5-1　工业企业生产类型的分类及其关系

二、企业的生产特点对成本计算方法的影响

企业的生产特点和成本管理的要求，在很大程度上决定了企业的成本计算方法。构成产品成本计算方法的主要因素有成本计算对象、成本计算期及生产费用在完工产品与在产品之间的分配。

1. 对成本计算对象的影响

成本计算对象是为计算产品成本而确定的归集生产费用的对象，也就是生产费用的承担者。计算产品成本必须先确定成本计算对象，它是设置产品成本明细账、分配生产费用和计算产品成本的前提。不同的企业（车间）有不同的生产特点，不同的生产特点就有不同的成本计算对象。

从生产工艺过程特点看，单步骤生产由于工艺过程不能间断，必须以产品为成本计算对象，按产品品种分别计算成本；多步骤连续加工式生产，由于工艺过程由若干个分散在不同地点、不同时间的连续加工过程所组成，为分清各自责任，便于计算产品成本，需要以步骤为成本计算对象，既按步骤又按品种计算各步骤半成品成本和产成品成本；多步骤装配式加工生产，由于产品的零件、部件可以在不同地点同时进行加工，然后装配成最终产品，而零件、部件半成品没有独立的经济意义，不需要按步骤计算半成品成本，而以产品品种为成本计算对象。

从产品生产组织特点看，在大量生产情况下，一种或多种产品连续不断地重复生产，由于同样的原材料投入，不断产出相同产品，只能按产品品种为成本计算对象，计算产品成本。

大批生产，往往集中投料，生产一批零件、部件供几批产品耗用，在这种情况下，零件、部件生产的批别和数量与产品生产的批别和所用零件、部件的数量往往不一致，因此不能按产品批别计算成本，而只能按产品品种计算产品成本；如果大批生产的零件、部件按产品投产，也可按批别或件别计算成本。

小批、单件生产，由于产品批量小，一批产品一般可以同时完工，可按产品批别计算产品成本。

2. 对成本计算期的影响

不同生产类型，产品成本计算期不同，这主要取决于生产组织的特点。

在大量、大批生产中，由于生产连续不断地进行，每月都有完工产品，因而产品成本要定期在每月末进行，与生产周期不一致。

在小批、单件生产中，产品成本只能在某批、某件产品完工以后计算，因而成本计算是不定期进行的，而与生产周期一致。

3. 对生产费用在完工产品和在产品之间分配的影响

生产类型的特点，还会影响到月末在进行成本计算时有没有在产品，以及生产费用是否需要在完工产品和在产品之间分配的问题。

在单步骤生产中，生产过程不能间断，生产周期也较短，一般没有在产品，或在产品数量很少，因而计算产品成本时，生产费用不必在完工产品与在产品之间进行分配。在多步骤生产中，是否需要在完工产品与在产品之间分配费用，很大程度上取决于生产组织的特点。

在大量、大批生产中，由于生产不间断进行，而且经常有在产品，因而在计算成本时，就需要采用适当的方法，将生产费用在完工产品与在产品之间进行分配。

在小批、单件生产中，因为成本计算期与产品生产周期一致，产品期末未完工，生产费用都是在产品成本，产品期末完工，所登记的费用就是完工产品的成本，因而不存在完工产品与在产品之间分配费用的问题。

上述三个方面是相互联系、相互影响的，其中生产类型对成本计算对象的影响是主要的。不同的成本计算对象决定了不同的成本计算期和生产费用在完工产品与在产品之间的分配。因此，成本计算对象的确定，是正确计算产品成本的前提，也是区别各种成本计算方法的主要标志。具体来说，主要有以下 3 种：以产品品种为成本计算对象；以产品批别为成本计算对象；以产品生产步骤为成本计算对象。

在产品品种、规格繁多的企业，管理上要求尽快提供成本资料，简化成本计算工作，可采用分类法计算产品成本。

在定额管理基础较好的企业，为加强定额管理工作，可采用定额法。

三、产品成本计算的主要方法

综上所述，生产特点和管理要求对产品成本计算方法的影响，体现在成本计算对象的确定、成本计算期的确定以及生产费用在完工产品与在产品之间的分配 3 个方面，其中影响最为主要的是成本计算对象的确定。成本计算，就是按照成本计算对象分配和归集生产费用并计算其总成本和单位成本的过程。以不同的成本计算对象为主要标志，形成工业企业成本计算的各种方法。

1．产品成本计算的基本方法

为了适应各类生产的特点和不同的管理要求，将成本计算对象、成本计算期、生产费用在完工产品和在产品之间分配等方面有机结合，形成了不同的成本计算方法。主要以成本计算对象不同为标志，成本计算有三种不同的基本方法。

品种法，以产品品种为成本计算对象的产品成本计算方法。这种方法一般适用于单步骤的大量大批生产，如采掘、发电等；也可用于管理上不需分步骤计算成本的多步骤的大量大批生产，如水泥生产等。

分批法，以产品批别为成本计算对象的产品成本计算方法。这种方法一般适用于小批、单件的单步骤生产或管理上不要求分步骤计算成本的多步骤生产，如重型机械制造、船舶制造、修理作业等。

分步法，以产品生产步骤为成本计算对象的产品成本计算方法。这种方法一般适用于大量大批且管理上要求分步骤计算成本的产品生产，如纺织、冶金等。

以上各种产品成本计算基本方法的适用范围如表 5-1 所示。

表 5-1　　产品成本计算基本方法的适用范围

<table>
<tr><th>产品成本计算方法</th><th>生产组织</th><th>成本计算对象</th><th>成本计算期</th><th>生产费用在完工产品与在产品之间的分配</th><th>生产过程和管理要求</th></tr>
<tr><td rowspan="2">品种法</td><td rowspan="2">大量大批生产</td><td rowspan="2">品种</td><td rowspan="2">按月计算</td><td>不需要</td><td>单步骤生产</td></tr>
<tr><td>需要分配</td><td>管理上不要求分步骤计算成本的多步骤生产</td></tr>
<tr><td>分批法</td><td>单件小批生产</td><td>批别</td><td>按生产周期</td><td>一般不需要分配</td><td>单步骤生产或管理上不要求分步骤计算成本的多步骤生产</td></tr>
<tr><td>分步法</td><td>大量大批生产</td><td>生产步骤</td><td>按月计算</td><td>需要分配</td><td>管理上要求分步骤计算成本的多步骤生产</td></tr>
</table>

上述以不同成本计算对象为主要标志的三种成本计算方法是产品成本计算的基本方法。无论采用哪种方法计算产品成本，都必须计算出每种产品的成本。按产品计算成本也是成本计算工作基本要求，因此品种法是成本计算的最基本方法。

2．产品成本计算的辅助方法

（1）分类法。除上述产品成本计算的基本方法外，在产品品种、规格繁多的工业企业，如灯泡厂、钉厂等，为了简化成本计算工作，还可采用一种简便的成本计算方法——分类法。这种方法按产品类别归集生产费用，再按一定标准在类内各产品之间进行分配，计算产品成本。

（2）定额法。在定额管理基础较好的工业企业，为配合和加强定额管理，加强成本控制，更有效地发挥成本核算、成本管理的作用，还应用一种将符合定额的生产费用和脱离定额差异分别核算，保证成本计划、定额完成的一种产品成本计算方法——定额法。

分类法和定额法与企业生产类型的特点没有直接联系，不涉及成本计算对象。它们的应用或者是为了简化成本计算，或者是为了加强成本管理，只要具备条件，任何类型生产企业都能运用。因此，从计算产品实际成本的角度看，它们并非必不可少，称之为辅助方法。产品成本计算的辅助方法，一般应与基本方法结合起来使用，而不单独使用。

在工业企业中，确定不同的成本计算对象，采用不同的成本计算方法，主要是为了适应企业的生产特点和成本管理要求，正确提供产品成本资料为成本管理服务。实际工作中一个企业因其生产特点和管理要求不同，往往将几种方法同时应用或结合应用。

任务实施

华东机械厂生产大量的甲和乙两种产品，产品的生产虽然属于连续式多步骤加工，但是从管理的角度来讲，不需要计算半成品成本，因此该企业主要产品甲产品和乙产品应该采用品种法核算产品成本；机修和供电两个辅助生产车间，是属于单步骤的简单生产，应该采用品种法核算其成本。

任务二 产品成本计算的品种法

任务引入

华东机械厂规模较大，以生产甲产品和乙产品两种产品为主。从其生产工艺过程看，属于多步骤生产。基本生产设有三个车间，第一车间生产出的半成品为“毛坯”；第二车间将“毛坯”加工成“零部件”；第三车间将“零部件”加工成甲产品和乙产品。企业管理上不要求按生产步骤计算产品成本。华东机械厂还设有两个辅助生产车间——机修和供电，为本企业基本生产车间和管理部门提供服务。根据华东机械厂的生产特点和管理要求，对甲、乙产品成本应采用什么方法计算？

相关知识

一、品种法的适用范围

品种法是指以产品品种作为成本计算对象，来归集和分配生产费用，计算产品成本的一种产品成本计算方法。采用品种法计算产品成本，需按产品品种设置基本生产明细账，归集和分配直接材料费用、直接人工费用和制造费用，最终计算出产品的总成本和单位成本。按照产品品种来计算产品成本是成本计算的最基本的要求。因此，品种法是企业产品成本计算的最基本的方法。

1. 品种法的适用范围

品种法一般适用于大批大量单步骤生产的企业，如发电、供水、采掘等企业。这类企业生产工艺过程不能间断，且不断重复生产相同品种的产品，产品品种单一，生产过程短，基本没有在产品，成本计算较简单，所汇集的生产费用即为产品的总成本。品种法还适用于大批大量的多步骤生产、管理上不要求分步骤计算产品成本的企业，如水泥厂、造纸厂等。这类企业生产规模较小，各步骤生产的半成品只能满足本企业连续加工的需要，直到产品加工完毕。企业只要求按照产品品种计算成本。另外，企业的供水、供电、供气等辅助生产车间计算其提供的水、电、气的成本，也可以采用品种法。

2. 品种法的种类

品种法按成本计算对象数量可分为单一品种的品种法和多品种的品种法。采用单一品种的品种法的企业只生产一种产品，把生产过程中发生的费用汇总，即为该产品的基本生产成本；采用多品种的品种法的企业生产多种产品，生产过程中发生的费用需按产品品种（成本计算对象）进行归集分配，计算各种产品的成本。

二、品种法的特点

在单步骤生产的企业，由于生产工艺要求，不能间断生产，这就决定了企业的生产组织只能在一个企业单位完成。而且生产组织是大量生产，中间没有或很少有半成品，且产品品种单一，生产周期短。

在多步骤、小规模生产的企业，虽然生产过程可以间断，但各步骤的半成品都由本企业连续加工，直至完工为止，因而在管理上，不要求按步骤计算产品成本，这类企业生产的产品品种可能有若干种，期末可能会有在产品。

基于上述的企业生产特点和管理要求，决定了品种法的以下特点。

（1）以产品品种作为成本计算对象，按产品品种归集和分配生产费用。如果企业只生产一种产品，该种产品就是成本计算对象，由此设置基本生产明细账，归集和分配生产费用，计算该种产品的成本。或开设一张成本计算单，按成本项目开设专栏。在这种情况下发生的费用都是直接费用，可以直接记入基本生产明细账或产品成本计算单。

如果企业生产多种产品，成本计算对象就是各种产品。按各种产品分别设置基本生产明细账或产品成本计算单，发生的直接费用可以直接记入各种产品的基本生产明细账或产品成本计算单。应由几种产品共同负担的间接费用，则要选择适当的方法，在各产品之间分配，然后记入各种产品的基本生产明细账或成本计算单。

（2）按月定期计算产品成本。每月月末计算完工产品的成本，成本计算期与会计报告期是一致的。由于各产品的生产周期长短不尽相同，所以，产品的生产周期与成本计算期不一致。

（3）月末如有在产品，生产费用应在完工产品和在产品之间进行分配。大批大量单步骤生产，产品品种单一，月末一般没有在产品，不需将生产费用在完工产品和月末在产品之间进行分配；而大批大量多步骤生产，月末一般有在产品，就需要将生产费用在完工产品和月末在产品之间进行分配，从而确定完工产品成本和在产品成本。

三、品种法的成本计算程序

品种法作为产品成本计算的一种最基本的方法，其成本计算的一般程序，主要有以下几个步骤。

（1）按产品品种设置基本生产明细账。按产品品种设置基本生产明细账或产品成本计算单，并按成本项目开设专栏，如“直接材料”、“直接人工”、“制造费用”等。

（2）归集和分配本月生产费用。根据原始凭证和其他有关资料编制各种要素费用分配表，将本月发生的生产费用进行分配。生产产品发生的直接费用，如“直接材料”、“直接人工”等费用，记入各种产品成本明细账；间接成本先在“制造费用明细账”中进行归集；辅助生产车间发生的费用在“辅助生产成本明细账”中进行归集。

（3）分配辅助生产费用。根据辅助生产车间对外提供的劳务数量，按受益单位受益情况编制“辅助生产费用分配表”，将辅助生产成本明细账中所归集的生产费用采用适当的方法分配给各受益对象，并据以登记有关成本费用明细账。

（4）分配基本生产车间制造费用。将基本生产车间为组织和管理生产所发生的费用，通过“制造费用明细账”进行归集后，月末编制“制造费用分配表”。将制造费用分配给各受益的产品，并据以登记“基本生产明细账”。

（5）计算完工产品成本和月末在产品成本。将产品基本生产明细账中按成本项目归集的生产费用采用适当的方法在完工产品和月末在产品之间进行分配，确定完工产品成本和在产品成本。

（6）结转完工产品成本。根据产品基本生产明细账或产品成本计算单，汇总编制完工产品成本汇总表，汇总计算各种完工产品的总成本和单位成本，然后编制记账凭证，结转完工产品成本。

在大批大量多步骤生产的情况下，企业生产的产品品种较多，即有多个成本计算对象。企业在生产过程中发生的应计入产品成本的费用，往往既有直接费用，又有间接费用，存在在各成本计算对象之间分配的问题。这种企业月末一般有在产品，所以，又存在完工产品与月末在产品之间分配费用的问题。如果采用品种法进行产品成本计算，则需要按每种产品设置成本明细账或成本计算单，按成本项目设置专栏。除直接费用可以按原始凭证直接记入外，间接费用要先行归集，再采用适当标准在各种产品之间进行分配，记入各产品成本明细账。月份终了时，如果有在产品，各产品成本明细账所归集的生产费用，还要按一定的方法，在完工产品与月末在产品之间进行分配，以便计算出完工产品成本与月末在产品成本。这种方法，通常称为多品种的品种法。多品种的品种法，适用于大批大量多步骤的生产企业，这种企业生产可以间断，规模较大，产品较多，管理上不要求按生产步骤计算成本。品种法的成本计算程序如图 5-2 所示。

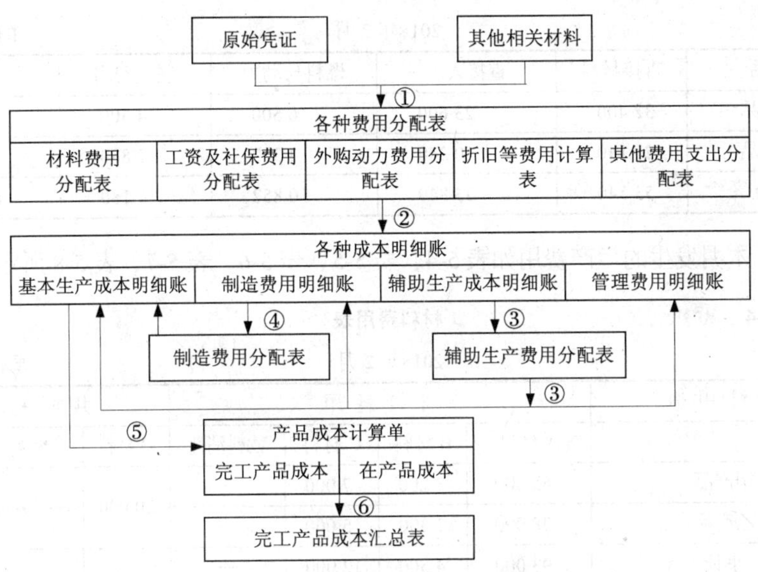

图 5-2　品种法的成本计算程序

说明：

① 根据发生的各项生产费用，编制各种要素费用分配表。

② 根据各种要素费用分配表及相关凭证，登记有关成本费用明细账。

③ 分配辅助生产费用。

④ 分配制造费用。

⑤ 在完工产品和月末在产品之间进行分配生产费用。

⑥ 编制完工产品成本汇总表，计算各种完工产品的总成本和单位成本。

任务实施

1. 成本核算相关资料

华东机械厂 201×年 2 月份的生产情况及其成本费用资料如下。

（1）生产情况如表 5-2 所示。

表 5-2　　生产情况

201×年 2 月　　单位：吨

产品	月初在产品	本月投入	本月完工	月末在产品
甲产品	30	3 000	3 000	30
乙产品	40	2 000	1 800	240

（2）月初在产品成本如表 5-3 所示。

表 5-3　　月初在产品成本

201×年 2 月　　单位：元

产品	直接材料	直接人工	燃料与动力	制造费用	合计
甲产品	32 400	23 600	6 500	4 300	66 800
乙产品	21 140	10 240	4 352	2 880	38 612
合计	53 540	33 840	10 852	7 180	105 412

（3）本月发生的生产费用如表 5-4、表 5-5、表 5-6、表 5-7、表 5-8 所示。

表 5-4　　材料费用表

201×年 2 月　　单位：元

领 料 用 途	直 接 耗 用				共 同 耗 用	
	A 材料	B 材料	C 材料	物料消耗	D 材料	定额耗用量（吨）
甲产品	55 000	3 200	7 000	—	20 000	300
乙产品	38 000	1 300	5 000	—		200
小计	93 000	4 500	12 000	—		
基本生产车间一般耗用				2 900		
机修车间				300		
供电车间				800		
合计	186 000	9 000	24 000	4 000	20 000	

表 5-5　　职工薪酬费用

201×年 2 月　　单位：元

部　门	职工薪酬	职工福利等	合　计
产品生产工人	64 000	6 400	70 400
企业管理人员	50 000	5 000	55 000
机修车间	8 500	850	9 350
供电车间	6 500	650	7 150
基本生产车间	21 000	2 100	23 100
合计	150 000	15 000	165 000

表 5-6　　动力费用分配表

201×年 2 月　　单位：元

应借账户		成本项目或费用项目	数量		分配额
			生产工时	耗水数量	
基本生产成本	甲产品	燃料及动力	6 000	19 200	
	乙产品	燃料及动力	4 000	12 800	
	小计			32 000	16 000
辅助生产车间	机修车间	水费		3 000	1 500
	供电车间	水费		2 000	1 000
	小计			5 000	2 500
制造费用		水费		3 000	1 500
合　计				40 000	20 000

注：外购动力款未付。

表 5-7　　固定资产折旧费用表

201×年 2 月　　单位：元

车间名称	金　额
基本生产车间	8 400
机修车间	1 800
供电车间	5 000
合计	15 200

表 5-8　　其他费用表

201×年 2 月　　单位：元

车间名称	费用项目					
	低值易耗品摊销	劳动保护费	保险费	电话费	办公费	合计
基本生产车间	3 600	8 000	2 000	1 000	600	15 200
机修车间	400	500		400	100	1 400
供电车间	700	400	1 000	300	100	2 500
合　计	4 700	8 900	3 000	1 700	800	19 100

注：以上费用低值易耗品摊销采用一次摊销法，其余以银行存款支付。

（4）产品生产工时：甲产品 6 000 小时；乙产品 4 000 小时。

（5）辅助车间为生产车间提供产品及劳务量如表 5-9 所示。

表 5-9　　辅助生产车间提供的产品及劳务量

201×年 2 月

受益单位	机修车间（小时）	供电车间（千瓦时）
供电车间	500	
机修车间		5 000
基本生产车间	2 800	24 000
管理部门	70	4 000
合　计	3 370	33 000

（6）有关费用的分配方法。

① 甲产品和乙产品共同耗用的材料费用按定额耗用量比例分配。

② 生产工人的工资按两种产品的生产工时比例分配。

③ 制造费用按两种产品生产工时比例分配。

④ 甲产品在产品成本按年初固定数计算，乙产品的在产品按约当产量计算，产品的投料方式为开工时一次投料，在产品的完工程度按50%计算。

⑤ 辅助生产费用采用直接分配法。

2. 成本核算程序

（1）按产品品种设置基本生产成本明细账。采用品种法计算产品的生产成本，除设置相关总分类账户以外，需在“基本生产成本”、“辅助生产成本”账户下，按每一种产品设置二级明细账户。在本例中，要核算甲产品、乙产品两种产品的成本，需设置“基本生产成本——甲产品”、“基本生产成本——乙产品”、“辅助生产成本——机修”、“辅助生产成本——供电”、“制造费用——基本生产车间”等账户。

（2）归集和分配生产费用。

① 根据原始凭证，编制各项费用分配表，并据以编制记账凭证。

编制材料费用分配表，如表5-10所示。

表5-10　　材料费用分配表

201×年2月　　单位：元

领料用途	直接耗用				间接计入			合计
					D材料			
	A材料	B材料	C材料	物料消耗	定额耗用量（吨）	分配率	分配额	
甲产品	55 000	3 200	7 000	—	300	40	12 000	77 200
乙产品	38 000	1 300	5 000	—	200	40	8 000	52 300
小计	93 000	4 500	12 000	—	500	40	20 000	129 500
基本车间一般耗用				2 900				2 900
机修车间				300				300
供电车间				800				800
合　计				4 000				133 500

根据表5-10编制会计分录。

借：基本生产成本——甲产品　　77 200

　　　　　　　　——乙产品　　52 300

　　辅助生产成本——机修　　300

　　　　　　　　——供电　　800

　　制造费用——基本生产车间　　2 900

贷：原材料　　133 500

编制职工薪酬分配表，如表5-11所示。

表5-11　　应付职工薪酬分配表

201×年2月　　单位：元

应借科目		职工薪酬			职工福利等	合计
总账	明细账	生产工时	分配率	分配金额		
基本生产成本	甲产品	6 000		38 400	3 840	42 240
	乙产品	4 000		25 600	2 560	28 160
	小计	10 000	6.4	64 000	6 400	70 400
制造费用——基本生产车间				21 000	2 100	23 100
辅助生产成本	机修车间			8 500	850	9 350
	供电车间			6 500	650	7 150
管理费用				50 000	5 000	55 000
合计				150 000	15 000	165 000

根据表5-11编制会计分录。

借：基本生产成本——甲产品　　42 240

　　　　　　　——乙产品　　28 160

　　辅助生产成本——机修车间　　9 350

　　　　　　　——供电车间　　7 150

　　制造费用——基本生产车间　　23 100

　　管理费用　　55 000

　贷：应付职工薪酬——工资　　150 000

　　　　　　　——职工福利　　15 000

编制动力费用分配表，如表5-12所示。

表5-12　　动力费用分配表

201×年2月　　单位：元

应借账户		成本项目或费用项目	数量		分配金额
			生产工时	耗用数量	
基本生产成本	甲产品	燃料及动力	6 000	19 200	9 600
	乙产品	燃料及动力	4 000	12 800	6 400
	小计		10 000	32 000	16 000
辅助生产车间	机修车间	水费		3 000	1 500
	供电车间	水费		2 000	1 000
	小计			5 000	2 500
制造费用		水费		3 000	1 500
合　计	—	—	—	40 000	20 000

根据表 5-12，编制会计分录。

借：基本生产成本——甲产品　　9 600
　　　　　　　　——乙产品　　6 400
　　辅助生产成本——机修车间　　1 500
　　　　　　　　——供电车间　　1 000
　　制造费用——基本生产车间　　1 500
　贷：应付账款　　20 000

根据表 5-7，编制会计分录。

借：辅助生产成本——机修车间　　1 800
　　　　　　　　——供电车间　　5 000
　　制造费用——基本生产车间　　8 400
　贷：累计折旧　　15 200

依据表 5-8，编制会计分录。

借：辅助生产成本——机修车间　　1 400
　　　　　　　　——供电车间　　2 500
　　制造费用——基本生产车间　　15 200
　贷：银行存款　　14 400
　　　周转材料——低值易耗品　　4 700

② 根据各费用分配表编制的记账凭证，登记辅助生产成本明细账，如表 5-13、表 5-14 所示，并编制辅助生产分配表，如表 5-15 所示。

表 5-13　　辅助生产成本明细账

车间：机修车间　　201×年 2 月　　单位：元

201×年		凭证号	摘要	材料费	职工薪酬	动力费用	折旧费	其他费用	合计
			材料费用分配表	300					300
			职工薪酬分配表		9 350				9 350
			动力费用分配表			1 500			1 500
			折旧费用分配表				1 800		1 800
			其他费用					1 400	1 400
			本月发生额	300	9 350	1 500	1 800	1 400	14 350
			本月转出额	300	9 350	1 500	1 800	1 400	14 350

表 5-14　　辅助生产成本明细账

车间：供电车间　　201×年 2 月　　单位：元

201×年		凭证号	摘要	材料费	职工薪酬	动力费用	折旧费	其他费用	合计
			材料费用分配表	800					800
			职工薪酬分配表		7 150				7 150

续表

201×年		凭证号	摘要	材料费	职工薪酬	动力费用	折旧费	其他费用	合计
			动力费用分配表			1 000			1 000
			折旧费用分配表				5 000		5 000
			其他费用					2 500	2 500
			本月发生额	800	7 150	1 000	5 000	2 500	16 450
			本月转出额	800	7 150	1 000	5 000	2 500	16 450

表 5-15　　辅助生产费用分配表

201×年 2 月

<table>
<tr><td colspan="2">辅助生产部门名称</td><td colspan="2">机修车间</td><td colspan="2">供电车间</td><td>合计</td></tr>
<tr><td colspan="2">待分配费用</td><td colspan="2">14 350 元</td><td colspan="2">16 450 元</td><td>30 800 元</td></tr>
<tr><td colspan="2">供应辅助生产部门以外单位的劳务</td><td colspan="2">2 870 小时</td><td colspan="2">28 000 千瓦时</td><td></td></tr>
<tr><td colspan="2">费用分配率（单位成本）</td><td colspan="2">5 元/小时</td><td colspan="2">0.5875 元/千瓦时</td><td></td></tr>
<tr><td rowspan="4">应借账户</td><td rowspan="2">制造费用——基本生产车间</td><td>耗用劳务量</td><td>2 800 小时</td><td>耗用劳务量</td><td>24 000 千瓦时</td><td></td></tr>
<tr><td>应分配金额</td><td>14 000 元</td><td>应分配金额</td><td>14 100 元</td><td>28100 元</td></tr>
<tr><td rowspan="2">管理费用</td><td>耗用劳务量</td><td>70 小时</td><td>耗用劳务量</td><td>4 000 千瓦时</td><td></td></tr>
<tr><td>应分配金额</td><td>350 元</td><td>应分配金额</td><td>2 350 元</td><td>2 700 元</td></tr>
</table>

根据表 5-15，编制会计分录。

借：制造费用——基本生产车间　　　28 100

　　管理费用　　　　　　　　　　　2 700

　贷：辅助生产成本——机修车间　　　14 350

　　　　　　　　　——供电车间　　　16 450

③ 根据各费用分配表编制的记账凭证，登记基本生产车间制造费用明细账，并编制制造费用分配表，如表 5-16、表 5-17 所示。

表 5-16　　制造费用明细账

车间：基本生产车间　　201×年 2 月　　单位：元

201×年		凭证号	摘要	材料	职工薪酬	动力	折旧	其他	电费	维护费	合计
			材料费用分配表	2 900							2 900
			职工薪酬分配表		23 100						23 100
			动力费用分配表			1 500					1 500
			折旧费用分配表				8 400				8 400
			其他费用					15 200			15 200
			辅助生产费用分配表						16 450	14 350	28 100
			本月发生额	2 900	23 100	1 500	8 400	15 200	28 100		79 200
			本月转出额	2 900	23 100	1 500	8 400	15 200	28 100		79 200

表 5-17　　　　　　　　　　　　　制造费用分配表

车间：基本生产车间　　　　　　　　201×年 2 月　　　　　　　　　　　　　单位：元

产品名称	工时	分配率	金额
甲产品	6 000	7.92	47 520
乙产品	4 000	7.92	31 680
合计	10 000	7.92	79 200

根据表 5-17，编制会计分录。

借：基本生产成本——甲产品　　　　47 520

　　　　　　　　——乙产品　　　　31 680

　贷：制造费用——基本生产车间　　　　79 200

④ 根据各项费用分配表、产品产量和在产品数量等资料登记甲产品、乙产品生产成本明细账，计算完工产品成本与月末在产品成本，如表 5-18、表 5-19 所示。

表 5-18　　　　　　　　　　　　　生产成本明细账

产品名称：甲产品　　　　　　　　201×年 2 月　　　　　　　　　　　　　单位：元

201×年		凭证号	摘要	直接材料	直接人工	燃料与动力	制造费用	合计
1	31		月初在产品成本	32 400	23 600	6 500	4 300	66 800
2	28		领用材料	77 200				77 200
			分配职工薪酬		42 240			42 240
			分配燃料动力费			9 600		9 600
			分配制造费用				47 520	47 520
			合计	109 600	65 840	16 100	51 820	243 360
			结转完工产品成本	77 200	42 240	9 600	47 520	176 560
			月末在产品成本	32 400	23 600	6 500	4 300	66 800

表 5-19　　　　　　　　　　　　　生产成本明细账

产品名称：乙产品　　　　　　　　201×年 2 月

201×年		凭证号	摘要	直接材料	直接人工	燃料与动力	制造费用	合计
1	31		月初在产品成本	21 140	10 240	4 352	2 880	38 612
2	28		领用材料	52 300				52 300
			分配职工薪酬		28 160			28 160
			分配燃料动力费			6 400		6 400
			分配制造费用				31 680	31 680
			合计	73 440	38 400	10 752	34 560	157 152
			完工产品数量	1 800	1 800	1 800	1 800	
			在产品数量	240	240	240	240	
			在产品的约当产量	240	120	120	120	

续表

201×年		凭证号	摘要	直接材料	直接人工	燃料与动力	制造费用	合计
			约当总产量	2 040	1 920	1 920	1 920	
			单位成本	36	20	5.6	18	
			结转完工产品成本	64 800	36 000	10 080	32 400	143 280
			月末在产品成本	8 640	2 400	672	2160	13 872

编制完工产品成本汇总表，如表 5-20 所示。

表 5-20　　完工产品成本汇总表

201×年 2 月　　单位：元

产品名称	单位	数量	总成本	单位成本
甲产品	吨	3 000	176 560	58.85
乙产品	吨	1 800	143 280	79.60
合计			309 840	

⑤ 根据表 5-20，编制会计分录，结转完工产品成本。

借：库存商品——甲产品　　176 560

　　　　　　——乙产品　　143 280

　贷：基本生产成本——甲产品　　176 560

　　　　　　　　　——乙产品　　143 280

职业能力训练

一、单项选择题（在下列备选答案中选出一个正确的答案，填在括号内）

1. 工业企业按生产工艺过程的特点，可以分为（　　）。

A. 简单生产和单步骤生产　　B. 复杂生产和多步骤生产

C. 单步骤生产和多步骤生产　　D. 大量大批生产和单件小批生产

2. 工业企业的（　）生产，是按照生产组织的特点划分的。

A. 单步骤　　B. 多步骤　　C. 复杂　　D. 大量

3. 产品成本计算的辅助方法有（　　）。

A. 分类法　　B. 直接法　　C. 代数法　　D. 顺序法

4. 产品成本计算的基本方法是（　　）。

A. 品种法　　B. 直接法　　C. 代数法　　D. 顺序法

5. 在小批单件多步骤生产的情况下，如果管理上不要求分步骤计算产品成本，应采用的成本计算方法是（　　）。

A. 分批法　　B. 分步法　　C. 分类法　　D. 定额成本法

6. 品种法适用的生产组织是（　　）。

A. 大量成批生产 B. 大量大批生产 C. 大量小批生产 D. 单件小批生产

7. 生产特点和管理要求对产品成本计算的影响，主要表现在（ ）的确定上。

A. 成本计算对象 B. 成本计算日期

C. 间接费用的分配方法 D. 完工产品与在产品之间分配费用的方法

8. 划分产品成本计算方法的首要标志是（ ）。

A. 成本计算期 B. 成本计算对象

C. 产品的生产工艺工程 D. 生产组织

9. 分批法适用于（ ）。

A. 小批生产 B. 大批生产 C. 大量生产 D. 多步骤生产

二、多项选择题（在下列备选答案中选出多个正确的答案，填在括号内）

1. 品种法适用于（ ）。

A. 小批单件单步骤生产

B. 大量大批单步骤生产

C. 管理上不要求分步骤计算产品成本的小批单件多步骤生产

D. 管理上不要求分步骤计算产品成本的大量大批多步骤生产

2. 成本计算方法应根据（ ）来确定。

A. 生产组织的特点 B. 成本管理要求

C. 生产工艺的特点 D. 生产规模要求

3. 产品成本计算的基本方法有（ ）。

A. 品种法 B. 分批法 C. 分步法 D. 分类法

4. 一种成本计算方法的构成要素有（ ）。

A. 成本计算对象 B. 成本计算期

C. 间接费用的分配方法 D. 完工产品与在产品之间的费用分配方法

5. 多步骤生产按照产品加工方式的不同，可分为（ ）。

A. 简单生产 B. 连续式多步骤生产

C. 复杂生产 D. 装配式多步骤生产

6. 下列方法中，成本计算期与会计报告期一致的有（ ）。

A. 品种法 B. 逐步结转分步法

C. 分批法 D. 平行结转分步法

7. 分批法和品种法的主要区别是（ ）。

A. 成本计算对象不同 B. 成本计算期不同

C. 生产周期不同 D. 会计核算期不同

三、判断题（正确的画“√”，错误的画“×”）

1. 工业企业按其组织方式的不同分为大量生产、成批生产和单件生产。（ ）

2. 无论采用何种成本计算方法，月末需要将本月归集的生产费用在完工产品与在产品之间进行分配。(　　)

3. 生产特点和管理要求对产品成本计算方法的影响主要表现在成本计算对象的确定上。(　　)

4. 品种法和分批法的成本计算期与产品生产周期一致。(　　)

5. 多步骤生产按产品加工方式不同，可以分为连续式多步骤生产和装配式多步骤生产。(　　)

6. 品种法不需要在各种产品之间分配费用，也不需要在完工产品和在产品之间分配费用，所以也称“简单法”。(　　)

7. 成本计算对象是区分产品计算的基本方法的主要标志。(　　)

8. 从生产工艺过程看，品种法只适用于简单生产。(　　)

四、实践练习

1. 目的

练习产品成本计算的品种法。

2. 资料

(1) 公司名称：东方车胎制造有限公司。

(2) 生产产品：自行车内胎、自行车外胎、摩托车内胎、摩托车外胎。

(3) 单位产品耗用材料定额：如表 5-22 所示。

(4) 投料方式：一次投料。

(5) 部门名称：管理部门、内胎车间、外胎车间。

(6) 成本核算方法：品种法。

(7) 分配方式。

① 材料费用分配按材料定额比例。

② 人工费用分配按生产工时比例。

③ 制造费用分配按生产工时比例。

(8) 产量资料如表 5-21 所示。

表 5-21　　产量资料

201×年 2 月　　单位：件

生产车间	产品编号	产品名称	月初在产品	本月投入	在产品完工程度	本月完工产品	月末在产品
内胎车间	0001	自行车内胎	无	5 000	80%	4 800	200
内胎车间	0002	摩托车内胎	无	2 000	50%	1 850	150
外胎车间	0003	自行车外胎	无	3 500	80%	3 400	100
外胎车间	0004	摩托车外胎	无	1 600	—	1 600	0

（9）本月发生的生产费用及工时统计资料如表5-22、表5-23、表5-24、表5-25、表5-26、表5-27所示。

表5-22　产品材料耗用定额表　单位：千克

材料名称 / 产品名称	材料定额						
	A	B	C	D	E	F	G
自行车内胎	0.2	0.3	1	0.2	0.2		
摩托车内胎	0.4	0.2	1	0.5	0.3		
自行车外胎	0.3	0.2				0.1	0.2
摩托车外胎	0.7	0.5				0.2	0.3

表5-23　领用材料汇总表　单位：元

材料名称	领用部门	用途	领料总金额
A	内胎车间	产品领用	68 000
B	内胎车间		36 000
C	内胎车间		9 000
D	内胎车间		17 200
E	内胎车间		4 000
A	外胎车间		84 000
B	外胎车间		3 200
F	外胎车间		42 000
G	外胎车间		6 400
合计			269 800

表5-24　薪酬汇总表（不含福利费）　单位：元

部门名称	管理人员工资	工人工资	合计
内胎车间	12 400	60 000	72 400
外胎车间	15 600	180 000	195 600
管理部门	60 000		60 000
合计	88 000	240 000	328 000

表5-25　工时统计表

生产车间	产品名称	工时
内胎车间	自行车内胎	8 000
内胎车间	摩托车内胎	4 000
外胎车间	自行车外胎	6 000
外胎车间	摩托车外胎	4 000

表 5-26　　内胎车间制造费用明细表　　单位：元

项目	金额
折旧费	1 400
水电费	12 200
劳动保护费	2 660
工资及福利费	13 640
物料消耗	27 000
合计	56 900

表 5-27　　外胎车间制造费用明细表　　单位：元

项目	金额
物料消耗	20 000
水电费	14 500
工资及福利费	17 160
折旧费	840
合计	52 500

3. 要求

依据上述资料填制如下各种费用分配表、产品成本计算单并做出会计分录。

（1）编制材料费用分配表，如表 5-28、表 5-29 所示。

表 5-28　　内胎车间材料费用分配表

材料名称	产品编号	产品名称	分配方式	定额	投产量	分配标准	分配率	分配金额
A	0001	自行车内胎	材料定额					
	0002	摩托车内胎	材料定额					
	小计							
B	0001	自行车内胎	材料定额					
	0002	摩托车内胎	材料定额					
	小计							
C	0001	自行车内胎	材料定额					
	0002	摩托车内胎	材料定额					
	小计							
D	0001	自行车内胎	材料定额					
	0002	摩托车内胎	材料定额					
	小计							
E	0001	自行车内胎	材料定额					
	0002	摩托车内胎	材料定额					
	小计							

做出相应会计处理：

表 5-29　　　　外胎车间材料费用分配表

材料名称	产品编号	产品名称	分配方式	定额	投产量	分配标准	分配率	分配金额
A	0003	自行车外胎	材料定额					
	0004	摩托车外胎	材料定额					
	小计							
B	0003	自行车外胎	材料定额					
	0004	摩托车外胎	材料定额					
	小计							
F	0003	自行车外胎	材料定额					
	0004	摩托车外胎	材料定额					
	小计							
G	0003	自行车外胎	材料定额					
	0004	摩托车外胎	材料定额					
	小计							

做出相应会计处理：

（2）编制薪酬费用分配表（福利费按照工人工资的10%计提），如表5-30所示。

表 5-30　　　　薪酬费用分配表　　　　单位：元

车间类型	部门名称	产品编号	产品名称	分配方式	分配标准	分配率	工资	福利费	合计
直接人工	内胎车间	0001	自行车内胎	投产量					
		0002	摩托车内胎	投产量					
	小计								
	外胎车间	0003	自行车外胎	投产量					
		0004	摩托车外胎	投产量					
	小计								

续表

车间类型	部门名称	产品编号	产品名称	分配方式	分配标准	分配率	工资	福利费	合计
制造费用	内胎车间								
	外胎车间								
	小计								
管理费用	管理部门								
	小计								
合计									

做出相应会计处理：

（3）编制制造费用分配表，如表5-31、表5-32所示。

表5-31　　内胎车间制造费用分配表　　单位：元

费用名称	产品编号	产品名称	分配方式	投产量	分配标准	分配率	分配金额
工资及福利费	0001	自行车内胎	工人工资				
	0002	摩托车内胎	工人工资				
	小计						
水电费	0001	自行车内胎	工人工资				
	0002	摩托车内胎	工人工资				
	小计						
劳动保护费	0001	自行车内胎	工人工资				
	0002	摩托车内胎	工人工资				
	小计						
物料消耗	0001	自行车内胎	工人工资				
	0002	摩托车内胎	工人工资				
	小计						
折旧费	0001	自行车内胎	工人工资				
	0002	摩托车内胎	工人工资				
	小计						
合计							

做出相应会计处理：

表 5-32　　外胎车间制造费用分配表

费用名称	产品编号	产品名称	分配方式	投产量	分配标准	分配率	分配金额
工资及福利费	0003	自行车外胎	工人工资				
	0004	摩托车外胎	工人工资				
	小计						
水电费	0003	自行车外胎	工人工资				
	0004	摩托车外胎	工人工资				
	小计						
物料消耗	0003	自行车外胎	工人工资				
	0004	摩托车外胎	工人工资				
	小计						
折旧费	0003	自行车外胎	工人工资				
	0004	摩托车外胎	工人工资				
	小计						
合计							

做出相应会计处理：

（4）编制生产成本明细账，如表 5-33、表 5-34、表 5-35、表 5-36 所示。

表 5-33　　生产成本明细账

车间编号：　　产品编号：0001　　完工产品数量：

车间名称：内胎车间　　产品名称：自行车内胎　　月末在产品数量：

201×年		凭证号数	摘要	成本项目			合计
月	日			直接材料	直接人工	制造费用	
2		略	期初在产品成本				
			费用合计				
			在产品约当产量				
			期末在产品成本				
			完工产品总成本				
			完工产品单位成本				

做出相应会计处理（结转生产成本）。

表 5-34　　　　生产成本明细账

车间编号：　　　　产品编号：0002　　　　完工产品数量：
车间名称：内胎车间　　　　产品名称：摩托车内胎　　　　月末在产品数量：

201×年		凭证号数	摘要	成本项目			合计
月	日			直接材料	直接人工	制造费用	
2		略	期初在产品成本				
			费用合计				
			在产品约当产量				
			期末在产品成本				
			完工产品总成本				
			完工产品单位成本				

做出相应会计处理（结转生产成本）。

表 5-35　　　　生产成本明细账

车间编号：　　　　产品编号：0003　　　　完工产品数量：
车间名称：外胎车间　　　　产品名称：自行车外胎　　　　月末在产品数量：

201×年		凭证号数	摘要	成本项目			合计
月	日			直接材料	直接人工	制造费用	
2		略	期初在产品成本				
			费用合计				
			在产品约当产量				
			期末在产品成本				
			完工产品总成本				
			完工产品单位成本				

做出相应会计处理（结转生产成本）。

表 5-36　　生产成本明细账

车间编号：　　产品编号：0004　　完工产品数量：

车间名称：外胎车间　　产品名称：摩托车外胎　　月末在产品数量：

201×年		凭证号数	摘要	成本项目			合计
月	日			直接材料	直接人工	制造费用	
2		略	期初在产品成本				
			费用合计				
			在产品约当产量				
			期末在产品成本				
			完工产品总成本				
			完工产品单位成本				

做出相应会计处理（结转生产成本）。

项目六

产品成本计算的分批法

【知识目标】

- 了解分批法的特点、适用范围
- 理解分批法的计算程序
- 掌握分批法下产品成本核算方法
- 掌握简化分批法的核算

【能力目标】

- 会解答分批法的特点、适用范围
- 会解答分批法的计算程序
- 会画分批法下产品成本核算的程序图
- 会根据成本核算任务按分批法计算产品成本
- 会对成本计算结果进行账务处理
- 会根据不同情况采用简化分批法进行核算

任务一　分批法

任务引入

东方有限责任公司流水生产作业，根据购货单位订单组织生产。有关资料如下。

（1）201×年10月，该公司共有4批产品同时生产，各产品投产完工情况如表6-1所示。

表6-1　生产记录表

批号	开工日期	投产批量（件）	本月完工数量（件）	在产品数量（件）	实用工时
1001	8月10日	20	20		40 000
1002	9月8日	34	24	10	60 000
1003	9月12日	16	10	6	32 000
1004	10月26日	40		40	20 000

（2）10月初在产品成本如表6-2所示。

表6-2　月初在产品成本表　单位：元

产品批号	直接材料	直接人工	制造费用	合计
1001	2 060 000	780 000	920 000	3 760 000
1002	900 000	280 000	336 000	1 516 000
1003	720 000	210 000	258 000	1 188 000

（3）10月份发生的费用经汇总、整理如表6-3所示。

表6-3　生产费用汇总表　单位：元

产品批号	直接材料	直接人工	制造费用	合计
1001	240 000			240 000
1002	799 980			799 980
1003	516 000			516 000
1004	246 000			246 000
共同费用		760 000	608 000	1 368 000
合计	1 801 980	760 000	608 000	3 169 980

其中，直接材料是根据领料单标明的产品批号汇总而来，直接人工和制造费用属各批产品共同发生的费用，对此按生产工时比例在各批产品之间分配。

（4）生产费用在完工产品和在产品之间分配的方法如下。

1002批号乙产品，本月末完工数量较大，完工产品和月末在产品成本的分配方法采用约当产量法。月末在产品的平均完工程度为50%，原材料于生产中逐步投入，投料率为80%。

1003批号丙产品，本月末完工数量为10件，为了简化核算，完工产品按计划成本转出，其计划单位成本为：直接材料 77 000 元，直接人工 22 925 元，制造费用 27 912 元，合计 127 837 元。

要求：（1）将生产费用在各批产品之间进行分配。

（2）登记各批产品成本明细账。

（3）将生产费用在完工产品和月末在产品之间进行分配。

（4）结转完工产品成本，进行相关账务处理。

相关知识

成本计算的分批法，是按照产品的批别为成本计算对象，开设成本明细账，归集生产费用，计算产品成本的一种方法。产品批别在成批组织生产的企业或车间中，是按照一定品种、一定批量产品划分的。因此，分批法也就是计算一定品种、一定批量的产品成本的方法。在实际工作中，产品的品种和每批产品的批量往往是根据客户的订单确定，因而，按照产品批别计算产品成本，往往也就是按照订单计算产品成本。所以，分批法也称为订单法。

一、分批法的适用范围

在单件小批生产的企业里，生产往往是按照客户的订货来组织的。客户发来的各张订单所订购的产品又常常种类不同、规格不一，采用的原料及制造方法、定做的数量各异，各张订单的具体要求有所不同，因而，必须将生产某张订单产品的成本与生产其他订单产品的成本区分开来，分别每一张订单来归集费用，计算每一张订单产品的成本。尤其是订货合同规定根据成本定价时，由于在各张订单完工时，要报给订货者这批订货的成本，更需要按订单来计算成本。有些小批单件生产企业不是按照客户订货而是根据自己的生产计划，即根据企业事先确定的产品种类、规格，单件或小批量组织生产。由于每件或各批产品的种类、规格各不相同，也要求分批计算各批产品成本。

综上所述，分批法适用于单件、小批生产的企业和车间。这些企业或车间的共同特点是一批产品通常不重复生产，即使重复生产，也是不定期的。企业生产计划的编制及日常检查、核算工作，都以客户的订货或企业事先规定的产品及批量为依据。

二、分批法的特点

1. 成本计算对象是各产品的生产批别

在小批和单件生产中，产品的种类和每批产品的批量，大多是根据购买单位的订单确定，因而按批、按件计算产品成本，往往也就是按照订单计算产品成本。

如果在一张订单中规定有几种产品，或虽然只有一种产品但其数量较大而又要求分批交货时，这时，如按订货单位的订单组织生产，就不利于按产品品种考核、分析成本计划的完成情况，从生产管理上也不便于集中一次投料，或满足不了分批交货的要求。针对这一情况，企业生产计划部门可以将上述订单按照产品品种划分批别组织生产，或将同类产品划分数批组织生产，计算成本。

如果在一张订单中只规定一件产品，但其属于大型复杂的产品，价值较大，生产周期较长，如大型船舶制造，也可以按照产品的组成部分分批组织生产，计算成本。

如果在同一时期内，企业接到不同购货单位要求生产同一产品的几张订单，为了经济合理地组织生产，企业生产计划部门也可以将其合并为一批组织生产，计算成本。在这种情况下，分批法的成本计算对象，就不是购货单位的订货单，而是企业生产计划部门签发下达的生产任务通知单，单内应对该批生产任务进行编号，称为产品批号或生产令号。

会计部门应根据产品批号设立产品成本明细账。生产费用发生后，就按产品批别进行归集，直接费用直接计入成本，间接计入费用则要采用适当的分配方法，在各批产品之间进行分配，然后记入各产品成本明细账。由于分批法下存在多个成本计算对象，间接计入费用多，为了提高成本核算的正确性，要合理选择分配标准。

2. 成本计算期不定期，与生产周期基本一致，而与会计周期不一致

为了保证各批产品成本计算的正确性，各批产品成本明细账的设立和结算，应与生产任务通知单的签发和结束密切配合，协调一致。即各批或各订单产品的成本总额，在其完工以后（完工月份的月末）计算确定。因而完工产品成本计算是不定期的，其成本计算期与产品的生产周期基本一致，而与核算报告期不一致。

3. 费用一般不需要在完工产品与在产品之间分配

在小批、单件生产下，由于完工产品成本计算期与产品的生产周期一致，因而在月末计算产品成本时，一般不存在完工产品与在产品之间分配费用的问题。

在单件生产中，产品完工前，产品成本明细账所记录的生产费用，都是在产品成本；产品完工时，产品成本明细账所记录的生产费用，就是完工产品的成本。因而在月末计算成本时，不存在完工产品与在产品之间费用的分配问题。

在小批生产时，由于产品批量较小，批内产品一般都能同时完工，或者在相距不久的时间内全部完工。月末计算成本时，或是全部已经完工，或是全都没有完工，因而一般也不存在完工产品与在产品之间费用分配的问题。

如批内产品有跨月陆续完工的情况，在月末计算成本时，一部分产品已完工，另一部分产品尚未完工，这时就有必要在完工产品与在产品之间分配费用，以便计算完工产品成本和月末在产品成本。

如果跨月陆续完工的情况不多，月末完工产品数量占批量比重较小时，可以采用按计划单位成本、定额单位成本或近期相同产品的实际单位成本计算完工产品成本，从产品成本明细账中转出，剩余数额即为在产品成本。在该批产品全部完工时，还应计算该批产品的实际总成本和单位成本，但对已经转账的完工产品成本，不作账面调整。这样做主要是为了计算先交货的成本。这种分配方法核算工作虽然简单，但分配结果计算不太准确。

在批内产品跨月陆续完工情况较多，月末完工产品数量占批量比重较大时，为了提高成本计算的正确性，应采用适当的方法，在完工产品与月末在产品之间分配费用，计算完工产品成本和月末在产品成本。

为了使同一批产品尽量同时完工，避免跨月陆续完工的情况，减少完工产品与月末在产品之间分配费用的工作，在合理组织生产的前提下，可以适当缩小产品的批量。但是缩小产品批量，也应有一定的限度，否则批量过小，不仅会使生产组织不合理、不经济，而且会使设立的产品生产明细账过多，从而加大核算工作量。

三、分批法的产品成本计算程序

（1）会计部门根据生产计划部门下达的“生产通知单”所规定的产品批别，为每批产品设置生产成本明细账，并按成本项目分设专栏，以归集各批产品所发生的生产费用。在生产开始时，企业的生产计划部门下达生产任务通知单，财会部门根据每一生产任务通知单副本开设产品生产成本明细账，并在账上注明产品批号以及生产任务通知单上所提供的其他规定性或说明性信息，如产品的品名、规格、样式、生产数量等。成本计算单的开设和结账，应注意同生产通知单的签发和结束配合一致，各批号之间不能混同或串户，以保证各批产品成本计算的正确性。

（2）按批别归集和分配本月发生的各项费用，登记有关明细账。企业在生产产品领用各种原材料、耗用有关费用时，都要在有关的原始凭证上注明生产通知单号。月末根据费用的原始凭证，编制各种费用分配表。将各批产品的直接费用，按产品批别分别成本项目直接记入各产品生产成本明细账内；将发生的间接费用按照一定的方法在各批产品之间进行分配，记入有关各批产品成本明细账内。

（3）分配辅助生产费用。汇集辅助生产车间发生的费用，按其提供的劳务数量，在各批别或订单产品、制造费用以及其他受益对象之间进行分配。对于辅助生产车间生产的产品，应计算其完工产品成本，从辅助生产成本明细账中转出。

（4）分配基本生产车间制造费用。将基本生产车间“制造费用明细账”中归集的制造费用进行汇总，根据投产的批别或订单的完成情况，选择一定的方法分配制造费用。

（5）计算完工产品成本。采用分批法一般不需要在完工产品和在产品之间分配生产费用。生产周期内，各月月末结账时，各产品生产成本明细账上累计的生产费用，都是该批在产品成本；当某批别或生产通知单的产品在完工并检验合格后，应由生产车间填制完工通知单，报送财会部门。此时，产品生产成本明细账上的全部费用，就是产成品成本。但如果某批产品出现跨月陆续完工情况，则需要将产品生产成本明细账中全部的费用，采用一定的方法在完工产品与在产品之间进行分配，并确定计算出完工产品和月末在产品成本。

（6）结转完工产品成本。月末将各批完工产品成本以及批内陆续完工产品的成本加以汇总，编制“完工产品成本汇总表”，结转完工入库产品的成本。

分批法成本计算方法及核算程序如图 6-1 所示。

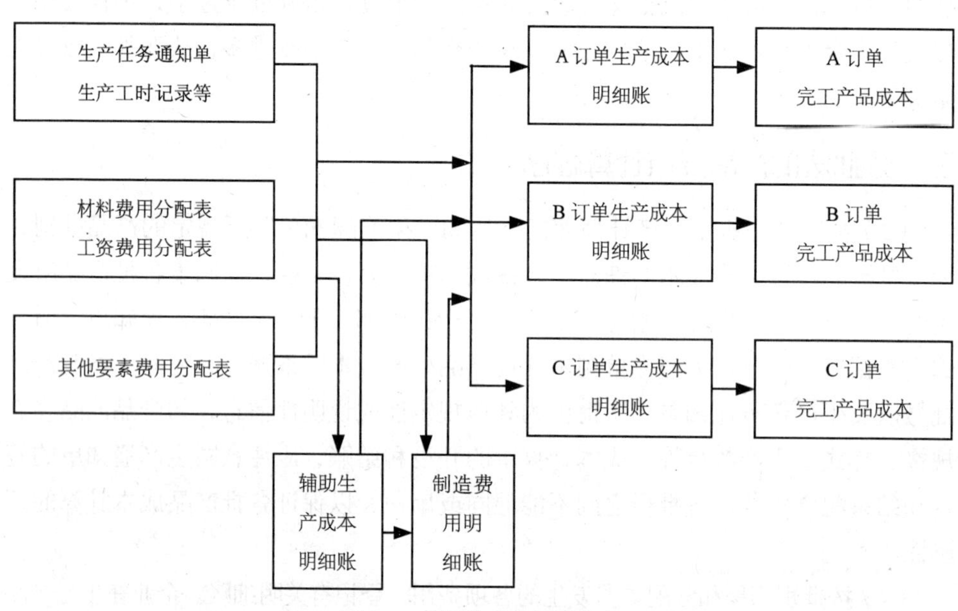

图 6-1　分批法成本计算程序

任务实施

（1）将生产费用在各批产品之间进行分配。其中直接材料由各批产品分别耗用，不需要进行分配；直接人工和制造费用是由各批产品共同耗用的，需要按照工时进行分配。直接人工费用分配如表 6-4 所示，制造费用分配如表 6-5 所示。

表 6-4　　直接人工费用分配表

产品批号	分配标准（工时）	分配率（元/小时）	应分配金额（元）
1001	40 000		200 000
1002	60 000		300 000
1003	32 000		160 000
1004	20 000		100 000
合计	152 000	5	760 000

表 6-5　　制造费用分配表

产品批号	成本项目	分配标准（工时）	分配率（元/小时）	应分配金额（元）
1001	制造费用	40 000		160 000
1002	制造费用	60 000		240 000
1003	制造费用	32 000		128 000
1004	制造费用	20 000		80 000
合计		152 000	4	608 000

根据表 6-3 编制发出的直接材料会计分录。

借：基本生产成本——1001　　240 000
　　　　　　　　——1002　　799 980
　　　　　　　　——1003　　516 000
　　　　　　　　——1004　　246 000
　贷：原材料　　　　　　　　1 801 980

根据表 6-4 编制会计分录如下。

借：基本生产成本——1001　　200 000
　　　　　　　　——1002　　300 000
　　　　　　　　——1003　　160 000
　　　　　　　　——1004　　100 000
　贷：应付职工薪酬　　　　　760 000

根据表 6-5 编制会计分录如下。

借：基本生产成本——1001　　160 000
　　　　　　　　——1002　　240 000
　　　　　　　　——1003　　128 000
　　　　　　　　——1004　　80 000
　贷：制造费用　　　　　　　608 000

（2）根据表 6-2、表 6-3、表 6-4 和表 6-5 登记各批产品成本明细账，如表 6-6、表 6-7、表 6-8、表 6-9 所示。

表 6-6　　生产成本明细账

批号：1001　　开工日期：8 月 10 日

产品名称：甲　批量：20　　完工日期：10 月 31 日　　单位：元

201×年 月	日	凭证号	摘　要	直接材料	直接人工	制造费用	合　计
10	1		期初余额	2 060 000	780 000	920 000	3 760 000
	31	略	本期材料费用	240 000			240 000
			根据直接人工费用分配表		200 000		200 000
			根据制造费用分配表			160 000	160 000
			合计	2 300 000	980 000	1 080 000	4 360 000
			完工产品转出	2 300 000	980 000	1 080 000	4 360 000
			期末余额	0	0	0	0

表 6-7　　生产成本明细账

批号：1002　　开工日期：9 月 8 日　（本月完工 24 件）

产品名称：乙　批量：34　　完工日期：　月　日　　单位：元

201×年 月	日	凭证号	摘　要	直接材料	直接人工	制造费用	合　计
10	1		期初余额	900 000	280 000	336 000	1 516 000
	31	略	本期材料费用	799 980			799 980
			根据直接人工费用分配表		300 000		300 000
			根据制造费用分配表			240 000	240 000
			合计	1 699 980	580 000	576 000	2 855 980
			完工产品转出	1 274 985	480 000	476 689.66	2 231 674.66
			期末余额	424 995	100 000	99 310.34	624 305.34

表 6-8　　生产成本明细账

批号：1003　　开工日期：9 月 12 日　（本月完工 10 件）

产品名称：丙　批量：16　　完工日期：　月　日　　单位：元

201×年 月	日	凭证号	摘　要	直接材料	直接人工	制造费用	合　计
10	1		期初余额	720 000	210 000	258 000	1 188 000
	31	（略）	本期材料费用	516 000			516 000
			根据直接人工费用分配表		160 000		160 000
			根据制造费用分配表			128 000	128 000
			合计	1 236 000	370 000	386 000	1 992 000
			完工产品转出	770 000	229 250	279 120	1 278 370
			期末余额	466 000	140 750	106 880	713 630

表 6-9 生产成本明细账

批号：1004 开工日期：10 月 26 日

产品名称：丁 批量：40 完工日期： 月 日 单位：元

201×年		凭证号	摘 要	直接材料	直接人工	制造费用	合 计
月	日						
10	31		本期材料费用	246 000			246 000
			根据直接人工费用分配表		100 000		100 000
			根据制造费用分配表			80 000	80 000
			合计	246 000	100 000	80 000	426 000
			完工产品转出				
			期末余额				

（3）将生产费用在完工产品和月末在产品之间进行分配。1001 批号甲产品全部完工，发生的费用全部转入完工产品成本；1002 批号乙产品由于跨月陆续完工情况较多，采用约当产量法对完工产品和月末在产品成本进行分配；1003 批号丙产品由于跨月陆续完工情况较少，完工产品可以按计划成本转出，待整批产品全部完工后，再重新计算完工产品的实际总成本和单位成本（对已经转账的完工产品成本，不必再做账面调整）；1004 批号丁产品全部未完工，发生的费用全部为未完工产品成本，不需结转完工产品成本。

产品约当产量计算情况如表 6-10 所示。

表 6-10 约当产量计算表

产品批号	成本项目	在产品数量	投料程度（加工程度）	在产品约当产量	完工产品数量	约当总产量
1002	直接材料	10	80%	8	24	32
	直接人工	10	50%	5	24	29
	制造费用	10	50%	5	24	29

根据各批完工产品的产品成本明细账，编制产品成本计算单，如表 6-11、表 6-12、表 6-13 所示。

表 6-11

产品成本计算单

批号：1001　　开工日期：8 月 10 日

产品名称：甲　批量：20　　完工日期：8 月 31 日　　单位：元

摘　要	直接材料	直接人工	制造费用	合　计
月初在产品成本	2 060 000	780 000	920 000	3 760 000
本月发生生产费用	240 000	200 000	160 000	600 000
生产费用合计	2 300 000	980 000	1 080 000	4 360 000
完工产品总成本	2 300 000	980 000	1 080 000	4 360 000
单位成本	115 000	49 000	54 000	218 000

表 6-12

产品成本计算单

批号：1002　　开工日期：9 月 8 日

产品名称：乙　批量：34　　完工日期：　月　日　　单位：元

摘　要	直接材料	直接人工	制造费用	合　计
月初在产品成本	900 000	280 000	336 000	1 516 000
本月发生生产费用	799 980	300 000	240 000	1 339 980
生产费用合计	1 699 980	580 000	576 000	2 855 980
单位成本（分配率）	53 124.375	20 000	19 862.069	92 986.444
完工产品总成本	1 274 985	480 000	476 689.66	2 231 674.66
月末在产品成本	424 995	100 000	99 310.34	624 305.34

其中，乙产品直接材料分配率=1 699 980/32=53 124.375（元/件）；

直接人工分配率=580 000/29=20 000（元/件）；

制造费用分配率=576 000/29=19 862.069（元/件）。

表 6-13

产品成本计算单

批号：1003　　开工日期：9 月 12 日　　（本月完工 10 件）

产品名称：丙　批量：16　　完工日期：　月　日　　单位：元

摘　要	直接材料	直接人工	制造费用	合　计
月初在产品成本	720 000	210 000	258 000	1 188 000
本月发生生产费用	516 000	160 000	128 000	804 000
生产费用合计	1 236 000	370 000	386 000	1 992 000
单位成本	77 000	22 925	27 912	127 837
完工产品总成本	770 000	229 250	279 120	1 278 370
月末在产品成本	466 000	140 750	106 880	713 630

（4）结转完工产品成本。根据表 6-11、表 6-12、表 6-13 中的成本计算结果，编制“完工产品成本汇总表”如表 6-14 所示。

表 6-14　　完工产品成本汇总表

201×年 10 月　　单位：元

成本项目		直接材料	直接人工	制造费用	合计
1001 批号甲产品（产量 20 件）	总成本	2 300 000	980 000	1 080 000	4 360 000
	单位成本	115 000	49 000	54 000	218 000
1002 批号乙产品（产量 24 件）	总成本	1 274 985	480 000	476 689.66	2 231 674.66
	单位成本	53 124.375	20 000	19 862.069	92 986.444
1003 批号丙产品（产量 10 件）	总成本	770 000	229 250	279 120	1 278 370
	单位成本	77 000	22 925	27 912	127 837

根据表 6-14 编制本月结转完工产品入库的会计分录。

借：库存商品——甲产品　　4 360 000

　　　　　　——乙产品　　2 231 674.66

　　　　　　——丙产品　　1 278 370

　贷：基本生产成本——1001 批次（甲产品）　　4 360 000

　　　　　　　　　——1002 批次（乙产品）　　2 231 674.66

　　　　　　　　　——1003 批次（丙产品）　　1 278 370

任务二　简化的分批法

任务引入

明宇公司分批生产多种产品，产品批次和月末未完工产品批次都较多，如何仅按照分批法核算各批产品的成本，各种材料费用、人工费用、制造费用的归集与月末制造费用的分配工作非常繁琐，是否可以为了简化成本核算工作，采用简化的分批法计算产品成本？该公司应该如何计算当月完工产品成本？基本资料如下。

（1）201×年8月份，明宇公司的产品批号及完工情况如表6-15所示。

表 6-15　　产品批号及完工情况表

产品批号	产品名称	投产情况	本月完工数量	月末在产品
603	甲	6 月 3 日投产 64 件	64 件	
708	乙	7 月 8 日投产 32 件	16 件	16 件
721	丙	7 月 21 日投产 40 件		40 件
810	丙	8 月 10 日投产 24 件		24 件
825	丁	8 月 25 日投产 30 件		30 件

（2）该公司 8 月份的月初在产品成本和本期发生的生产费用及实耗工时等资料如表 6-16 所示。

表 6-16　　　　　　　　　　各批产品工时及费用表

批号	产品名称	期初在产品				本月发生生产费用及工时			
		累计工时	累计直接材料（元）	累计直接人工（元）	累计制造费用（元）	工时	直接材料（元）	直接人工（元）	制造费用（元）
603	甲	16 800	66 120			6 400	4 800		
708	乙	9 600	37 008			7 280			
721	丙	1 000	18 100			3 000			
810	丙					1 600	22 856		
825	丁					2 400	15 000		
合计		27 400	121 228	405 830	51 932	20 680	42 656	267 290	34 612

上表中批号为 708 的乙产品，其原材料在生产开始时一次投入，完工产品所耗工时为 11 840 小时，在产品的工时为 5 040 小时。

要求：采用简化的分批法计算 603 批号产品的成本及 708 批号完工产品的成本。

相关知识

一、简化分批法的初步认识

在有些小批单件生产的企业或车间里，订单多、生产周期长，而实际每月完工的订单并不多。在这种情况下，如果采用当月分配法分配各项费用，即将当月发生的各项生产费用全部分配给各批产品，而不论各批产品完工与否，这样，由于产品批次众多，费用分配的核算工作量将非常繁重。因而，为了简化核算，这类企业或车间可采用不分批计算在产品成本的分批法，也叫人工及制造费用的累计分配法或简化的分批法。

采用这种方法，仍应按照产品批别设立产品成本明细账，但在各批产品完工之前，账内只需按月登记直接计入费用（如原材料费用）和生产工时。每月发生的间接费用，不是按月在各批产品之间进行分配，而是先将其在基本生产成本二级账中，按成本项目分别累计起来。只有在有产品完工的那个月份，才对完工产品，按照其累计工时的比例，分配间接计入费用，计算完工产品成本；而全部产品的在产品应负担的间接费用，则以总数反映在基本生产成本二级账中，不进行分配，不分批计算在产品成本。

二、简化分批法的成本计算程序

1. 按照产品批别设置产品生产成本明细账和基本生产成本二级账

按产品批别设置产品生产成本明细账，并分别按成本项目设置专栏，平时账内只登记直接计入费用（原材料费用）和生产工时；另外，还要按全部产品设立一个“基本生产成本二级账”，归集反映企业投产的所有批次产品在生产过程所发生的各项费用和累计生产工时。“基本生产成本二级账”是简化分批法的一个显著特点。

2. 归集和分配生产费用及生产工时

（1）根据本月原材料费用分配表及生产工时记录，将各批产品耗用的直接材料费用和耗用的生产工时分别记入各批产品生产成本明细账和产品“基本生产成本二级账”。

（2）根据职工薪酬及其他费用的分配表或汇总表将本月发生的职工薪酬及其他费用，不分批别地记入“基本生产成本二级账”。

（3）根据月初在产品成本、生产工时记录与本月生产费用、生产工时记录确定本月末各项费用与生产工时累计数。

3. 计算完工产品成本

月末如果本月各批产品均未完工，则各项费用与生产工时累计数转至下月继续登记。如果本月有完工产品或某批全部完工或部分完工，或有几批完工，对完工产品应负担的直接材料费用，可根据产品生产成本明细账中的累计生产费用，采用适当的分配方法在完工产品和在产品之间进行分配；对完工产品应负担的间接计入费用（除直接材料以外的费用），则需要根据“基本生产成本二级账”的累计费用数与累计工时，按下述公式计算全部产品各项累计间接费用分配率，据以分配费用。

$$全部产品累计间接计入费用分配率=\frac{全部产品累计间接计入费用}{全部产品累计工时}$$

简化分批法成本计算程序如图 6-2 所示。

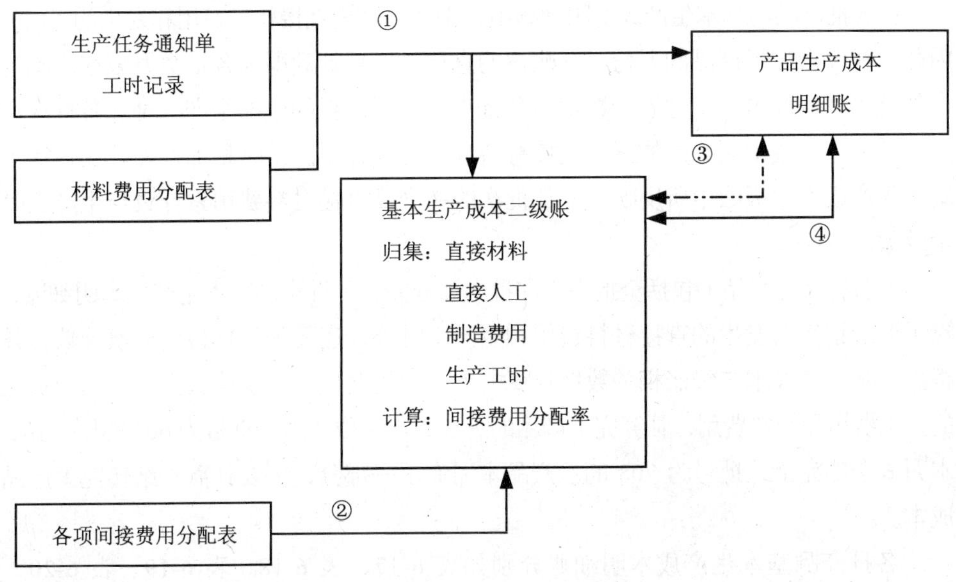

图 6-2　简化分批法的计算流程

说明：

① 根据“生产任务通知单”设立“生产成本明细账”和“基本生产成本二级账”；根据材料费用分配表和生产工时记录等将各批别耗用的材料费用和工时，记入“生产成本明细账”和“基本生产成本二级账”。

② 根据各项间接费用分配表，将人工费用和制造费用等记入到“基本生产成本二级账”。

③ 月终，将基本生产成本二级账中的直接材料费用和生产工时与产品生产成本明细账中直接材料费用和生产工时核对。

④ 如有完工产品，月终运用基本生产成本二级账中资料计算累计间接计入费用分配率，并据此分配间接费用并登记产品生产成本明细账；同时，将各产品生产成本明细账中登记的间接费用分配额汇总后记入基本生产成本二级账中。

简化分批法不仅简化了间接费用的分配，还可简化对未完工产品成本计算单的登记工作，未完工批数越多，核算越简化。但是在这种方法下，各未完工批别的成本计算单不能完整地反映各批产品的在产品成本。另外，如果各月的间接费用相差很大，还会影响各月产品成本核算的正确性。如果月末未完工产品的批数不多，不仅起不到简化的作用，而且还会影响成本计算的正确性。

任务实施

第一步，根据上述资料，开设并登记各批次基本生产成本明细账及基本生产成本二级账。

在各批产品的基本生产成本明细账中，平时只登记直接材料费用和发生的工时，因此，在没有完工产品的月份，各账户的直接材料累计数即为各批次月末在产品的全部直接材料成本，工时累计数即为各批次产品所消耗的全部生产工时。各批次产品的基本生产成本明细账的累计直接材料成本与累计生产工时相加之和，应该等于基本生产成本二级账中所反映的全部批次的在产品直接材料费用累计数与生产工时累计数。

当月有完工产品（包括全批完工和批内部分完工）批次的基本生产成本明细账，除了要登记当月发生的直接材料费用和生产工时外，还要加记材料费用累计数，并根据基本生产成本二级账相关数据计算的累计间接费用分配率确认完工产品应负担的人工费用和制造费用，计算完工产品的总成本与单位成本。批号为603的甲产品，本月末全部完工，批号为708的乙产品本月完工一部分，需要计算并结转完工产品成本。

各批产品基本生产成本明细账分别如表6-17、表6-18、表6-19、表6-20、表6-21所示。

表 6-17　　生产成本明细账

产品批号：603　　产品名称：甲　　投产日期：6 月 3 日

订货单位：星海工厂　　产品批量：64 件　　完工：64 件　　完工日期：8 月

××年		凭证号数	摘　要	生产工时	成本项目（元）			合计（元）
月	日				直接材料	直接人工	制造费用	
6	30	略	本月发生	8 800	54 800			
7	31		本月发生	8 000	11 320			
7	31		累计发生	16 800	66 120			
8	31		本月发生	6 400	4 800			
	31		累计发生	23 200	70 920			

表 6-18　　生产成本明细账

产品批号：708　　产品名称：乙　　投产日期：7 月 8 日

订货单位：名博公司　　产品批量：32 件　　本月完工：16 件　　完工日期：

××年		凭证号数	摘　要	生产工时	成本项目（元）			合计
月	日				直接材料	直接人工	制造费用	
7	31	略	本月发生	9 600	37 008			
8	31		本月发生	7 280				
	31		累计发生	16 880	37 008			

表 6-19　　生产成本明细账

产品批号：721　　产品名称：丙　　投产日期：7 月 21 日

订货单位：景阳公司　　产品批量：40 件　　本月完工：　　完工日期：

××年		凭证号数	摘　要	生产工时	成本项目（元）			合计
月	日				直接材料	直接人工	制造费用	
7	31	略	本月发生	1 000	18 100			
8	31	略	本月发生	3 000				

表 6-20　　生产成本明细账

产品批号：810　　产品名称：丙　　投产日期：8 月 10 日

订货单位：华山公司　　产品批量：24 件　　本月完工：　　完工日期：

××年		凭证号数	摘　要	生产工时	成本项目（元）			合计
月	日				直接材料	直接人工	制造费用	
8	31	略	本月发生	1 600	22 856			

表 6-21　　生产成本明细账

产品批号：825　　产品名称：丁　　投产日期：8 月 25 日

订货单位：衡山公司　　产品批量：30 件　　本月完工：　　完工日期：

××年		凭证号数	摘　要	生产工时	成本项目（元）			合计
月	日				直接材料	直接人工	制造费用	
8	31	略	本月发生	2 400	15 000			

第二步，在基本生产成本明细账和基本生产成本二级账中归集生产费用及生产工时。

（1）根据本月原材料费用分配表及生产工时记录，将各批产品耗用的直接材料费用和耗用的生产工时分别记入各批产品生产成本明细账和产品"基本生产成本二级账"。

（2）根据工资及其他费用分配表或汇总表将本月发生的工资及其他费用，不分批别地记入"基本生产成本二级账"。

（3）根据本月期初在产品成本、生产工时记录与本月生产费用、生产工时记录确定本月末各项费用与生产工时累计数。

基本生产成本二级账如表 6-22 所示。

表 6-22　　基本生产成本二级账（全部各批别产品总成本）

××年		凭证号数	摘　要	生产工时	成本项目（元）			合计（元）
月	日				直接材料	直接人工	制造费用	
7	31	略	期初在产品	27 400	121 228	405 830	51 932	578 990
8	31		本月发生	20 680	42 656	267 290	34 612	344 558
	31		累计数	48 080	163 884	673 120	86 544	923 548
	31		累计间接费用分配率			14	1.8	
	31		本月完工转出	35 040	89 424	490 560	63 072	643 056
	31		期末在产品	13 040	74 460	182 560	23 472	280 492

对基本生产成本二级账中数据的说明如下。

① 7 月末在产品的生产工时和各项费用是截至 7 月末各批产品的累计生产工时和发生的累计生产费用。

② 8 月份发生的直接材料费用和生产工时，是根据 8 月份各批次产品的原材料费用分配表、生产工时记录登记（与各批次产品的基本生产成本明细账平行登记）；8 月份发生的直接人工和制造费用等间接费用，根据各费用分配表登记。

③ 完工产品的直接材料费用和生产工时，根据各批次产品基本生产成本明细账中完工产品的直接材料费用和生产工时汇总登记。批号为 603 的甲产品 64 件全部完工，耗用直接材料 70 920 元，耗用工时 23 200 小时；批号为 708 的乙产品 32 件完工 16 件，完工产品耗用直接材料 18 504 元，耗用工时 11 840。故：

完工产品直接材料费用=70 920+18 504=89 424（元）

完工产品工时=23 200+11 840=35 040（工时）

④ 全部产品累计间接费用分配：

全部产品累计直接人工分配率=$\dfrac{673\,120}{48\,080}$=14

全部产品累计制造费用分配率=$\dfrac{86\,544}{48\,080}$=1.8

完工产品应负担的各项间接费用，可以根据完工批次产品的基本生产成本明细账中所列生产工时分别乘以各该累计间接费用分配率计算，即：

完工产品直接人工=35 040×14=490 560（元）

完工产品制造费用=35 040×1.8=63 072（元）

⑤ 月末在产品的直接材料费用和生产工时，根据基本生产成本二级账中累计的直接材料费用和生产工时分别减去本月完工产品的直接材料费用和生产工时计算登记；也可以根据各批次产品的基本生产成本明细账中的月末在产品的直接材料费用和生产工时汇总后登记。

⑥ 月末在产品的各项间接费用，可以根据基本生产成本二级账中在产品生产工时分别乘以各费用累计分配率计算登记，即：

月末在产品直接人工=13 040×14=182 560（元）

月末在产品制造费用=13 040×1.8=23 472（元）

也可以根据基本生产成本二级账中各成本项目的累计数分别减去完工产品负担的相应费用后计算登记。

第三步，计算完工产品成本并登记各批产品生产成本明细账。

批号为 603 的甲产品，本月末全部完工，其累计的直接材料费用和生产工时就是完工产品的直接材料费用和生产工时，将生产工时分别乘以人工费用累计分配率和制造费用累计分配率，即为完工产品的人工费用和制造费用。

根据间接费用累计分配率，计算甲产品应负担的人工费用和制造费用如下。

603 批次甲产品应负担的直接人工费用=23 200×14=324 800（元）

603 批次甲产品应负担的制造费用=23 200×1.8=41 760（元）

603 批次甲产品的总成本=70 920+324 800+41 760=437 480（元）

603 批次甲产品的单位成本相应可以计算出，分别为：直接材料 1 108.13 元；直接人工 5 075 元；制造费用 652.5 元；单位产品成本 6 835.63 元。

批号为603的甲产品基本生产成本明细账如表6-23所示。

表6-23 **生产成本明细账**

产品批号：603　　产品名称：甲　　投产日期：6月3日
订货单位：星海工厂　　产品批量：64件　　完工：64件　　完工日期：8月

××年		凭证号数	摘 要	生产工时	成本项目（元）			合计（元）
月	日				直接材料	直接人工	制造费用	
6	30	略	本月发生	8 800	54 800			
7	31		本月发生	8 000	11 320			
7	31		累计发生	16 800	66 120			
8	31		本月发生	6 400	4 800			
	31		累计发生	23 200	70 920			
	31		累计间接费用分配率			14	1.8	
	31		本月完工转出	23 200	70 920	324 800	41 760	437 480
	31		完工产品单位成本		1 108.13	5 075	652.5	6 835.63

批号为708的乙产品，本月部分完工，应当按照一定的方法确定完工产品应负担的材料费用，根据完工产品所耗工时和间接费用累计分配率计算应负担的人工费用和制造费用，计算结果如下。

708批次乙产品完工产品应负担的直接材料费用=$\frac{37\ 008}{32}$×16=18 504（元）

708批次乙产品完工产品应负担的直接人工费用=11 840×14=165 760（元）

708批次乙产品完工产品应负担的制造费用=11 840×1.8=21 312（元）

708批次乙产品完工产品的总成本=18 504+165 760+21 312=205 576（元）

708批次乙产品的单位成本分别为：直接材料1 156.5元；直接人工10 360元；制造费用1 332元；单位产品成本12 848.5元。

该批次产品的成本明细账如表6-24所示。

表6-24 **生产成本明细账**

产品批号：708　　产品名称：乙　　投产日期：7月8日
订货单位：名博公司　　产品批量：32件　　本月完工：16件　　完工日期：

××年		凭证号数	摘 要	生产工时	成 本 项 目			合计
月	日				直接材料	直接人工	制造费用	
7	31	略	本月发生	9 600	37 008			
8	31		本月发生	7 280				
	31		累计发生	16 880	37 008			
	31		累计间接费用分配率			14	1.8	
	31		本月完工转出	11 840	18 504	165 760	21 312	205 576
	31		完工产品单位成本		1 156.5	10 360	1 332	12 848.5

职业能力训练

一、单项选择题（在下列备选答案中选出一个正确的答案，并将序号字母填在括号内）

1. 采用简化的分批法，在产品完工之前，产品成本明细账（　　）。

A. 不登记任何费用

B. 只登记直接计入费用（如原材料费用）和生产工时

C. 只登记原材料费用

D. 登记间接计入费用，不登记直接计入费用

2. 对于成本计算的分批法，下列说法正确的是（　　）。

A. 不存在完工产品与在产品之间费用分配问题

B. 成本计算期与会计报告期一致

C. 适用于小批、单件、管理上不要求分步骤计算成本的多步骤生产

D. 以上说法全部正确

3. 某企业采用分批法计算产品成本。6 月 1 日投产轴承 5 件，配件 3 件；6 月 15 日投产轴承 4 件，配件 4 件，丙产品 3 件；6 月 26 日投产轴承 6 件。该企业 6 月份应开设产品成本明细账的张数是（　　）。

A. 3 张　　B. 5 张　　C. 4 张　　D. 6 张

4. 下列情况下，不宜采用简化分批法的是（　　）。

A. 各月间接计入费用水平相差不大　　B. 月末未完工产品批数较多

C. 同一月份投产的批数很多　　D. 各月间接计入费用水平相差较大

5. 以下各选项中，（　　）必须设立基本生产成本二级账。

A. 品种法　　B. 分步法　　C. 简化的分批法　　D. 简化的定额法

6. 成本计算期与生产周期一致的成本计算方法是（　　）。

A. 品种法　　B. 分批法　　C. 分步法　　D. 分类法

7. 在产品成本计算过程中不存在的成本计算对象有（　　）。

A. 产品品种　　B. 产品质量　　C. 产品批别　　D. 产品生产步骤

8. 分批法适用于（　　）。

A. 小批单件生产　　B. 大批大量生产

C. 大量大批多步骤生产　　D. 大量大批单步骤生产

9. 采用分批法计算产品成本时，若是单件生产，月末计算产品成本时，（　　）。

A. 需要将生产费用在完工产品和在产品之间进行分配

B. 不需要将生产费用在完工产品和在产品之间进行分配

C. 区别不同情况确定是否分配生产费用

D. 应采用同小批生产一样的核算方法

10. 分批法成本计算对象的确定通常是根据（　　）。

A. 用户订单　　B. 产品品种　　C. 客户要求　　D. 生产任务通知单

11. 简化分批法与分批法的主要区别是（　　）。

A. 不分批计算完工产品成本　　B. 不分批计算在产品成本

C. 分批核算原材料费用　　D. 不分配间接费用

二、多项选择题（在下列备选答案中选出2～5个正确的答案，并将序号字母填在括号内）

1. 产品成本计算期与产品生产周期相一致的生产组织形式为（　　）。

A. 多步骤生产　　B. 大量生产　　C. 小批单件生产　　D. 成批生产

2. 分批法的最主要特点有（　　）。

A. 成本计算期与产品生产周期一致

B. 必须设置基本生产成本二级账

C. 以产品的批别为成本计算对象

D. 成本计算期与会计报告期一致

3. 采用分批法计算产品成本，作为某一成本计算对象的批别，可以按以下方法确定（　　）。

A. 同一订单中的多种产品　　B. 不同订单中的同种产品

C. 同一订单中同种产品的组成部分　　D. 不同订单中的不同产品

4. 采用分批法计算产品成本时，成本计算对象不可以作为同一批别的是（　　）。

A. 同一订单中的某种产品组成部分　　B. 同一订单中的不同类型的产品

C. 不同订单中的同种产品　　D. 不同订单中的不同产品

E. 同一订单中的某种产品

5. 品种法与分批法的主要区别在于（　　）不同。

A. 直接费用的核算　　B. 间接费用的核算

C. 成本计算对象　　D. 成本计算期

6. 采用简化的分批法时必须具备的条件为（　　）。

A. 各月的间接计入费用的水平相差悬殊

B. 各月的间接计入费用的水平相差不多

C. 月末未完工产品的批数比较少

D. 月末未完工产品的批数比较多

E. 各月未完工产品的批数相等

7. 简化分批法对于没有完工产品的月份，只登记（　　）。

A. 直接材料　　B. 生产工时　　C. 直接人工　　D. 制造费用

E. 辅助费用

8. 分批法成本计算的特点有（　　）。

A. 以生产批别作为成本计算对象

B. 产品成本计算期不固定

C. 按月计算产成品成本

D. 单件生产不需要进行完工产品和在产品的成本分配

E. 以生产批次或订单设置生产成本明细账

9. 采用分批法计算产品成本时，如果批内产品跨月陆续完工的情况不多，完工产品数量全部批量的比重很小，先完工的产品可以（　　）从产品成本明细账转出。

A. 按计划单位成本计价　　B. 按定额单位成本计价

C. 按近期相同产品的实际单位成本计价　　D. 按实际单位成本计价

10. 分批法适用于（　　）。

A. 小批生产

B. 管理上不要求分步计算成本的多步骤生产

C. 分批轮番生产同一种产品

D. 单件生产

E. 大批大量生产

11. 采用分批法计算产品成本时，如果批内产品跨月陆续完工的情况不多，完工产品数量占全部批量的比重小，先完工的产品可以（　　）从产品成本明细账中转出。

A. 按计划单位成本计价

B. 按近期相同产品的实际单位成本计价

C. 按定额单位成本计价

D. 按实际单位成本计价

12. 采用简化分批法，（　　）。

A. 必须设立生产成本二级账

B. 在产品完工之前，产品成本明细账只登记原材料费用和生产工时

C. 在生产成本二级账中只登记费用

D. 不分批计算在产品成本

三、判断说明题（正确的画“√”，错误的画“×”并说明理由）

1. 产品成本计算的分批法，是按照产品类别归集生产费用、计算产品成本的一种方法。（　　）

2. 分批法的成本计算应定期进行，成本计算期与某批次或订单产品的生产周期也应保持一致。（　　）

3. 采用分批法计算成本比采用品种法计算成本程序简单。（　　）

4. 分批法下，月末一般不存在完工产品与在产品之间分配费用的问题。（　　）

5. 分批法也叫订单法。(　　)

6. 产品成本计算的分批法是按产品批别计算产品成本的一种方法。(　　)

7. 在小批或单件生产的企业或车间中，如果各个月份的间接计入费用的水平相关不多，月末未完工产品的批数比较多，可采用简化的分批法。(　　)

8. 企业按照客户订单组织产品生产的情况下，应当采用品种法计算产品成本。(　　)

9. 作为分批法的产品成本计算批别，有时是和产品订单不一致的。(　　)

10. 采用简化分批法，产品完工以前产品成本明细账只登记各种材料费用。(　　)

四、实践练习

1. 某企业生产轴承、配件两种产品，生产组织属于小批生产，采用分批法计算成本。

（1）5 月份的产品批号有：511 批号，轴承 20 台，本月投产，本月完工 12 台；512 批号，配件 20 台，本月投产，本月完工 4 台。

（2）5 月份各批号生产费用资料如表 6-25 所示。

表 6-25　　生产费用分配表　　单位：元

批　号	原　材　料	职 工 薪 酬	制 造 费 用
511	6 720	4 700	5 600
512	9 200	6 100	3 960

511 批号轴承完工数量较大，原材料在生产开始时一次投入，其他费用在完工产品与在产品之间采用约当产量比例法分配，在产品完工程度为 50%。

512 批号配件完工数量较少，完工产品按计划成本结转。每台产品单位计划成本：原材料费用 920 元，工资及福利费用 700 元，制造费用 480 元。

要求：根据上述资料，采用分批法，登记产品成本明细账，如表 6-26 和表 6-27 所示，计算各批产品的完工成本和月末在产品成本。

表 6-26　　生产成本明细账

产品批号：511　　产品名称：轴承　　投产日期：

订货单位：　　产品批量：　　本月完工：　　完工日期：

××年		凭证号数	摘要	生产工时	成本项目（元）			合计（元）
月	日				直接材料	直接人工	制造费用	

表 6-27　　　　　　　　　　　生产成本明细账

产品批号：512　　　　　　产品名称：配件　　　　　　投产日期：
订货单位：　　　　　　　　产品批量：　　　本月完工：　　　完工日期：

××年		凭证号数	摘要	生产工时	成本项目（元）			合计(元)
月	日				直接材料	直接人工	制造费用	

2. 某工业企业生产组织属于小批生产，产品批数多，而且月末有许多批号未完工，因而采用简化的分批法计算产品成本。

（1）9 月份生产批号及完工情况如下。

920 号：轴承 5 件，8 月投产，9 月 20 日全部完工。

921 号：配件 10 件，8 月投产，9 月完工 6 件。

922 号：丙产品 5 件，8 月末投产，尚未完工。

923 号：丁产品 6 件，9 月初投产，尚未完工。

（2）各批号 9 月初累计原材料费用（原材料在生产开始时一次投入）和工时资料如下。

920 号：原材料费用 18 000 元，工时 4 700 小时。

921 号：原材料费用 24 000 元，工时 9 500 小时。

922 号：原材料费用 15 800 元，工时 600 小时。

（3）各批号 9 月末累计原材料费用和工时为：

920 号：原材料费用 18 000 元，工时 9 020 小时。

921 号：原材料费用 24 000 元，工时 21 500 小时。

922 号：原材料费用 15 800 元，工时 8 300 小时。

923 号：原材料费用 11 080 元，工时 8 220 元小时。

（4）9 月，该厂全部产品累计材料费用 68 880 元，工时 47 040 小时，职工薪酬 1 881 600 元，制造费用 2 822 400 元。

（5）9 月末，完工产品工时 23 020 小时，其中配件 14 000 小时。

3. 要求：

（1）根据上列资料，登记基本生产成本二级账（见表 6-28）和各批产品成本明细账（见表 6-29、表 6-30、表 6-31、表 6-32）。

（2）计算和登记累计间接费用分配率。

（3）计算各批完工产品成本。

表 6-28　　基本生产成本二级账（全部各批别产品总成本）

××年		凭证号数	摘要	生产工时	成本项目（元）			合计（元）
月	日				直接材料	直接人工	制造费用	

表 6-29　　生产成本明细账

产品批号：920　　产品名称：　　投产日期：

订货单位：　　产品批量：　　本月完工：　　完工日期：

××年		凭证号数	摘要	生产工时	成 本 项 目			合计
月	日				直接材料	直接人工	制造费用	

表 6-30　　生产成本明细账

产品批号：921　　产品名称：　　投产日期：

订货单位：　　产品批量：　　本月完工：　　完工日期：

××年		凭证号数	摘要	生产工时	成本项目			合计
月	日				直接材料	直接人工	制造费用	

表 6-31　　生产成本明细账

产品批号：922　　产品名称：　　投产日期：

订货单位：　　产品批量：　　本月完工：　　完工日期：

××年		凭证号数	摘要	生产工时	成 本 项 目			合计
月	日				直接材料	直接人工	制造费用	

表 6-32　　　　生产成本明细账

产品批号：923　　　　产品名称：　　　　投产日期：
订货单位：　　　　产品批量：　　　本月完工：　　　完工日期：

××年		凭证号数	摘要	生产工时	成本项目			合计
月	日				直接材料	直接人工	制造费用	

项目七

产品成本计算的分步法

【知识目标】

- 了解成本计算分步法基本方法的概念、适用范围、特点和种类
- 理解为什么要成本还原，熟悉逐步结转分步法和平行结转分步法的基本计算程序
- 清楚逐步结转分步法和平行结转分步法两者的异同
- 能够采用逐步结转分步法计算产品成本
- 掌握综合结转分步法以及成本还原
- 掌握分项结转分步法
- 能够采用平行结转分步法计算产品成本

【能力目标】

- 会解答分步法的特点适用范围
- 会解答分步法的计算程序
- 会使用综合结转法、分项结转法、平行结转分步法进行成本计算与结转
- 会对半成品成本进行还原
- 会画逐步结转分步法、平行结转分步法的程序图

- 会解答逐步结转分步法、平行结转分步法的优缺点和适用范围
- 会对成本计算结果进行账务处理

任务一　分步法生产特点与产品成本计算方法

任务引入

东方机械加工厂生产的甲产品需经过两个步骤进行连续加工完成。所需原材料于生产开始时一次投入。第一车间生产完工的A半成品交半成品库，在“原材料”账户下设“自制半成品”专户进行核算，第二车间从半成品库领用后继续加工生产出甲产品，领用的半成品按实际成本计价（采用加权平均法）。该公司采用逐步结转分步法计算产品成本。月末在产品成本采用约当产量法计算，两个车间的月末在产品完工率均为50%，原材料在生产开始时一次投入。201×年8月，该公司有关产量资料和费用资料如表7-1、表7-2所示。

表7-1　各车间产量资料表

项　　目	第一车间	第二车间
	A半成品（千克）	甲产品（千克）
月初在产品数量	150	250
本月投入产品数量	850	950
本月完工产品数量	900	1 000
月末在产品数量	100	200

表7-2　各车间月初及本月费用表　单位：元

成本项目	月初在产品成本		本月发生费用	
	第一车间	第二车间	第一车间	第二车间
直接材料（自制半成品）	36 000	34 800	84 000	
直接人工	10 500	12 000	18 000	30 900
制造费用	15 000	18 000	27 750	41 400
合　计	61 500	64 800	129 750	72 300

“原材料——自制半成品”账户期初结存A半成品200千克，单位成本178.5元。其中直接材料120元/千克，直接人工30元/千克，制造费用28.5元/千克。

要求：（1）采用综合逐步结转分步法计算产品成本。

① 编制A半成品基本生产成本明细账。

② 登记“原材料——自制半成品明细账”。

③ 分配费用并登记第二车间的产品生产成本明细账。

④ 进行成本还原。

（2）采用分项逐步结转分步法计算产品成本。

相关知识

一、分步法的初步认识

1. 分步法的适用范围

在大量大批多步骤生产的企业中，生产工艺过程是由若干个在技术上可以间断的生产步骤组成的，每个生产步骤都有生产出的半成品（最后一个步骤生产出完工产品），这些半成品既可以用于下一个步骤继续进行加工或装配，又可以对外销售。为了加强对各生产步骤的成本管理，不但要求按产品品种计算成本，而且还要求按产品的生产步骤计算各步骤耗费的成本，以便考核完工产品及其所经过的生产步骤的成本计划的执行情况。为此，需要采用分步法计算每一步骤的半成品成本和最后步骤的完工产品成本。

产品成本计算的分步法，是指以各生产步骤的产品（或半成品）作为成本计算对象，归集生产费用，计算产品（或半成品）成本的一种方法。

分步法主要适用于大量、大批多步骤生产，并且管理上要求分步计算产品成本的企业，如冶金、纺织、机械制造等企业。在这些企业中，产品生产可以划分为若干生产步骤。如冶金企业的生产可以分为炼铁、炼钢、轧钢等步骤；纺织企业的生产可以分为纺纱、织布、印染等步骤；机械制造企业的生产可以分为铸造、加工、装配等步骤。

2. 分步法的特点

分步法的特点主要表现在成本计算对象、成本计算期和生产费用的分配 3 个方面。

（1）以各种产品及其所经过的生产步骤为成本计算对象，并据以设置基本生产成本明细账。企业如果只生产一种产品，成本计算对象就是该种产品及其所经过的各生产步骤，产品成本明细账应该按照产品的生产步骤开立。如果生产多种产品，成本计算对象则应是各种产成品及其所经过的各生产步骤。产品成本明细账应该按照每种产品的各个步骤设立。

需要注意的是，在实际工作中，产品成本计算的分步与产品生产步骤的划分不一定完全一致，它根据实际加工步骤结合管理要求加以确定。为简化核算，只对管理上有必要分步计算成本的生产步骤单独开设产品成本明细账，单独计算成本；管理上不要求单独计算成本的生产步骤，则可与其他生产步骤合并设立产品成本明细账，合并计算成本。

（2）成本计算定期于每月月末进行。在大量大批多步骤生产中，由于生产周期较长，不可以间断，而且往往都是跨月陆续完工，因此，成本计算一般都是按月、定期地进行，而与产品的生产周期不一致。

（3）生产费用一般需要在完工产品与在产品之间进行分配。由于大量大批多步骤生产的产品往往都是跨月陆续完工，月末各步骤一般都存在未完工的在产品。因此，在计算成本时，还需要采用适当的分配方法，将汇集在各种产品、各生产步骤产品成本明细账的生产费用，在完工产品与在产品之间进行分配，计算各产品、各生产步骤的完工产品成本和在产品成本。

（4）成本需要在各步骤之间结转。由于产品生产是分步骤进行的，上一步骤生产的半成品是下一步骤的加工对象。因此，为了计算各种产品的产成品成本，还需要按照产品品种，结转各步骤生产成本，这是分步法的一个重要特点。

3. 分步法的种类

多步骤生产企业对产品的生产步骤划分方式、对各生产步骤进行成本管理的要求都会存在不同的要求。从满足企业对成本管理的要求与简化成本计算工作角度考虑，对各生产步骤成本的计算和结转，有逐步结转和平行结转两种方法。因此，产品成本计算的分步法，也就被分为逐步结转分步法和平行结转分步法两种。

逐步结转分步法是各个生产步骤逐步计算并结转半成品成本，直到最后生产步骤计算出完工产品成本的方法。计算各生产步骤的半成品成本，是这种方法的显著特征。因此逐步结转分步法也称为“计算半成品成本的分步法”。逐步结转分步法是在管理上要求提供各生产步骤半成品成本资料的情况下采用的。前一生产步骤完工的半成品转入下一生产步骤继续加工时，半成品的实物和成本一起转入下一生产步骤，直至最后生产步骤产出完工产品，才能最终得出完工产品成本。其成本计算程序如图 7-1 所示。

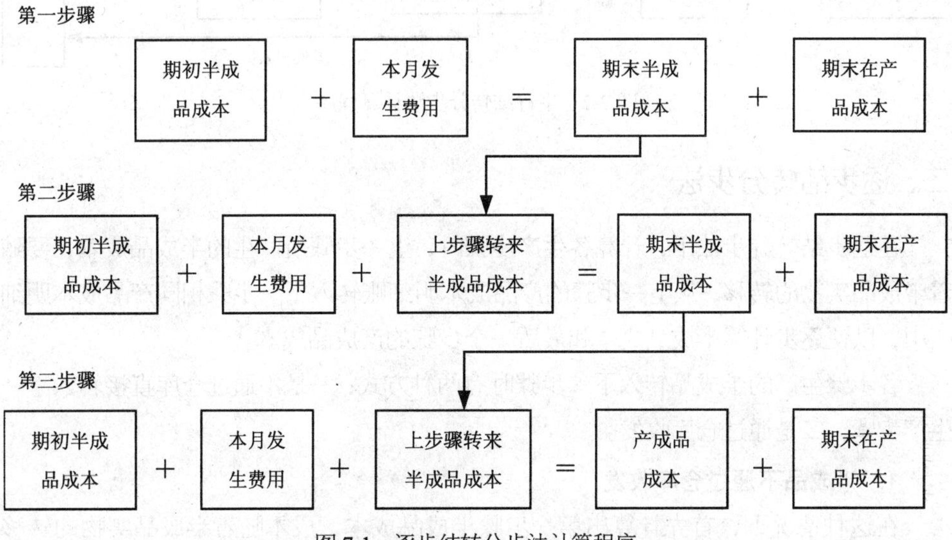

图 7-1 逐步结转分步法计算程序

平行结转分步法是将各生产步骤应计入相同完工产品成本的份额平行汇总，计算完工产品成本的方法。平行结转分步法按生产步骤归集生产费用，月末计算出各生产步骤应计入当期完工产品成本的“份额”，然后进行加总确定完工产品成本。平行结转分步法只计算完工产品成本，并不计算各生产步骤的半成品成本，因此，也称为“不计算半成品成本的分步法”。

平行结转分步法是在管理上不要求提供各生产步骤半成品资料的情况下采用的。平时各生产步骤都归集本步骤发生的原材料费用和加工费用，前一生产步骤完工的半成品转入下一生产步骤继续加工时，只转移半成品实物，不转移半成品成本。到月末再采用一定的分配方法，确定每一生产步骤应计入完工产品成本的费用“份额”，进行汇总计算求得完工产品成本。其成本计算程序如图 7-2 所示。

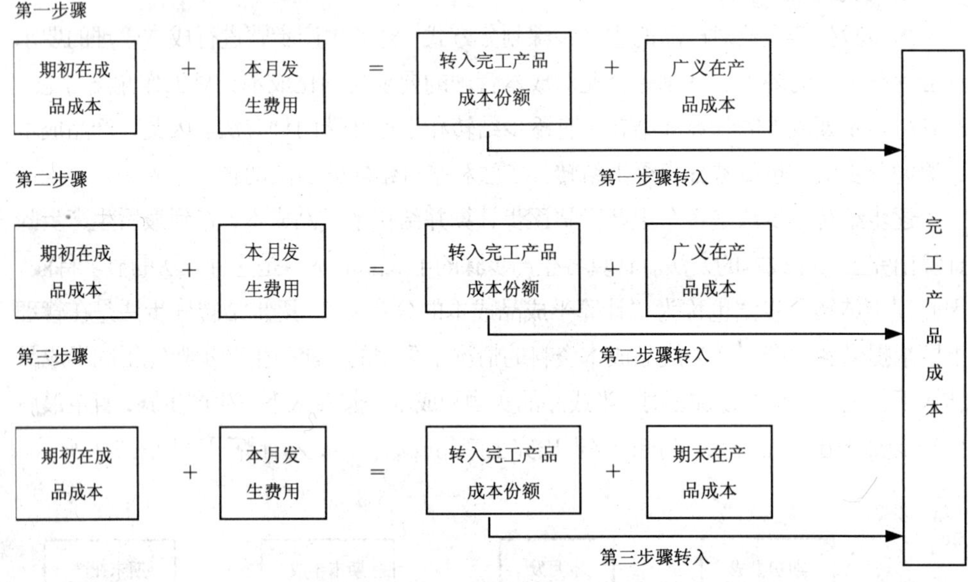

图 7-2　平行结转分步法计算程序

二、逐步结转分步法

在逐步结转分步法下，计算各生产步骤时，上一步骤所产生的半成品成本，要随着半成品实物的转移，从上一步骤的产品成本明细账转入下一步骤相同产品成本明细账中，以便逐步计算半成品成本和最后一个步骤的产成品成本。

各步骤生产的半成品转入下一步骤时有两种方式：一是不通过仓库直接转入下一生产步骤；二是通过仓库收发。

1. 半成品不通过仓库收发

在这种情况下，首先计算出第一步骤半成品成本，成本随着半成品实物的转移而转入第二步骤产品成本明细账，加上第二步骤发生的费用，计算出第二步骤半成品成本，依次逐步结转，直到计算出产成品成本为止。其成本计算流程如图 7-3 所示。

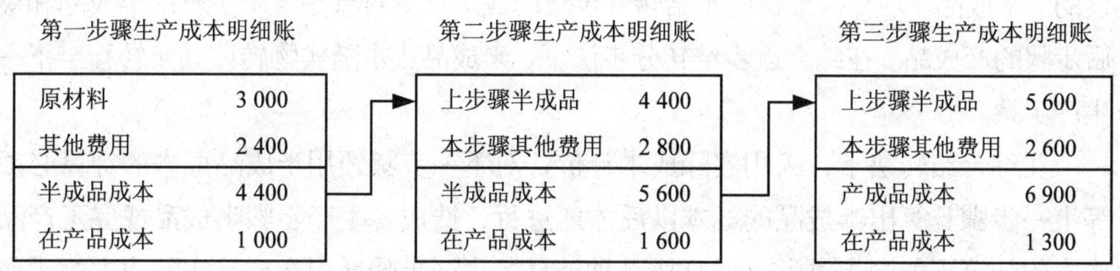

图 7-3　逐步结转分步法成本计算程序图（不通过仓库收发）

2. 半成品通过仓库收发

在这种情况下，需要设置“自制半成品明细账”核算各步骤自制半成品的收发结存情况。上一步骤半成品成本记入自制半成品明细账的“本月收入”，“本月发出”记录转入下一生产步骤的半成品成本，如图 7-4 所示。

159

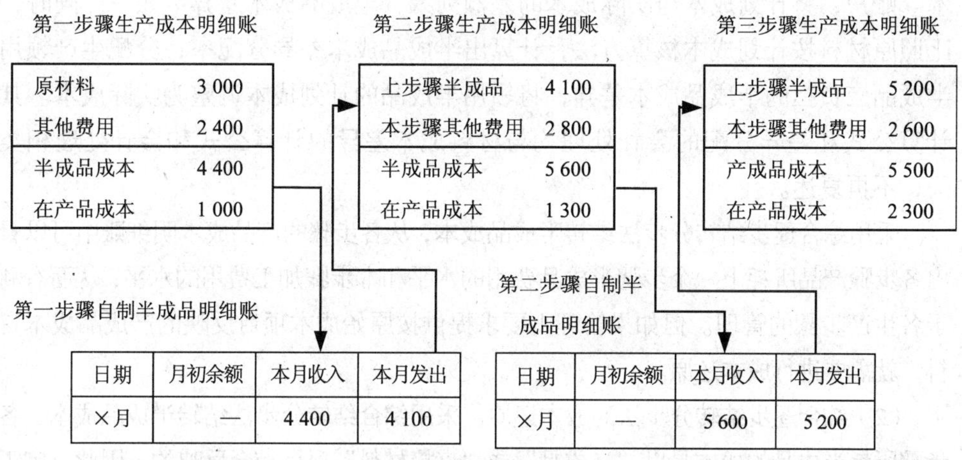

图 7-4　逐步结转分步法成本计算程序图（通过仓库收发）

采用逐步结转分步法，每月月末，各项生产费用在各步骤产品成本明细账中归集以后，如果该步骤既有完工的半成品（最后步骤为产成品），又有正在加工的在产品，应将各步骤产品成本明细账中归集的生产费用，采用适当的方法，在完工半成品与正在加工中的在产品之间进行分配，然后通过半成品的逐步结转，在最后一个步骤的产品成本明细账中计算出完工产品成本。上述程序表明，每一个步骤都是一个品种法，逐步结转分步法实际上就是品种法的多次连续应用。

采用逐步结转分步法，按照结转的产成品成本在下一步骤产品成本明细账中的反映方法，分为综合逐步结转分步法和分项逐步结转分步法两种方法。

3. 综合逐步结转分步法

（1）综合逐步结转分步法概述。综合逐步结转分步法是将各步骤耗用上一步骤的半成品成本，以一个合计的金额数记入各步骤产品成本明细账中的"直接材料"或专设的"半成品"项目。综合逐步结转分步法的成本计算对象是各个步骤的半成品和最后步骤的产成品。在综合逐步结转分步法下，半成品成本随实物转移同步转移至下一生产步骤。

在综合结转法下，采用实际成本计价，对下一步骤领用半成品成本的计算必须等上一步骤计算出半成品的成本以后才能进行，造成各生产步骤半成品或完工产品成本的计算不能同步进行，而且按品种计算各生产步骤耗用半成品实际成本的工作量也较大。

为了加速和简化核算工作，半成品也可以采用计划成本计价。各生产步骤领用半成品时，先按计划成本借记"基本生产成本"账户，贷记"原材料——自制半成品"账户。月末计算出完工半成品实际成本时，根据验收入库的半成品数量，按计划成本借记"原材料——自制半成品"账户，按实际成本贷记"基本生产成本"账户，将计划成本与实际成本的差额列入"半成品成本差异"账户。同时，比照原材料按计划成本核算方法，计算出半成品成本差异分配率，分配生产领用半成品应负担的半成品成本差异，将领用半成品的计划成本调整为实际成本。其计算公式和差异分配的会计处理均与材料成本差异的计算公式和会计处理相类同，不再复述。

采用综合逐步结转分步法结转半成品成本，从各步骤的产品成本明细账中可以看出各步骤产品所耗上一个步骤半成品费用的水平和本步骤加工费用的水平，从而有利于各生产步骤的管理。但如果管理上要求提供按原始成本项目反映的产成品成本资料，就需要进行成本还原。

（2）综合逐步结转分步法的成本还原。采用综合结转分步法结转半成品成本，各步骤所耗半成品的成本是以"半成品"或"直接材料"项目综合反映的，因此，完工产品成本的构成中，绝大部分是最后一个步骤所耗上一个步骤的半成品成本，其人工费用和制造费用则是最后一个步骤发生的费用。这样计算出来的产品成本，不能提供按原始成本项目反映的成本资料，不便于进行成本分析和考核，也不利于加强对产品成本的管理。因此，需要对综合逐步结转法计算出来的产品成本进行"成本还原"。

成本还原是指将完工产品中所耗"半成品"的综合成本逐步分解，还原成"直接材料"、"直接人工"和"制造费用"等原始的成本项目，从而求得按其原始成本项目反映的产品成本资料。其做法一般是按本月所产该种半成品的成本结构进行还原，即从最后一个步骤起，把各步骤所耗上一步骤半成品的综合成本，按照上一步骤所产半成品成本的结构，逐步分解、还原算出按原始成本项目反映的产成品成本。成本还原的

计算公式为

$$成本还原分配率=\frac{本月本步骤所耗上一步骤半成品成本}{本月上一步骤生产半成品成本}$$

应还原为上一个步骤某成本项目金额

=上一步骤生产的半成品某成本项目的成本×成本还原分配率

成本还原程序如图 7-5 所示。

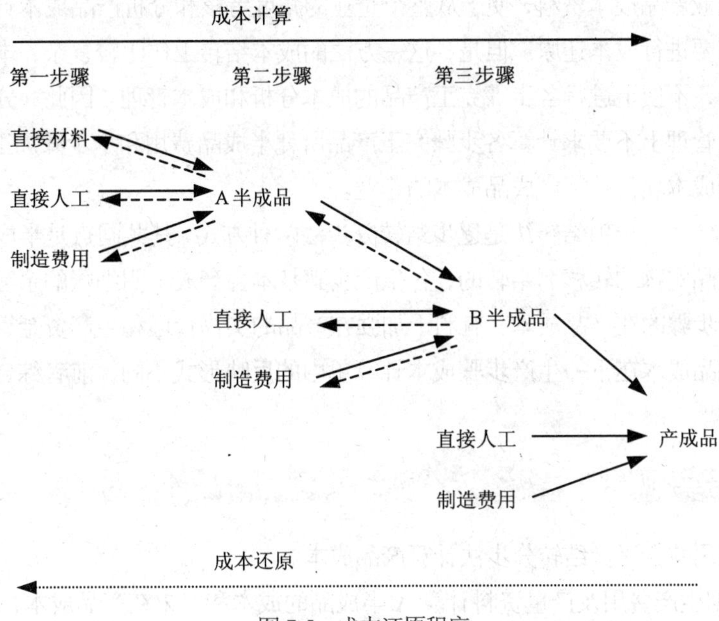

图 7-5 成本还原程序

由于以前月份所产半成品的成本构成与本月所产半成品的成本构成不可能完全一致，因此，在各月所产半成品的成本构成变动较大的情况下，按照上述方法进行成本还原，对还原结果的正确性就会有较大的影响。在这种情况下，如果半成品的定额成本或计划成本比较准确，为了提高还原结果的准确性，产成品所耗半成品费用可以按定额成本或计划成本的成本构成进行还原。

综上所述可以看出，采用综合结转法逐步结转半成品成本，从各步骤的产品成本明细账中可以看出各步骤产品所耗上一步骤半成品费用的水平和本步骤加工费用的水平，从而有利于各生产步骤的管理。但如果管理上要求提供按原始成本项目反映的产成品成本资料，就需要进行成本还原。如果生产多种产品，产品生产经过多个生产步骤，成本还原工作就会非常繁重。因此，这种结转方法适用于在管理上要求计算各步骤完工产品所耗半成品费用，而不要求进行成本还原的情况。

4. 分项逐步结转分步法

分项逐步结转分步法，是将各生产步骤所耗上一步骤半成品费用，按照成本项目分项转入该步骤产品成本明细账的相应成本项目中。如果半成品通过半成品库收发，在自制半成品明细账中登记半成品成本时，也要按照成本项目分别登记。

采用分项逐步结转分步法，半成品费用结转可以按照实际成本结转，也可以按照计划成本结转，然后再按成本项目分项调整其成本差异。但因按照计划成本结转调整其成本差异的工作量较大，因此，在实际工作中多采用按实际成本分项结转的方法。

采用分项逐步结转分步法结转半成品成本，可以直接、准确地提供按原始成本项目反映的企业产品成本资料，便于从整个企业的角度考核和分析产品成本计划的执行情况，不需要进行成本还原。但是，这一方法的成本结转工作比较复杂，本步骤加工费用是多少，不便于进行各步骤完工产品的成本分析和成本管理。因此，分项结转法一般适用于管理上不要求计算各步骤完工产品所耗半成品费用和本步骤加工费用，而要求按原始成本项目计算产成品成本的企业。

综合结转法与分项结转法是逐步结转分步法两种方式。其共同点是半成品成本都是随着半成品实物的转移而结转的，各生产步骤基本生产成本明细账的余额，反映处在各个生产步骤的在产品成本，有利于加强在产品的实物管理和生产资金管理。其不同点是半成品成本在下一生产步骤成本计算单中的反映形式不同，前者综合反映，后者分项反映。

任务实施

（1）采用综合逐步结转分步法计算产品成本。

① 根据生产费用及产量资料计算A半成品的成本和月末在产品成本，编制A半成品的基本生产成本明细账，如表7-3所示。

表7-3　　第一车间基本生产成本明细账

201×年8月31日　　本月完工：900千克

产品名称：A半成品　　月末在产品：100千克

摘　要	直接材料	直接人工	制造费用	合　计
月初在产品成本（元）	36 000	10 500	15 000	61 500
本月生产费用（元）	84 000	18 000	27 750	129 750
生产费用合计（元）	120 000	28 500	42 750	191 250
月末在产品数量（千克）	100	100	100	
在产品约当产量（千克）	100	50	50	
完工产品产量（千克）	900	900	900	
约当总产量（千克）	1 000	950	950	
分配率（单位成本）（元/千克）	120	30	45	195
完工产品总成本（元）	108 000	27 000	40 500	175 500
月末在产品成本（元）	12 000	1 500	2 250	15 750

在表 7-3 的产品成本计算单中，月初在产品成本应根据上月末在产品成本登记；本月发生费用应根据本月各种费用分配表登记；本月完工产品成本和月末在产品成本应根据约当产量法计算后登记。

根据第一车间完工半成品交库单，编制如下会计分录。

借：原材料——自制半成品　　　　　　　175 500

　贷：基本生产成本——第一车间　　　　　　　175 500

② 根据第一车间半成品交库单和第二车间领用半成品的领料单，登记“原材料——自制半成品明细账”，如表 7-4 所示。

表 7-4　　原材料明细账

类别：自制半成品　　　　　　　　　　　　　　总　页

品名：A 半成品　　规格：　　存放地点：　　　　第 × 页

201×年		凭证号数	摘要	收　入			发　出			结　存		
月	日			数量（千克）	单位成本（元/千克）	总成本（元）	数量（千克）	单位成本（元/千克）	总成本（元）	数量（千克）	单位成本（元/千克）	总成本（元）
8	1		期初余额							200	178.5	35 700
	31	略	本期入库	900	195	175 500						
			本期发出				950	192	182 400			
			期末结存							150	192	28 800

A 半成品加权平均单位成本=(35 700+175 500)/(200+900)=192（元/千克）

本月发出 A 半成品的成本=950×192=182 400（元）

根据第二车间领用半成品的领料单，编制如下会计分录。

借：基本生产成本——第二车间　　　　　　182 400

　贷：原材料——自制半成品　　　　　　　　　182 400

③ 根据第二车间领用的自制半成品，发生的直接人工、制造费用，以及完工产品和月末在产品资料，分配费用并登记第二车间的产品生产成本明细账，如表 7-5 所示。

表 7-5　　第二车间基本生产成本明细账

201×年 8 月 31 日　　　　本月完工：1 000 千克

产品名称：甲产品　　　　　　　　月末在产品：200 千克

摘　要	半成品成本	直接人工	制造费用	合　计
月初在产品成本（元）	34 800	12 000	18 000	64 800
本月生产费用（元）	182 400	30 900	41 400	254 700
生产费用合计（元）	217 200	42 900	59 400	319 500
月末在产品数量（千克）	200	200	200	
在产品约当产量（千克）	200	100	100	

续表

摘　　要	半成品成本	直接人工	制造费用	合　计
本月完工产品数量（千克）	1 000	1 000	1 000	
约当总产量（千克）	1 200	1 100	1 100	
分配率（单位成本）(元/千克)	181	39	54	274
完工产品总成本（元）	181 000	39 000	54 000	274 000
月末在产品成本（元）	36 200	3 900	5 400	45 500

表 7-5 中月初在产品成本应根据上月末在产品成本登记；本月发生的生产费用中的“半成品”成本项目，是为综合登记所耗第一车间半成品的成本而设置的，该项目根据加权平均单位成本计算的领用自制半成品实际成本登记，其他费用根据相关费用分配表的分配结果登记；本月完工产品成本和月末在产品成本根据约当产量法计算登记。

根据完工产品交库单，编制如下会计分录。

借：库存商品　　　　　　　　　　　274 000

　贷：基本生产成本——第二车间　　　　274 000

④ 甲产品的成本还原过程如下。

还原分配率=181 000/175 500=1.031 3

第二车间所耗第一车间半成品中的直接材料费用=108 000×1.031 3=111 380.4（元）

第二车间所耗第一车间半成品中的直接人工费用=27 000×1.031 3=27 845.1（元）

第二车间所耗第一车间半成品中的制造费用=181 000−(111 380.4+27 845.1)=41 774.5（元）

本例中甲产品的生产只需要两个生产步骤，如果需要三个及以上生产步骤，则需要经过两次或两次以上成本还原，直至还原到第一步骤为止，还原方法不变，在此不再赘述。

成本还原一般是通过成本还原计算表进行的，甲产品成本还原过程如表 7-6 所示。

表 7-6　　　　　　产成品成本还原计算表

项　　目	产量（千克）	还原分配率	半成品（元）	直接材料（元）	直接人工(元)	制造费用(元)	合计（元）
还原前产成品成本	1 000		181 000		39 000	54 000	274 000
第一车间半成品成本				108 000	27 000	40 500	175 500
成本还原		1.031 3		111 380.4	27 845.1	41 774.5	181 000
还原后产成品总成本				111 380.4	66 845.1	95 774.5	274 000
还原后产成品单位成本	1 000			111.38	66.85	95.77	274.00

（2）采用分项逐步结转分步法计算产品成本。

① 根据表 7-1、表 7-2，编制第一车间基本生产成本明细账，如表 7-3 所示。

② 根据第一车间 A 半成品的基本生产成本明细账，以及半成品的交库单和领用单，登记“原材料——自制半成品明细账”，如表 7-7 所示。

表 7-7　　原材料明细账

类别：自制半成品　　总　页

品名：A 半成品　　规格：　　存放地点：　　第 × 页

摘　要	数量（千克）	实际成本（元）			
		直接材料	直接人工	制造费用	合　计
月初结存	200	24 000	6 000	5 700	35 700
本月增加	900	108 000	27 000	40 500	175 500
累计	1 100	132 000	33 000	46 200	211 200
单位成本		120	30	42	192
本月减少	950	114 000	28 500	39 900	182 400
月末余额	150	18 000	4 500	6 300	28 800

表 7-7 所列明细账中，本月增加的数量，应根据第一车间半成品交库单所列交库数量登记；本月增加的实际成本，应根据第一车间半成品成本明细账所记完工转出的半成品成本按成本项目登记；本月减少数量，应根据第二车间领用半成品的领用单所列领用数量登记；本月减少的实际成本，应根据领用数量乘以按成本项目分列的单位成本计算登记；月末余额，应根据累计的数量和实际成本减去本月减少的数量和实际成本计算登记。

根据第一车间完工半成品交库单，编制如下会计分录。

借：原材料——自制半成品　　175 500

　贷：基本生产成本——第一车间　　175 500

③ 根据表 7-1、表 7-2、表 7-7 编制第二车间基本生产成本明细账，如表 7-8 所示。

表 7-8　　第二车间基本生产成本明细账

产品名称：甲产品　　车间：第二车间　　单位：元

摘　要	直接材料	直接人工	制造费用	合　计
月初在产品成本	34 800	12 000	18 000	64 800
本月本步骤加工费用		30 900	41 400	72 300
本月耗用上步骤半成品费用	114 000	28 500	39 900	182 400
生产费用合计	148 800	71 400	99 300	319 500
约当产量合计（千克）	1 200	1 100	1 100	
单位成本（分配率）（元/千克）	124	64.91	90.27	279.18
完工产品成本	124 000	64 909.09	90 272.73	279 181.82
月末在产品成本	24 800	6 490.91	9 027.27	40 318.18

表 7-8 中本月耗用上步骤半成品费用根据表 7-7 原材料明细账中本月减少额分别按成本项目列示。

任务二 平行结转分步法

任务引入

凌空公司大量生产乙产品，顺序经过 3 个车间连续加工制成，最后形成产成品，采用平行结转分步法计算乙产品成本。各车间计入产品成本的份额采用约当产量法计算，原材料在第一车间开工时一次投入，设置直接材料、直接人工和制造费用 3 个成本项目。该企业 201×年 5 月相关成本计算资料如表 7-9、表 7-10 所示。

表 7-9　　产量记录

项　　目	计量单位	第一车间	第二车间	第三车间
月初在产品数量	件	120		40
本月投入或上步转入数	件	400	440	380
本月完工转出数	件	440	380	400
月末在产品数	件	80	60	20
月末在产品完工程度	件	25%	50%	50%

表 7-10　　月初在产品成本和本月发生费用　　单位：元

成本项目	月初在产品成本			本月发生费用		
	一车间	二车间	三车间	一车间	二车间	三车间
直接材料	21 000	0	0	112 000	0	0
直接人工	10 640	8 000	4 540	25 000	24 400	17 600
制造费用	8 000	6 000	4 000	14 680	15 600	11 580
合计	39 640	14 000	8 540	151 680	40 000	29 180

要求：（1）采用平行结转分步法计算各车间的生产成本。

（2）登记生产成本明细账。

相关知识

在采用分步法的大量大批多步骤生产的企业中，有一部分企业各步骤生产出来的半成品仅供本企业下一步骤加工使用，基本上不对外销售，或者各步骤生产的半成品种类繁多，但并不需要计算半成品成本。为了简化和加速成本核算工作，可以不计算各步骤完工产品成本，只要从各步骤加工费用中计算出应计入产成品成本中的份额，并从成本明细账中转出，然后将各步骤相同产品的成本“份额”平行地汇总起来，求出产成品成本。这就是平行结转分步法，也称为不计算半成品成本的分步法。

一、平行结转分步法的特点

（1）各生产步骤不计算半成品成本。各生产步骤只归集本步骤耗费的材料费用、人工费用和制造费用，不计算半成品成本。不论半成品是否通过仓库收发，都不通过“原材料——自制半成品”账户进行金额核算，仅对自制半成品进行数量核算。

（2）各生产步骤之间不结转半成品成本。在生产过程中，上一生产步骤半成品实物转入下一生产步骤继续加工时，自制半成品的成本不随同实物转移而结转，即使通过半成品仓库收发，也不进行半成品成本的结转。

（3）生产费用在产成品与广义在产品之间分配，计算各生产步骤应计入完工产品成本的生产费用“份额”。月末将各生产步骤归集的生产费用，在应计入完工产品成本的生产费用与月末广义在产品成本之间进行分配，以确定各生产步骤应计入完工产品成本的生产费用的“份额”。各生产步骤的广义在产品由两部分组成：一是正在各个生产步骤中生产的在产品，即狭义的在产品；二是经过本生产步骤生产完工但尚未形成完工产品的所有半成品（即经过本步骤生产但未形成完工产品的所有狭义在产品和入库在产品）。各生产步骤将归集的生产费用在完工产品成本与月末广义在产品成本之间进行分配的主要方法是定额比例法和约当产量法等。

（4）通过汇总各生产步骤应计入完工产品成本的生产费用“份额”确定完工产品成本。月末将各生产步骤计算的应计入产品成本的生产费用“份额”汇总后，即为完工产品的总成本，将完工产品总成本除以完工产品数量，即为完工产品的单位成本。

二、平行结转分步法的计算程序

（1）按产品生产步骤和产品品种开设生产成本明细账，各步骤成本明细账按成本项目归集本步骤发生的生产费用（不包括耗用上一步骤半成品的成本）。月终，将各步骤归集的生产费用在产成品与广义在产品之间进行分配，计算各步骤应计入产成品成本的费用份额。将各步骤生产费用总额减去本步骤应计入产成品成本的费用份额，即为本步骤期末在产品成本。计算公式为

某步骤广义在产品数量＝该步骤狭义在产品数量×折算比例＋后面各步骤狭义在产品数量＋本步骤及后面各步骤加工并入库的半成品数量

某步骤月末在产品成本=该步骤月初在产品成本＋该步骤本月生产成本−该步骤应计入产成品成本的份额

（2）将各步骤应计入产成品成本的费用份额平行相加汇总后，就得到产成品总成本，除以完工产品数量，即为单位成本。

平行结转分步法的计算程序如图 7-6 所示。

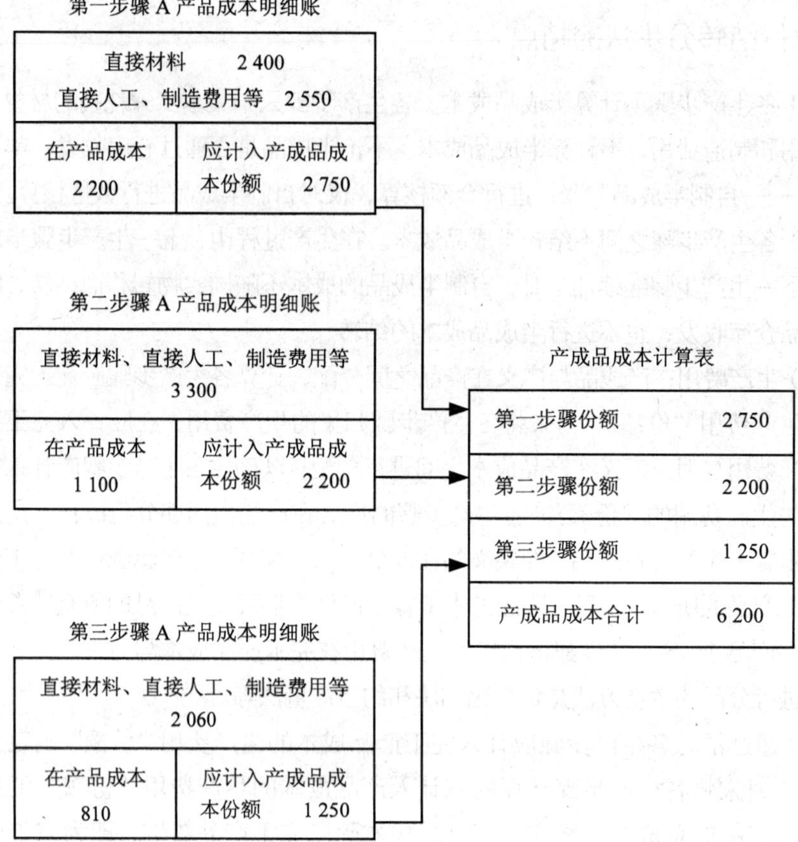

图 7-6 平行结转分步法成本计算程序

三、平行结转分步法与逐步结转分步法的区别

（1）在产品的含义不同。在逐步结转分步法下，在产品指本步骤正在加工的在产品，不包括半成品；在平行结转法下，在产品不仅包括正在本步骤加工的在产品，还包括没有最后生产成成品的一切在产品，包括半成品。

（2）半成品成本的处理方法不同。在逐步结转分步法下，由于半成品可能对外出售，所以每月要计算出各步骤半成品的成本；在平行结转分步法下，一般不计算半成品的成本。

（3）成本计算的程序不同。在逐步结转法下，计算出上一步骤的半成品成本后，才能计算下一步骤的成本，会影响成本计算的时效性；而平行结转分步法各步骤可同时计算应计入产成品成本的份额，然后平行汇总计算产成品成本，而且不需要成本还原，成本计算比较及时。

（4）计算结果有所不同。由于采用的计算方法不同，计算出来的结果会有一定的差异。

两种方法比较如图 7-7 所示。

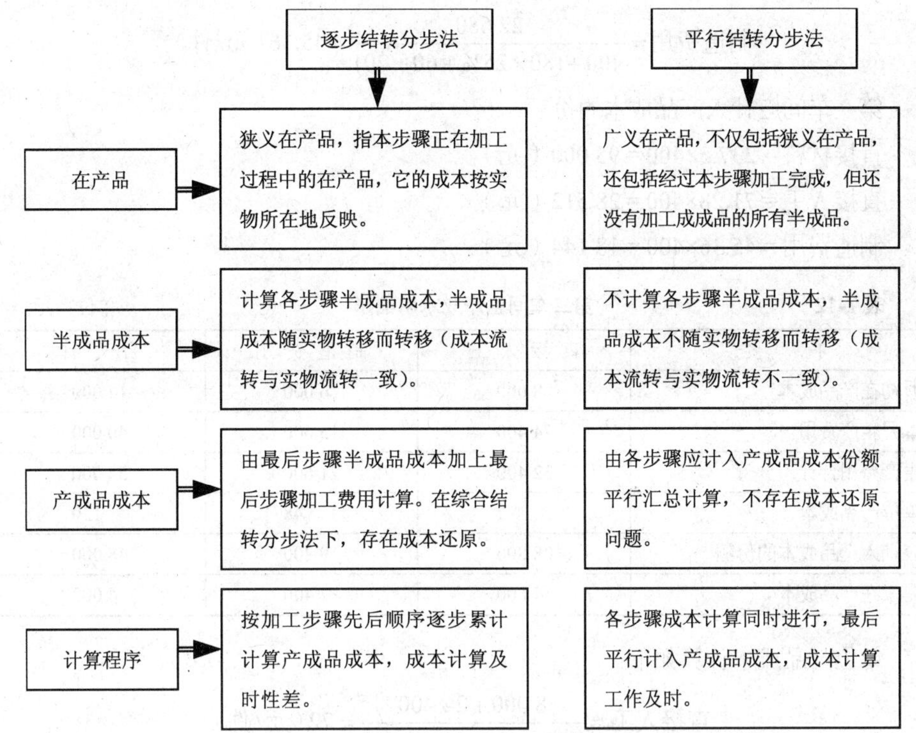

图 7-7　逐步结转分步法与平行结转分步法的比较

任务实施

（1）根据表 7-9、表 7-10，编制各车间基本生产成本明细账，如表 7-11、表 7-12、表 7-13 所示。

表 7-11　　第一车间生产成本明细账　　单位：元

摘　要	直接材料	直接人工	制造费用	合　计
月初在产品成本	21 000	10 640	8 000	39 640
本月生产费用	112 000	25 000	14 680	151 680
生产费用合计	133 000	35 640	22 680	191 320
单位产品成本	237.5	71.28	45.36	354.14
应计入产品成本的份额	95 000	28 512	18 144	141 656
月末在产品成本	38 000	7 128	4 536	49 664

单位产品成本计算如下：

$$直接材料=\frac{133\,000}{400+(80+60+20)}=237.5（元/件）$$

$$直接人工=\frac{35\,640}{400+(80\times25\%+60+20)}=71.28(元/件)$$

$$制造费用=\frac{22\,680}{400+(80\times25\%+60+20)}=45.36(元/件)$$

第一车间应计入产品成本的份额：

直接材料 = 237.5×400 = 95 000（元）

直接人工 = 71.28×400 = 28 512（元）

制造费用 = 45.36×400 = 18 144（元）

表 7-12　　第二车间生产成本明细账　　单位：元

摘　　要	直接人工	制造费用	合　　计
月初在产品成本	8 000	6 000	14 000
本月生产费用	24 400	15 600	40 000
生产费用合计	32 400	21 600	54 000
单位产品成本	72	48	120
应计入产品成本的份额	28 800	19 200	48 000
月末在产品成本	3 600	2 400	6 000

单位产品成本计算如下：

$$直接人工=\frac{8\,000+24\,400}{400+(60\times50\%+20)}=72(元/件)$$

$$制造费用=\frac{6\,000+15\,600}{400+(60\times50\%+20)}=48(元/件)$$

第二车间应计入产品成本的份额：

直接人工 = 72×400 = 28 800（元）

制造费用 = 48×400 = 19 200（元）

表 7-13　　第三车间生产成本明细账　　单位：元

摘　　要	直接人工	制造费用	合　　计
月初在产品成本	4 540	4 000	8 540
本月生产费用	17 600	11 580	29 180
生产费用合计	22 140	15 580	37 720
单位产品成本	54	38	92
应计入产品成本的份额	21 600	15 200	36 800
月末在产品成本	540	380	920

单位产品成本计算如下：

$$直接人工=\frac{4\,540+1\,7600}{400+(20\times50\%)}=54(元/件)$$

$$制造费用=\frac{4\,000+11\,580}{400+(20\times50\%)}=38（元/件）$$

第三车间应计入产品成本的份额：

直接人工＝54×400=21 600（元）

制造费用＝38×400=15 200（元）

（2）根据各车间生产成本明细账所计算的各步骤生产费用应计入产成品成本的份额，平行汇总计算产成品成本，如表 7-14 所示。

表 7-14　　产品成本计算表　　单位：元

成本项目	第一车间	第二车间	第三车间	产成品总成本	产成品单位成本
直接材料	95 000	0	0	95 000	237.50
直接人工	28 512	28 800	21 600	78 912	197.28
制造费用	18 144	19 200	15 200	52 544	131.36
合计	141 656	48 000	36 800	226 456	566.14

职业能力训练

一、单项选择题（在下列备选答案中选出一个正确的答案，并将序号字母填在括号内）

1. 采用平行结转分步法，第二步骤的广义在产品不包括（　　）。

A. 第一步骤正在加工的在产品　　B. 第二步骤正在加工的在产品

C. 第二步骤完工入库的半成品　　D. 第三步骤正在加工的在产品

2. 成本还原的对象是（　　）。

A. 产成品成本　　B. 各步骤所耗上一步骤半成品的综合成本

C. 最后步骤产成品成本　　D. 各步骤半成品成本

3. 采用逐步结转分步法，按照半成品在下一步骤成本明细账中反映方式的不同，可以分为（　　）。

A. 综合结转法和平行结转法　　B. 平行结转法和分项结转法

C. 综合结转法和分项结转法　　D. 实际成本结转法和计划成本结转法

4. 采用平行结转分步法，在完工产品与在产品之间分配费用，是指在（　　）之间的费用分配。

A. 产成品与月末在产品

B. 完工半成品与月末加工中的在产品

C. 前面步骤的完工半成品与加工中的在产品，最后步骤的产成品与加工中的在产品

D. 产成品与广义在产品

5. 计算产品成本的分步法是（ ）。

A. 计算多步半成品成本和最后产成品成本的方法

B. 计算产成品成本中各步骤份额的方法

C. 按照系数分配计算同类产品中各种产品成本的方法

D. 按照各步骤计算产成品成本的方法

6. 采用平行结转分步法（ ）。

A. 不能全面反映各个生产步骤产品的生产耗费水平

B. 能够全面反映最后一个生产步骤产品的生产耗费水平

C. 能够全面反映各个生产步骤产品的生产耗费水平

D. 能够全面反映第一个生产步骤产品的生产耗费水平

7. 产品成本计算的分步与实际生产步骤（ ）。

A. 完全一致　　B. 不一定完全一致

C. 没有关系　　D. 上述三项均不对

8. 分项结转分步法的缺点是（ ）。

A. 需要进行成本还原　　B. 不能提供原始项目的成本资料

C. 成本结转工作比较复杂　　D. 不便于加强各生产步骤的成本管理

9. 不计算半成品成本的分步法是（ ）。

A. 逐步结转法　　B. 平行结转法　　C. 综合结转法　　D. 分项结转法

10. 分步法适用于（ ）。

A. 单件小批生产　　B. 大量大批生产

C. 大量大批多步骤生产　　D. 单步骤生产

11. 各步骤的产品生产费用并不随半成品实物的转移而结转的分步法是（ ）。

A. 综合结转法　　B. 逐步综合结转分步法

C. 逐步分项结转分步法　　D. 平行结转分步法

12. 某种产品由 3 个生产步骤组成，采用逐步结转分步法计算成本。本月第一生产步骤转入第二生产步骤费用为 2 300 元，第二生产步骤转入第三生产步骤的生产费用为 4 100 元。本月第三生产步骤发生费用为 2 500 元（不包括上一生产步骤转入的费用），第三步骤月初在产品费用为 800 元，月末在产品费用为 600 元，本月该种产品的产成品成本为（ ）元。

A. 10 900　　B. 6 800　　C. 6 400　　D. 2 700

13. 在平行结转分步法下，其完工产品与在产品之间的费用分配，是指下列（ ）两者之间的费用分配。

A. 各步骤完工半成品与月末加工中的在产品

B. 产成品与月末各步骤尚未加工完成的在产品

C. 各步骤完工半成品与月末各步骤尚未完工的在产品

D. 产成品与月末各步骤尚未加工完成的在产品和各步骤已完工，但尚未最终完成的产品

14. 平行结转分步法的优点是（　　）。

A. 能够提供各生产步骤的半成品资料

B. 能够为半成品的实物管理提供数据

C. 各生产步骤可以同时计算产品成本

D. 便于各生产步骤的成本管理

15. 采用逐步结转分步法的缺点是（　　）。

A. 能够提供各个生产步骤的半成品成本资料

B. 为各生产步骤的在产品实物管理及资金管理提供资料

C. 能够全面地反映各生产步骤的资产耗费水平

D. 逐步综合结转法要进行成本还原

16. 平行结转分步法下，需从各步骤同时结转的成本是（　　）。

A. 各步骤半成品的成本

B. 各步骤发生的费用及上一步骤转入的费用

C. 本步骤发生的各项其他费用

D. 本步骤发生的费用应计入产成品成本中的份额

17. 在采用综合逐步结转分步法下，下步骤耗用的上步骤半成品的成本应转入下步骤产品成本明细账中的（　　）。

A. 直接材料项目　　B. 直接人工项目

C. 制造费用项目　　D. 直接材料或自制半成品项目

18. 在采用（　　）分步法下，为反映原始成本项目，必须进行成本还原。

A. 综合逐步结转　　B. 分项逐步结转

C. 逐步结转　　D. 平行结转

二、多项选择题（在下列备选答案中选出2～5个正确的答案，并将序号字母填在括号内）

1. 采用综合结转法的优点是（　　）。

A. 有利于各个生产步骤的成本管理

B. 可以反映各步骤加工费用的水平

C. 可以反映各步骤所耗半成品费用的水平

D. 便于同行业间产品成本对比分析

E. 可以提供按原始成本项目反映的产成品成本资料

2. 平行结转法适宜在（　　）情况下采用。

A. 产品种类多，计算和结转半成品成本工作量大
B. 管理上不要求提供各步骤半成品成本资料
C. 管理上不要求按原始成本项目反映产成品成本资料
D. 管理上不要求全面反映各个生产步骤的生产耗费水平

3. 下列情况中，（ ）要求进行成本还原。
A. 各步骤半成品成本按实际成本结转
B. 各步骤半成品成本按计划成本结转
C. 各步骤半成品成本结转采用分项结转法
D. 各步骤半成品成本结转采用综合结转法
E. 管理上要求从整个企业角度考核和分析产品成本的构成和水平

4. 采用分步法，计算各步骤半成品成本是（ ）。
A. 成本计算的需要
B. 成本控制的要求
C. 对外销售的要求
D. 全面考核和分析成本计划执行情况的要求
E. 降低产品成本的需要

5. 采用平行结转分步法（ ）。
A. 不能提供半成品成本资料
B. 不能全面反映各个生产步骤产品的生产耗费水平
C. 各步骤可以同时计算产品成本
D. 费用结转与半成品实物转移脱节
E. 不能直接提供按原始成本项目反映的产成品成本资料

6. 在综合逐步结转分步法下，各步骤半成品成本的计价方式可采用（ ）。
A. 实际成本　B. 计划成本　C. 定额成本
D. 目标成本　E. 责任成本

7. 采用逐步结转分步法，按照结转的半成品成本在下一步骤产品成本明细账中的反映方法，分为（ ）。
A. 综合结转法　B. 分项结转法　C. 按实际成本结转法
D. 按计划成本结转法　E. 平行结转法

8. 逐步结转分步法的优点有（ ）。
A. 能提供各个步骤的半成品成本资料
B. 能为各生产步骤在产品的实物管理和资金管理提供资料
C. 能全面反映各个步骤产品的生产耗用水平
D. 能直接提供按原始成本项目反映的产成品成本资料

9. 下列哪种分步法不需进行成本还原（　　）。

A. 综合逐步结转分步法　　B. 分项逐步结转分步法

C. 平行结转分步法　　D. 按计划成本综合结转分步法

10. 平行结转分步法下，第二生产步骤的在产品包括（　　）。

A. 第一生产步骤完工入库的半成品　　B. 第二生产步骤正在加工的在产品

C. 第二生产步骤完工入库的半成品　　D. 第三生产步骤正在加工的在产品

11. 平行结转分步法下，只计算（　　）。

A. 各步骤半成品的成本

B. 各步骤发生的费用及上一步骤转入的费用

C. 上一步骤转入的费用

D. 本步骤发生的各项其他费用

E. 本步骤发生的费用应计入产品成本中的份额

12. 逐步结转分步法，按照半成品成本在下一步骤成本明细账的反映方法可分为（　　）。

A. 平行结转法　　B. 定额成本结转法

C. 综合结转法　　D. 分项结转法

13. 下列有关分步法计算产品成本的方法表述中正确的有（　　）。

A. 在采用平行结转分步法计算成本时，上一步骤的生产费用不进入下一步骤的成本计算单

B. 分项结转分步法与综合结转分步法相比，能够在产品成本明细账中反映本月领用的半成品成本和本步骤发生的加工费用

C. 采用逐步结转分步法计算成本时，各步骤的费用由两部分组成，一部分是本步骤发生的费用，另一部分是上一步骤转入的半成品成本

D. 按照分步法计算产品成本，如果企业只生产一种产品，则成本计算对象是该种产品及其所经过的各个生产步骤

14. 下列有关产品成本计算分步法的说法正确的有（　　）。

A. 逐步结转分步法下半成品成本随着半成品实物的转移而结转，平行结转分步法下半成品成本不随半成品实物的转移而结转

B. 逐步结转分步法能为半成品的实物管理和生产资金管理提供资料，平行结转分步法不能为半成品的实物管理和生产资金管理提供资料

C. 逐步结转分步法下各步骤不能同时计算完工产品成本，成本计算的及时性差；平行结转分步法下各步骤能同时计算完工产品成本，成本计算的及时性强

D. 逐步结转分步法能全面反映各步骤完工产品中所耗上一步骤半成品费用水平和本步骤加工费用水平；平行结转分步法能全面反映各步骤完工产品中所耗上一步骤

半成品费用水平和本步骤加工费用水平。

15. 采用分步法计算产品成本，月末要将归集的生产费用在完工产品与在产品之间进行分配，企业可采用的分配方法有（　　）。

A. 月当产量法　　B. 生产工时比例法

C. 定额成本法　　D. 定额比例法

三、判断说明题（正确的画“√”，错误的画“×”并说明理由）

1. 逐步结转分步法实际上就是品种法的多次连续应用。（　　）

2. 采用分项结转分步法，第一步骤以后的各步骤产品成本明细账，应将“本月耗用半成品费用”单独列示。（　　）

3. 采用综合结转分步法，半成品成本不随实物的转移而转移。（　　）

4. 分步法是按照产品的生产步骤归集生产费用，计算产品成本的一种方法。（　　）

5. 在平行结转分步法下，不通过“自制半成品”科目进行总分类计算。（　　）

6. 采用分项结转半成品成本，在各步骤完工产品成本中可以看出所耗上一步骤半成品的费用和本步骤加工费用的水平。（　　）

7. 采用逐步结转分步法，如果半成品成本是综合结转的就必须进行成本还原。（　　）

8. 综合结转分步法下的成本还原，以第一个生产步骤作为起点。（　　）

9. 采用逐步结转分步法，完工产品与在产品之间的费用分配，是指在产成品与广义在产品之间的费用分配。

10. 采用平行结转分步法，各步骤可以同时计算产品成本，且各步骤间不结转半成品成本。（　　）

11. 在采用平行结转分步法计算成本时，上一步骤的生产费用不进入下一步骤的成本计算单。（　　）

12. 综合结转分步法能够提供各个生产步骤的半成品成本资料，而分项结转分步法则不能提供各个步骤的半成品成本资料。（　　）

13. 成本还原是企业采用平行结转分步法时所使用的一项专门的成本计算技术。（　　）

14. 采用逐步结转分步法计算成本时，各步骤的费用由两部分组成，一部分是本步骤发生的费用，另一部分是上一步骤转入的半成品成本。（　　）

15. 在分步法下，各步骤成本的结转采用逐步结转和平行结转两种方法。逐步结转还可分为综合结转和分项结转，并要求进行成本还原。（　　）

16. 分项结转法适用于管理上不要求计算所耗半成品成本，要求按原始成本项目计算产品成本的企业。（　　）

17. 平行结转分步法适用于大量大批多步骤装配式生产的企业。（　　）

四、实践练习

1. 某企业生产甲产品，生产过程分为 3 个步骤，上一步骤完工的半成品，不通过半成品库收发，直接转给下一步骤继续进行加工；各步骤的在产品采用约当产量法按实际成本计算，直接材料在第一步骤生产开始时一次投入，各步骤在产品的完工程度均为50%。该企业 201×年 8 月有关产量记录和成本资料如表 7-15、表 7-16 所示。

表 7-15　　**产量记录**　　单位：件

项　目	第一步骤	第二步骤	第三步骤
月初在产品数量	8	10	8
本月投产（或上步交来）数量	80	82	85
本月完工数量	82	85	88
月末在产品数量	6	7	5

表 7-16　　**成本资料**　　单位：元

成本项目	月初在产品成本				本月生产费用			
	第一步骤	第二步骤	第三步骤	合计	第一步骤	第二步骤	第三步骤	合计
直接材料或半成品	150	210	200	560	1 234			1 234
直接人工	160	360	40	560	282	521	292	1 095
制造费用	180	400	50	630	600	282	157.5	1 039.5
合计	490	970	290	1 750	2 116	803	449.5	3 368.5

要求：采用逐步结转（综合结转）分步法，计算甲产品的生产成本。

2. 乙产成品成本项目明细表如表 7-17 所示。

表 7-17　　**成本资料**　　单位：元

	直接材料（或半成品）	直接人工	制造费用	合计
第一步骤半成品成本	8 200	2 860	4 524	15 584
第二步骤半成品成本	16 320	3 456	4 640	24 416
第三步骤产成品成本	24 622	3 650	4 702	32 974

要求：进行成本还原并计算单位产品成本（完工产品为 10 件）。

3. 某工厂生产乙产品，分两个生产步骤连续加工，直接材料在第一步骤开始时一次投入，成本计算采用平行结转分步法。两个步骤的完工产品“份额”和广义在产品之间的费用分配，均采用定额比例法。第一步骤直接材料成本按直接材料定额费用比例分配，第一步骤和第二步骤的工资及制造费用，都按定额工时比例分配。201×年 9 月份有关资料如下。

（1）第一步骤和第二步骤的定额资料如表 7-18 所示。

表 7-18　　产品生产定额标准

项　　目	第一步骤		第二步骤	
	完工产品	在产品	完工产品	在产品
直接材料定额费用（元）	60 000	12 000		
定额工时（工时）	11 000	4 000	9 000	2 400

（2）月初在产品成本资料如表 7-19 所示。

表 7-19　　月初在产品成本　　单位：元

生产步骤	直接材料	直接人工	制造费用	合　计
第一步骤	10 400	6 200	6 800	23 400
第二步骤		1 008	960	1 968

（3）本月发生的生产费用如表 7-20 所示。

表 7-20　　本月生产费用　　单位：元

生产步骤	直接材料	直接人工	制造费用	合　计
第一步骤	58 000	19 000	20 800	97 800
第二步骤		35 000	40 100	75 100

（4）本月完工产量为 400 吨。

要求：① 运用平行结转分步法法，登记分析各步骤产品成本明细账。

② 根据各步骤产品成本明细账，登记产品成本汇总表。

③ 根据产成品成本汇总表和产成品入库单，编制产成品入库的会计分录。

项目八

产品成本计算的辅助方法

【知识目标】

- 会解答分类法的特点、成本计算程序、优缺点和适用范围
- 会使用分类法进行成本核算
- 会解答定额成本法的特点、成本计算程序、优缺点和适用范围
- 会使用定额成本法进行成本核算

【能力目标】

- 会表述分类法、定额法的含义
- 会在分类法下进行类内产品成本的分配
- 会在定额法下进行定额成本的计算

任务一 产品成本计算的分类法

任务引入

华兴造纸厂是一家专门生产版纸附带生产复印纸的企业。该厂设有制浆和造纸两个连续生产基本生产车间和蒸汽、机修两个辅助生产车间。版纸分两个步骤计算其产

品成本，而复印纸生产规模较小，管理上不要求分步计算其产品成本，全厂作为“一步”，复印纸有 A 纸、B 纸、C 纸 3 个型号产品。制浆车间将生产纸浆的原材料加工成纸浆后将其送到造纸车间进行加工；造纸车间以纸浆作为原材料经过抄纸、整选包装等加工步骤的处理，经检验合格后入库形成产成品。企业生产工艺流程如图 8-1 所示。

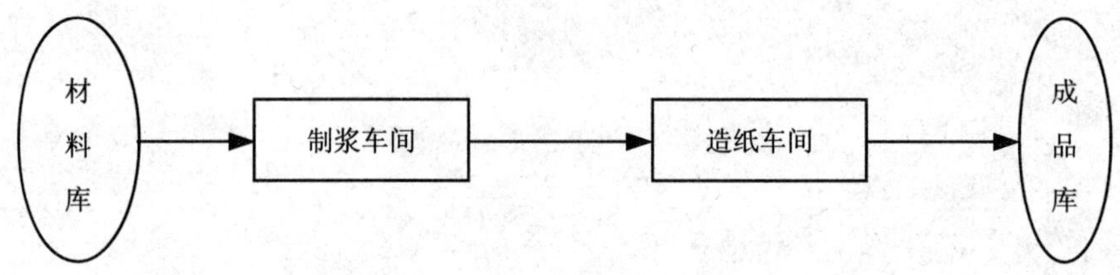

图 8-1　版纸、复印纸生产工艺流程

复印纸系列产品作为一个类别采用品种法计算完工产品成本后，再采用系数法分配类内产品成本，选择其中一种产品为标准产品，那么这是一种什么样的产品成本计算方法？其成本又如何计算呢？

一、分类法概述

分类法是指以产品的类别作为成本计算对象归集生产费用，计算各类完工产品总成本，再按一定标准和方法分配计算类内各种产品成本的一种方法。

在一些工业企业中，生产的产品品种、规格繁多，如果以产品品种或规格作为成本计算对象来归集生产费用，计算产品成本，则成本计算工作量过大。产品成本计算的分类法，就是在产品品种、规格繁多，但可以按照一定标准分类的情况下，为简化成本计算工作而采用的一种成本计算方法。因此，分类法是一种简化的成本计算方法，必须与成本计算的各种基本方法结合使用。

分类法主要适用于产品品种、规格繁多，且品种规格相近，工艺过程基本相同的产品，以及一些联产品和副产品。如制鞋厂生产男鞋、女鞋、童鞋，而每一类里又有不同的规格（号码），为了简化成本核算工作，可以采用分类法计算成本。电子元件厂、针织厂、食品厂等也多采用这种方法。

采用分类法计算产品成本时，要将不同品种、规格的产品划分为不同的类别，计算出某类完工产品成本后，再按一定标准分配计算类别内各种产品成本。这样一来，产品的分类是否恰当，类距是否合适，分配标准的选择是否符合实际，将直接影响到成本计算结果的准确性。为此，要求产品类别的划分要恰当，类距要合理。所谓分类恰当，是对分类的依据而言，即不能将所用原材料、所经过工艺流程不同的产品划分为一类，否则将影响成本计算的准确性。因为产品耗用材料不同，其所应分配的材料费用也不一样，有时差别还可能很大；若生产工艺流程不同，各种产品所应分配的加工费用的差别就很大。如果不具备分类条件，即使产品品种、规格很多，也不宜分类计算产品成本。同时，类内产品之间的类距也不能相差太大。类距过大，则会使品种、规格相差较大的产品成本相同，影响成本计算的准确性；类距过小，会加大成本计算的工作量。

二、分类法的特点

分类法是为了简化某些特定企业的成本计算工作，在产品成本基本计算方法基础上发展起来的一种方法。分类法的特点可概括为如下 3 个方面。

（1）以产品的类别作为成本计算对象，归集各类产品的生产费用。归集时，直接费用直接计入，间接费用采用一定的分配标准分配计入。

（2）成本计算期决定于生产特点及管理要求。如果是大批量生产，结合品种法或分步法进行成本计算，则应定期在月末进行成本计算；如果与分批法结合运用，成本计算期可不固定，而与生产周期一致。所以，分类法并不是一种独立的基本成本计算方法。

（3）月末一般要将各类产品生产费用总额在完工产品和月末在产品之间进行分配。分类法一般适用于使用同样的原材料，通过基本相同的加工工艺过程，所生产产品的品种、规格、型号繁多，可以按一定标准予以分类的生产企业或车间，如鞋厂、轧钢厂等。采用分类法可以适当减少成本计算对象，简化成本计算工作。

（4）分类法不是一种独立的基本成本计算方法，它要根据各类产品的生产工艺特点和管理的要求，与品种法、分批法、分步法结合使用。

三、分类法产品成本计算程序

（1）合理确定产品类别，按产品类别设立生产成本明细账。采用分类法计算产品成本，首先要将产品按照性质、结构、用途、生产工艺过程、耗用原材料的不同标准，划分若干类别，按照产品的类别开立产品成本明细账，按类归集产品的生产费用，计算各类产品的成本。如鞋厂可以按照耗用的原材料不同，将产品分为塑料鞋、布鞋、皮鞋 3 个类别。

（2）按照规定的成本项目归集生产费用，计算各类产品的总成本。

（3）选择合理的分配标准，计算类内各产品的总成本和单位成本。分配方法与计算原理同前面的产品成本计算基本方法。假定某企业产品品种、规格繁多，但可以按一定的标准将其分为甲、乙、丙 3 类产品，其中甲类产品包括甲 1 和甲 2 两种产品，乙类产品包括乙 1 和乙 2 两种产品，丙类产品包括丙 1 和丙 2、丙 3 三种产品。其产品明细账的设置及分类法成本计算的一般程序如图 8-2 所示。

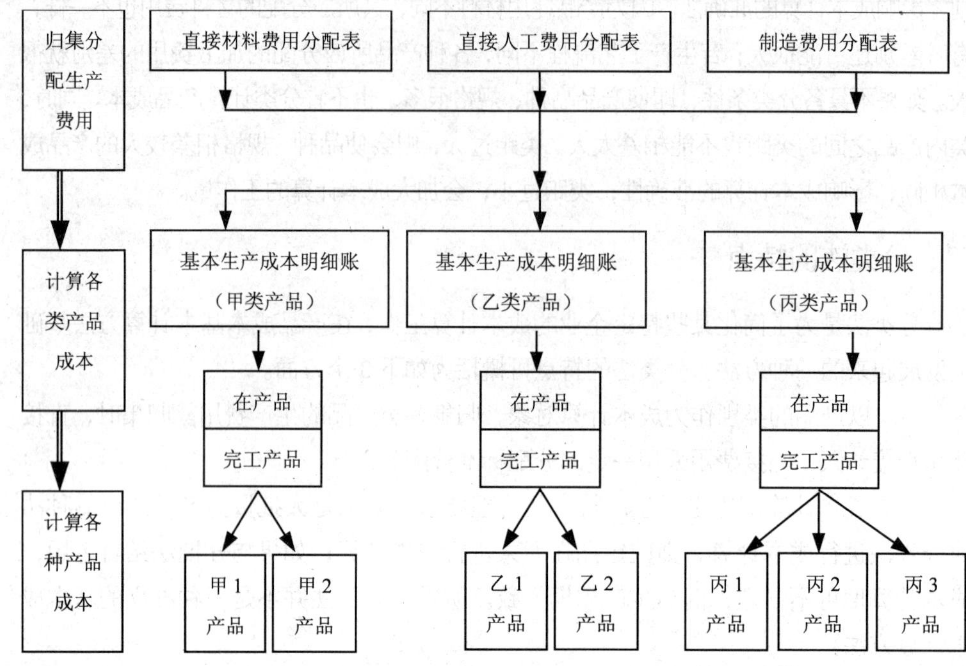

图 8-2　分类法成本计算的一般程序

四、类内各种产品成本的分配方法

分类法下各类别产品总成本在类内各种产品之间分配的方法是根据产品生产特点确定的，分配标准应选择与产品成本高低有着直接联系的项目。各成本项目可以采用同一分配标准，也可以采用不同的分配标准。它既可以采用产品的经济价值指标（计划成本、定额成本、销售单价），也可以采用产品的技术性指标（重量、长度、体积、浓度、含量等），还可以采用产品生产的各种定额消耗指标作为分配标准。常用的分配方法有定额比例法和系数分配法两种。

定额比例法原理前已述及，这里不再重述。

系数分配法是指将各类产品总成本在类内各种产品之间按照系数分配成本的一种方法。这里的系数是指同一类别内各种产品成本费用之间的比例关系。

系数分配法的计算步骤如下。

（1）确定分配标准，即选择与耗用费用关系最密切的因素作为分配标准，如定额消耗量、定额成本、计划成本、售价或重量、体积和长度等。

某产品的系数 = 该产品的分配标准 ÷ 标准产品的分配标准

（2）将分配标准折算成固定系数，其方法是，在同类产品中选择一种有代表性的产品，如将产销量大、生产正常、售价稳定的产品作为标准产品，将其标准系数定为

"1"，以其他产品的单位产品的分配标准数据与标准产品的数据相比，求出的比例即为其他产品的系数。

（3）将类内各产品的实际产量按照系数折算出相当于标准产品的产量，又称总系数，计算公式为

该产品相当于标准产品的产量（总系数）=该产品的实际产量×该产品的系数

（4）计算出全部产品相当于标准产品的总产量，以此为标准分配类内各种产品的成本。

成本项目分配率=各成本项目总额÷该成本项目总标准产量

各产品某成本项目费用=该产品成本项目标准产量×该成本项目分配率

五、分类法的适用范围、优缺点和应用条件

1. 分类法的适用范围

分类法与生产的类型无直接关系，它可以在各种类型的生产中应用，即凡是产品品种、规格繁多，又可以按照一定标准划分为若干类别的企业或车间，均可以采用分类法计算成本。例如，钢铁厂生产的各种型号和规格的生铁、钢链和钢材，针织厂生产的各种不同种类和规格的针织品，灯泡厂生产的各种不同类别和瓦数的灯泡，食品厂生产的各种饼干和面包等，它们的生产类型有所不同，但都可以采用分类法计算成本。

有些工业企业，特别是化工企业，对同一原料进行加工，可以同时生产出几种主要产品。例如，原油经过提炼，可以同时生产出各种汽油、煤油和柴油等产品。这些联产品，所用原料和工艺技术过程相同，因而，也只能归为一类，采用分类法计算成本。

此外，企业可能生产一些零星产品，例如，为协作单位生产少量的零部件，或自制少量材料和工具等。这些零星产品，虽然所用原材料和工艺过程不一定完全相近，但其品种规格多，且数量少，费用比重小，为了简化核算工作，也可以把它们归为几类，采用分类法计算成本。

应当指出的是，有些工业企业，特别是轻工企业，有时可能生产出品种相同，但质量不同的产品。如果这些产品所用的原材料和工艺技术过程完全相同，质量上的差别是由于工人操作所造成的，那么，这些质量等级不同的产品的单位成本应该相同，而不能把分类法原理应用到这些产品的成本计算中去，也就是说，不能按照它们的不同售价分配费用，为不同等级的产品确定不同的单位成本。否则就会掩盖次级产品由于售价较低造成的损失，不利于企业加强成本管理，提高产品质量。如果产品质量的不同，是由于所用原材料的质量或工艺技术上的要求不同而产生的，那么，这些产品应是同一品种不同规格的产品，可归为一类，采用分类法计算成本。

2. 分类法的优缺点和应用条件

采用分类法计算产品成本，领料单、工时记录等原始凭证和原始记录可以只按产

品类别填列，在各种费用分配表中可以只按产品类别分配费用，产品成本明细账可以只按产品类别开立，从而不仅能简化成本计算工作，而且能够在产品品种、规格繁多的情况下，分类掌握产品成本的情况。但是，由于在类内各种产品成本的计算中，不论是间接计入费用还是可以直接计入的费用，都是按一定的分配标准按比例进行分配的，因而，计算结果有一定的假定性。因此，在分类法下，产品的分类和分配标准（或系数）的选定是否适当，是一个关键性的问题。在产品的分类上，应以所耗原材料和工艺技术过程是否相近为标准。因为，所耗原材料和工艺技术过程相近的各种产品，成本水平也往往接近。在对产品分类时，类距既不能定得过小，使成本计算工作复杂化；也不能定得过大，造成成本计算上的"大锅烩"，影响成本计算的正确性。在产品结构、所耗原材料或工艺技术发生较大变动时，应及时修订分配系数，或另选分配标准，以保证成本计算的正确性。

任务实施

华兴造纸厂是一家专门生产版纸附带生产复印纸的企业，该企业生产的 A、B、C 3 种型号纸张的结构、所用原材料和工艺过程基本相同，合并为一类（复印纸类），采用分类法计算成本。类内各种产品之间分配费用的标准为：原材料费用按各种产品的原材料费用系数分配，原材料费用系数按原材料费用定额确定；其他费用按定额工时比例分配。3 种型号的纸张的相关费用如表 8-1、表 8-2 所示。

表 8-1　　产品产量及工时消耗定额一览表

项　　目	产量（件）	工时消耗定额
A	1 000	18
B	750	20
C	800	15

表 8-2　　原材料费用定额表　　单位：元

产品名称	单位产品原材料费用		
	原材料名称或编号	消耗定额（千克）	计划单价
A	1011	200	0.5
	2021	100	0.8
	3112	170	1
B	1011	180	0.5
	2021	50	0.8
	3112	150	1
C	1011	250	0.5
	2021	100	0.8
	3112	180	1

该企业产品 A 生产的数量较大且比较稳定，将 A 定为标准产品，其系数确定为 1，A、B、C 3 种产品成本计算有关的数据以及成本计算过程如下。

（1）根据原材料费用定额计算原材料费用系数，如表 8-3 所示。

表 8-3　　原材料费用系数计算表　　单位：元

产品名称	单位产品原材料费用				原材料费用系数
	原材料名称或编号	消耗定额（千克）	计划单价	费用定额	
A（标准产品）	1011	200	0.5	100	1
	2021	100	0.8	80	
	3112	170	1	170	
	小计	—	—	350	
B	1011	180	0.5	90	280/350=0.8
	2021	50	0.8	40	
	3112	150	1	150	
	小计	—	—	280	
C	1011	250	0.5	125	385/350=1.1
	2021	100	0.8	80	
	3112	180	1	180	
	小计	—	—	385	

（2）按产品类别（复印纸类）开设产品成本明细账。根据各项生产费用分配表登记产品明细账，计算该类产品成本（在产品成本按年初数固定计算），如表 8-4 所示。

表 8-4　　产品成本明细账

产品名称：复印纸类　　201×年×月　　单位：元

摘要	直接材料	直接人工	制造费用	成本合计
月初在产品成本	45 000	2 500	4 200	51 700
本月费用	793 600	49 500	67 500	910 600
生产费用合计	838 600	52 000	71 700	962 300
完工产品成本	793 600	49 500	67 500	910 600
月末在产品成本	45 000	2 500	4 200	51 700

（3）分配计算 A、B、C 三种产品的产品成本。根据各种产品的产量、原材料费用系数和工时消耗定额，分配计算复印纸类 A、B、C 三种产品的完工产品成本，如表 8-5 所示。

表 8-5 各种产成品成本计算表

201×年×月 单位：元

项目	产量（件）	原材料费用系数	原材料费用总系数	工时消耗定额	定额工时	原材料	工资及福利费	制造费用	成本合计
①	②	③	④=②×③	⑤	⑥=②×⑤	⑦=④×分配率	⑧=⑥×分配率	⑨=⑥×分配率	⑩
分配率	—	—	—	—	—	320	1.1	1.5	
A	1 000	1	1 000	18	18 000	320 000	19 800	27 000	366 800
B	750	0.8	600	20	15 000	192 000	16 500	22 500	231 000
C	800	1.1	880	15	12 000	281 600	13 200	18 000	312 800
合计	—	—	2 480	—	45 000	793 600	49 500	67 500	910 600

表 8-5 中各种费用分配率的计算如下。

原材料费用分配率=793 600/2 480=320

工资及福利费分配率=49 500/45 000=1.1

制造费用分配率=67 500/45 000=1.5

在表 8-3 所示产品成本计算表中，各项费用的合计数是分配对象，它应该根据该类产品成本明细账中完工产品成本一行中的数字填列。表中原材料费用分配率，应根据原材料费用合计数除以原材料费用总系数的合计数计算填列；原材料费用分配率分别乘以各种产成品的原材料费用总系数，即可求得各种产成品的原材料费用。

表 8-3 中工资及福利费、制造费用的分配率，则应根据各项费用的合计数，分别除以定额工时的合计数计算填列；以各项费用分配率，分别乘以各种产成品的定额工时，即可求得各种产成品的各项费用。

任务二 产品成本计算的定额法

任务引入

光明公司大批量生产甲产品，该产品各项消耗定额比较准确、稳定，采用定额法计算产品成本。公司规定，该产品的定额变动差异和材料成本差异由完工产品成本负担，脱离定额差异按定额成本比例在完工产品与月末在产品之间进行分配，那么该企业产品成本该如何计算呢？

相关知识

一、定额法的特点

定额法是指在成本计算基本方法的基础上以产品为对象，用现行定额乘以计划单价计算的定额成本，再加、减脱离定额差异，求得实际成本的一种方法。其基本原理是：在实际费用发生时，将其划分为定额成本与定额差异两部分来归集，并分析产生差异的原因，及时反馈到管理部门，月终以产品定额成本为基础，加减所归集和分配的差异，以此求得产品实际成本。

成本计算采用定额法，其产品实际成本由定额成本、脱离定额差异、材料成本差异和定额变动差异四个因素组成。其计算公式如下：

产品实际成本=按现行定额计算的产品定额成本±脱离现行定额差异±材料成本差异±月初在产品定额变动差异

定额成本是指根据企业在一定时期所实行的各种消耗定额为基础计算的一种预计产品成本。

脱离定额差异是指生产费用脱离现行定额或预算的数额，它标志着各项生产费用支出的合理程度。

材料成本差异是指在定额法下，材料或半成品的日常核算以计划成本计价而产生的材料或半成品实际成本与计划成本的差异，它反映所耗材料或半成品的价差。

定额变动差异是指由于修订消耗定额而产生的新、旧定额成本之间的差额。它与生产费用的超支或节约无关，是定额成本本身运用的结果。

定额法并非一种基本成本计算方法，它是在品种法、分步法、分批法的基础上，运用一种特殊汇集费用的技术，计算产品成本的方法。采用此方法计算产品成本，能及时揭示差异，提供有关成本形成动态的各种信息，有助于促使企业控制和节约费用。该方法一般适用于定额管理制度较健全，而且消耗定额比较准确、稳定的企业。

二、定额法产品成本计算程序

（1）按照企业生产工艺特点和管理要求，确定成本计算对象及成本计算的基本方法。

（2）根据有关定额标准，计算各成本项目的定额费用，编制产品定额成本计算表。

（3）生产费用发生时，将实际费用分为定额成本和定额成本差异两部分，分别编制凭证，予以汇总。

（4）按确定成本计算的基本方法，汇集、结转各项费用的定额成本差异，并按一定标准在完工产品与在产品之间进行分配。

（5）将产品定额成本加减所分得的差异，求得产品实际成本。

三、定额成本及其差异的计算

1. 产品定额成本的计算

定额成本一般是以产品现行的消耗定额和计划单价或费用的计划分配率为依据，并划分成本项目计算的。采用定额成本法计算产品成本，必须首先制定产品的原材料、动力、工时等消耗定额，并根据各项消耗定额和原材料的计划单价、计划的工资率（计划每小时生产工资）或计件工资单价、制造费用率（计划每小时制造费用）等资料，计算产品的各项费用定额和产品的单位定额成本。具体公式如下：

直接材料定额成本=产品原材料消耗定额×原材料计划单位成本

直接人工定额成本=产品生产工时定额×计划小时工资率

制造费用定额成本=产品生产工时定额×计划小时制造费用率

定额成本一般是通过编制“定额成本计算表”的方式进行的。企业的具体情况不同，其“成本计算表”的编制方法也不一样。它主要受产品的结构、产品零部件的多少等因素的影响。当产品的零部件比较少时，可先编制零件的定额成本，然后在此基础上，编制部件的定额成本，最后汇总编制产品的定额成本。如产品的零、部件较多，为了简化成本计算工作，也可以不计算零件定额成本。根据有关零件材料消耗定额、工序计划、工时消耗定额的零件定额卡，以及材料计划单价、计划工资率和费用率，计算部件定额成本，然后汇总计算产成品定额成本；或者根据零、部件的定额直接计算产成品定额成本。

在定额成本计算表中，各成本项目的计算方法如下：“直接材料”、“燃料及动力”项目，应根据现行的消耗定额、材料及燃料的计划价格计算；“直接工资”项目，应根据产品的现行工时消耗定额及每小时的计划工资率计算；“制造费用”项目应根据制造费用预算数额以及分配标准来计算，如果制造费用是以定额工时作为分配标准进行分配的，则应按现行分配标准和计划小时制造费用率计算。为了进行成本分析、控制和考核，在编制产品的定额成本时，应注意定额成本与计划成本所包括的成本项目应该一致。零件定额卡、部件定额成本计算表的格式分别如表 8-6、表 8-7 所示。

表 8-6　　零件定额卡

零件编号、名称：101　　201×年×月

材料编号、名称	计 量 单 位	材料消耗定额
1203	千克	4
工序编号	工时定额	累计工时定额
1	2	2
2	4	6

表 8-7　　部件成本定额卡

部件编号、名称：　　201×年×月

所属零件编号、名称	零件数量	材料定额							工时定额
		1203			1204			金额合计	
		数量	计划单价	金额	数量	计划单价	金额		
401	3	12	5	60				60	18
402	2				8	4	32	32	12
装配									4
合计				60			32	92	34

定额成本项目					
原材料	工资及福利费		制造费用		定额成本合计
	计划工资率	金额	计划费用率	金额	
92	0.95	32.30	2	68	192.30

产成品定额成本计算卡的格式与部件定额成本计算卡的格式类似，不再列示。

产品的定额成本与企业制定的计划成本不同，虽然两者都是以定额为基础进行计算的，但还是有较大的区别，主要表现在计算的依据和用途不同。定额成本计算的依据是现行消耗定额和费用预算，主要用于企业内部进行成本控制和成本考核，在现有技术条件下，既能反映企业当前应达到的成本水平，同时，又能衡量企业成本费用是节约了还是超支了。随着生产条件的变化，劳动生产率的提高，应随时对定额成本进行修改，使之与当前的水平相适应。为了及时反映定额的执行情况，应及时、经常地对定额的变动情况进行核算。而计划成本计算的依据是计划期内平均消耗定额和费用预算；该项指标反映企业在计划期内应达到的成本水平，其主要用途是为了进行成本考核，为企业进行经济预测和决策提供资料。在整个计划期内，计划成本一般不进行修改，因而不必经常核算，只有在变动时，才进行核算。

2. 脱离定额差异的计算

脱离定额差异计算包括材料脱离定额差异计算、直接人工费用脱离定额差异计算和制造费用脱离定额差异计算。计算和分析脱离定额成本的差异是定额法的核心内容。

（1）直接材料脱离定额差异的计算。在各成本项目中，材料费用一般占有较大比重，而且属于直接计入费用，因而有必要也有可能在费用发生的当时就按产品种类来计算定额费用和脱离定额的差异。直接材料定额差异的计算，一般有以下三种方法。

① 限额法。这种方法运用限额领料单和限额领料卡来反映材料领用数量和实际耗用数量。符合定额的材料应根据限额领料单等定额凭证领发，如果增加产品产量或需要增加用料，必须办理追加额手续，然后根据定额凭证领发。由于其他原因需要超

额领料或者领用代用材料，根据专设的超额材料领用单、代用材料领用单等差异凭证，经过一定的审批手续领发。超额领用的材料，全部是定额差异；代用材料并不都是定额差异，要先计算出所领代用材料相当于原规定材料的数量，然后再计算出差异。

原材料脱离定额的差异是生产产品过程中实际用料脱离现行定额而形成成本差异，而限额法并不能完全控制用料，差异凭证所反映的差异往往只是领料差异，而不一定是用料差异。这是因为，投产的产品数量不一定等于规定的产品数量；所领原材料的数量也不一定等于原材料的实际消耗量，即期初、期末车间可能有余额。因此，只有投产的产品数量等于规定的产品数量，且车间期初、期末均无余额或期初、期末余额数量相等时，领料（或发料）差异才是用料脱离定额的差异。

若车间本月领用的材料当月并未消耗完毕，则在月末根据领料部门余料编制退料单，办理退料手续。退料单位应视退料单为差异凭证，退料单中所列的材料数额和限额领料单中原材料余额，都是材料脱离定额的节约差异。

[案例 8-1] 红星电机厂限额领料单规定电机的数量为 1 000 件，每件电机的原材料消耗定额为 5 千克，则领料限额为 5 000 千克；本月实际领料 4 800 千克，领料差异为 200 千克。现假设有以下 3 种情况。

（1）本期投产产品数量符合限额领料单规定的产品数量，即 1 000 件，且期初、期末均无余料，则上述少领 200 千克的领料差异就是用料脱离定额的节约差异。

（2）本期投产产品数量仍为 1 000 件，但车间期初余料为 100 千克，期末余料为 120 千克，则：

原材料定额消耗量=1 000×5=5 000（千克）

原材料实际消耗量=4 800+100−120=4 780（千克）

原材料脱离定额差异 =4 780−5 000=−220（千克）(节约)

（3）本期投产产品数量为 900 件，车间期初余料为 100 千克，期末余料为 120 千克，则

原材料定额消耗量=900×5=4 500（千克）

原材料实际消耗量=4 800+100−120=4 780（千克）

原材料脱离定额差异=4 780−4 500=+280（千克）(超支)

由此可见，只有投产产品数量等于规定的产品数量，且车间期初、期末均无余额或期初、期末余额数量相等时，领料（或发料）差异才是用料脱离定额的差异。

② 切割法。这种方法要求对于需要切割才能使用的材料（如板材、棒材等），通过材料切割核算单核算用料差异，以控制用料。这种核算单一般应按切割材料的批别开立，单中填明发交切割材料的种类、数量、消耗定额和应切割成的毛坯数量；切割完成后，再填写实际切割成的毛坯数量和材料的实际消耗量。根据实际切割成的毛坯数量和消耗定额，计算出材料定额消耗量，与材料实际消耗量相比较，可得出用料脱

离定额的差异。

[案例 8-2]　宏达板式弹簧厂发出钢材 500 千克，切割成长 1.2 米钢板（毛坯）150 个，每个消耗定额为 3.2 千克，每千克材料计划单价为 5 元，则定额差异为

定额耗用量：150×3.2=480（千克）

材料定额差异（数量）：500−480 = 20（千克）

材料定额差异（金额）：5×20 = 100（元）

采用材料切割核算单进行材料切割的核算，可以及时反映材料的耗用情况和发生差异的具体原因，加强对材料耗用的控制。

③ 盘存法。对于不能采用切割核算的材料，为了更好地控制用料，可通过盘存的方法核算用料差异。其做法是：根据完工产品的数量和在产品盘存数量计算产品投产数量；将产品投产数量乘以材料消耗定额，计算出材料定额消耗量；根据限额领料单、超额领料单和退料单等凭证以及车间余料的盘存资料，算出材料实际消耗；最后以材料的定额消耗量与实际消耗量对比，确定材料脱离定额差异。

[案例 8-3]　宏达板式弹簧厂生产汽车用板式弹簧耗用钢材。汽车用板式弹簧期初在产品为 50 件，本期完工产品为 1 000 件，期末在产品为 150 件。生产汽车用板式弹簧原材料系在生产开始时一次投入，汽车用板式弹簧的原材料消耗定额为每件 2 千克，原材料的计划单价为每千克 10 元。限额领料单中载明的本期已实际领料数量为 2 100 千克。车间期初余料为 50 千克，期末余料为 20 千克。有关数据计算如下：

投产产品数量=1 000+150−50=1 100（件）

原材料定额消耗量=1 100×2=2 200（千克）

原材料实际消耗量=2 100+50−20=2 130（千克）

原材料脱离定额差异（数量）=2 130− 2 200=−70（千克）（节约）

原材料脱离定额差异（金额）=−70×10=−700（元）（节约）

不论采用哪种方法核算原材料定额消耗量和脱离定额差异，都应分批或定期地将这些核算资料按照成本计算对象汇总，编制原材料定额费用和脱离定额差异汇总表（其格式见表 8-8）。

表 8-8　　原材料定额费用和脱离定额差异汇总表

产品名称：板式弹簧　　201×年×月 1—30 日

原材料类别	材料编号	单位	计划单位成本	定额费用		计划价格费用		脱离定额差异		差异原因
				数量	金额	数量	金额	数量	金额	
原料	1201	千克	5	6 000	30 000	6 200	31 000	+200	+1 000	略
主要材料	2304	千克	4	5 000	20 000	4 500	18 000	−500	−2 000	略
辅助材料	3202	千克	4	1 750	7 000	1 800	7 200	+50	+200	略
合　计					57 000		56 200		−800	

表中填明该批或该种产品所耗各种原材料的定额消耗量、定额费用和脱离定额差异，并分析说明发生差异的主要原因。这种汇总表，既可用来汇总反映和分析原材料脱离定额差异，又可用来代替原材料费用分配表登记产品成本明细账，还可以报送管理当局或向职工公布，以便根据发生的原因采取措施，进一步挖掘降低材料费用的潜力。

（2）直接人工费用脱离定额差异的核算。企业生产工人的工资有两种核算形式：计时工资和计件工资。在计件工资形式下，生产工人工资脱离定额差异的核算与原材料脱离定额差异的核算类似，即凡符合定额范围内的生产工人工资，要登记在正常的产量记录中，对于脱离定额的差异，应设置“工资补付单”等差异凭证，并要经过一定的审批手续。工资补付单中应注明产生差异的原因，以便根据工资差异凭证进行分析。

在计时工资形式下，生产工人工资脱离定额的差异平时不能按产品直接计算，所以平时只以工时进行考核，在月末实际生产工人工资总额确定以后，才能按下式计算：

$$计划小时工资率=\frac{计划产量的定额生产工人工资总额}{计划产量的定额生产工时总数}$$

$$实际小时工资率=\frac{实际生产工人工资总额}{实际生产工时时数}$$

某产品定额工资=该产品实际产量的定额生产工时×计划小时工资率

该产品实际工资=该产品实际产量的实际生产工时×实际单位工时小时工资率

该产品实际工资脱离定额差异=该产品实际工资−该产品定额工资

［案例 8-4］ 新华轮胎厂内胎车间 6 月份计划产量的定额生产工资费用为 14 800 元，计划产量的定额生产工时为 2 960 小时；本月实际生产工资费用为 16 119 元，实际生产工时为 3 100 小时；本月自行车内胎定额工时为 1 836 小时，实际生产工时为 1 807 小时。自行车内胎定额生产工资费用和生产工资脱离定额差异，计算如下：

计划单位小时工资=14 800 ÷ 2 960=5

实际单位小时工资=16 119 ÷ 3 100=5.199 68

自行车内胎的定额生产工资=1 836×5=9 180（元）

自行车内胎实际生产工资=1 807×5.199 68=9 396（元）

自行车内胎生产工资脱离定额的差异=9 396−9 180=216（元）

无论采用哪种工资形式，都应根据核算资料，按照成本计算对象汇总编制“定额工资及脱离定额差异汇总表”，表中汇总反映各种产品的定额工资、实际工资、工资差异以及产生差异的原因，并据此登记有关的产品成本计算单。

（3）制造费用脱离定额差异的核算。制造费用属于间接费用，即发生时先按发生地点进行归集，月末才能直接或分配计入产品成本。所以，在日常核算中，不能按照产品直接核算费用脱离定额的差异，只能根据费用计划、费用项目核算费用脱离计划的差异，据以控制和监督费用的发生。各种产品应负担的定额制造费用和费用脱离定额的差异，在月末时可比照上述计时工资的计算方法确定。

需要注意的是，计算完工产品的实际成本时，企业需要根据不同情况，对定额差异予以处理：如果各月间在产品数量波动较大，脱离定额差异应按完工产品和在产品定额成本的比例进行分配；当差异金额不大，或者差异金额虽大但各月月末在产品数量变动不大时，各成本项目脱离定额差异可以全部计入完工产品成本，即在产品按定额成本计算，不负担定额差异。这样，不仅简化了计算手续，而且产成品成本水平能够正确地反映当期工作的成果。

3. 材料成本差异的分配

在定额法下，材料日常核算都是按计划成本进行的，即材料定额成本和材料脱离定额差异都按材料的计划单位成本计算。因此，在月末计算产品实际成本时，还必须按照下列公式计算产品应负担的材料成本差异。

某产品应分配材料成本差异=（该产品原材料定额成本±原材料脱离定额差异）×材料成本差异率

[案例 8-5]　新华轮胎厂生产自行车内胎 6 月份所耗原材料定额费用为 57 000 元，脱离定额的差异为节约 800 元，原材料的成本差异率为节约 1%。该产品应分配的材料成本差异为

$$(57\,000-800)\times(-1\%)=-562\text{（元）}$$

4. 定额变动差异的核算

定额变动差异，是指由于修订消耗定额而产生的新旧定额之间的差额。新定额一般在月初开始实行，当月投入的产品费用，都应按新定额来计算脱离定额差异，但在定额变动后，月初在产品的定额成本并未修订，仍然是按旧定额计算的。为了使按旧定额计算的月初在产品定额成本和按新定额计算的本月投入产品的定额成本，在新定额的统一基础上相加起来，以便计算产品的实际成本，必须计算月初在产品定额成本的变动差异，用以调整月初在产品按旧定额计算的定额成本为按新定额计算的定额成本。由此可见，定额变动差异主要是指月初在产品由于定额变动产生的差异。其计算方法为

月初在产品定额变动差异=月初在产品按原定额计算的定额成本−月初在产品按调整后的定额计算的定额成本

或 = 在产品的数量×计划单价×（变动前消耗定额−变动后消耗定额）

对于计算出的定额变动差异，应分不同情况予以处理。在消耗定额降低的情况下

产生的差异，一方面应从月初在产品定额成本中扣除，另一方面，还应将属于月初在产品生产费用实际支出的该项差异，列入本月产品成本中；相反，在消耗定额提高的情况下，月初在产品增值的差异应列入月初在产品定额成本之中，同时从本月产品成本中予以扣除。

［案例 8-6］ 因为技术改进，某产品从本月 1 日起修订产品材料消耗定额，其旧定额为每件产品 80 元，修订后的定额为 78 元，该产品月初在产品产量为 200 件。月初在产品定额变动差异计算如下：

月初在产品旧定额成本=200×80=16 000（元）

月初在产品新定额成本=200×78=15 600（元）

月初在产品定额变动差异=16 000−15 600=400（元）

但若构成产品的零部件种类较多，计算定额变动差异的工作量会很大。因此，为了减少成本核算的工作量，定额变动差异的计算也可以按照单位产品费用的折算系数进行，即将按新旧定额所计算出的单位产品费用进行对比，求出系数，然后根据系数进行计算。其计算公式为

$$定额变动系数=\frac{按新定额计算的单位产品费用}{按旧定额计算的单位产品费用}$$

月初在产品定额变动差异＝按旧定额计算的月初在产品费用×（1−定额变动系数）

［案例 8-7］ 企业产品的部分零部件从本月 1 日起实行新的材料消耗定额，单位产品原先的材料费用定额为 400 元，新的材料费用定额为 360 元。该产品月初在产品按原定额计算的材料定额成本为 12 000 元。月初在产品定额变动差异计算如下：

$$定额变动系数=\frac{360}{400}=0.9$$

月初在产品定额变动差异=12 000×（1−0.9）=1 200（元）

月末，对计算出的定额成本、脱离定额差异、定额变动差异以及材料成本差异，应在完工产品和月末在产品之间按照定额成本比例进行分配。如果各种差异数额不大，或者差异虽然较大，但各月月末在产品数量比较均衡，这种情况下，月末在产品可按定额成本计价，即不负担差异，差异全部由产成品负担。

四、定额法的优缺点和应用条件

1. 定额法的主要优点

（1）通过生产耗费及其脱离定额和计划的日常核算，能够在生产耗费发生的当时反映和监督脱离定额（或计划）的差异，从而有利于加强成本控制，可以及时、有效地促进生产耗费的节约，降低产品成本。

（2）由于产品实际成本是按照定额成本和各种差异分别核算的，因此便于对各项生产耗费和产品成本进行定期分析，有利于进一步挖掘降低成本的潜力。

（3）通过脱离定额差异和定额变动差异的核算，还有利于提高成本的定额管理和计划管理工作的水平。

（4）由于有着现成的定额成本资料，因此能够较为合理、简便地解决完工产品和月末在产品之间分配费用的问题。

2. 定额法的主要缺点

采用定额法计算产品成本要比采用其他方法核算工作量大。因为采用定额法必须制定定额成本，单独核算脱离定额差异，在定额变动时还必须修订定额成本，计算定额变动差异。

3. 定额法的应用条件

为了充分发挥定额法的作用，并简化核算工作，采用定额法计算产品成本，应具备以下条件。

（1）定额管理制度比较健全，定额管理工作的基础比较好。

（2）产品的生产已经定型，消耗定额比较准确、稳定。

大量大批生产比较容易具备上述条件，但应当指出的是，定额法与生产类型并无直接关系，不论哪种生产类型，只要具备上述条件，都可以采用定额法计算产品成本。

任务实施

光明公司有关资料如下。

（1）甲产品定额成本及脱离定额差异资料如表 8-9 所示。

表 8-9　　定额成本及脱离定额差异资料　　单位：元

成本项目		直接材料	直接人工	制造费用	合计
月初在产品成本	定额成本	10 000	2 000	6 000	18 000
	定额差异	−785	+140	−900	−1 545
本月生产费用	定额成本	50 000	8 500	31 000	89 500
	定额差异	−1 000	+700	+1 640	+1 340

（2）光明公司甲产品 8 月份所耗原材料的成本差异率为节约 2%。

（3）甲产品从本月 1 日起实行新的材料消耗定额，单位产品旧的材料费用定额为 40 元，新的材料费用定额为 38 元，该产品月初在产品按旧定额计算的材料定额费用为 10 000 元。

（4）甲产品本月完工 200 件，在产品 100 件，其定额成本资料如表 8-10 所示。

表 8-10　　产成品定额成本资料　　单位：元

成本项目	直接材料	直接人工	制造费用	合计
单位产品定额成本	275	47.25	171	493.25

要求：计算本月甲产品总成本和月末在产品成本。

其计算结果见表 8-11 所示。

表 8-11　　　　基本生产成本明细账

产品名称：甲产品　　201×年 8 月　　在产品数量：　　完工数量：　　单位：元

成本项目	月初在产品		月初在产品定额变动		本月生产费用			生产费用合计			
	定额成本	定额差异	定额成本调整	定额变动差异	定额成本	定额差异	材料成本差异	定额成本	定额差异	材料成本差异	定额变动差异
（1）	（2）	（3）	（4）	（5）	（6）	（7）	（8）	（9）=（2）+（4）+（6）	（10）=（3）+（7）	（11）=（8）	（12）=（5）
直接材料	100 00	−785	−500	500	50 000	−100 0	−980	59 500	−1 785	−980	500
直接人工	2 000	140			8 500	700		10 500	840		
制造费用	6 000	−900			31 000	1 640		37 000	740		
合计	18 000	−1 545			89 500	1 340	−980	107 000	−205	−980	

成本项目	差异分配率	产成品					月末在产品	
	定额差异	定额成本	定额差异	材料成本差异	定额变动差异	实际成本	定额成本	定额差异
（1）	（13）=（10）÷（9）	（14）	（15）=（14）×（13）	（16）=（8）	（17）=（12）	（18）=（14）+（15）+（16）+（17）	（19）=（9）−（14）	（20）=（10）−（15）
直接材料	−0.03	55 000	−1 650	−980	500	52 870	4 500	−135
直接人工	0.08	9 450	756			10 206	1 050	84
制造费用	0.02	34 200	684			34 884	2 800	56
合计		98 650	−210			97 960	8 350	5

职业能力训练

一、单项选择题（在下列备选答案中选出一个正确的答案，填在括号内）

1. 产品成本的辅助方法有（　　）。

A. 品种法　　B. 分步法　　C. 分类法　　D. 分批法

2. 在产品品种、规格繁多，又可按一定要求和标准划分为若干类别的企业或车间，产品成本计算一般可以采用（　　）。

A. 分批法　　B. 分步法　　C. 分类法　　D. 定额法

3. 采用分类法的目的，在于（　　）。

A. 分类计算产品成本　　B. 简化各种产品成本的计算工作

C. 简化各类产品成本的计算工作　　D. 准确计算各种产品成本

4. 产品生产过程中各项实际生产费用脱离定额的差异，称为（　　）。

A. 定额差异　　B. 脱离定额差异　　C. 材料成本差异　　D. 定额变动差异

5. 定额变动差异是指修订定额以后的，原定额成本与新的定额成本之间的差异，只有（　　）存在定额变动差异。

A. 月初在产品　　B. 月末在产品　　C. 本月投入产品　　D. 本月完工产品

6. 在采用定额法下，为了有利于分析和考核材料消耗定额的执行情况，日常材料的核算都是按（　　）进行的。

A. 计划成本　　B. 实际成本　　C. 定额成本　　D. 标准成本

7. 产品品种、规格繁多，且品种规格相近，工艺过程基本相同的产品，可以采用（　　）计算成本。

A. 分类法　　B. 品种法　　C. 分批法　　D. 分步法

8. 分类法以产品的（　　）作为成本计算对象，归集各类产品的生产费用。

A. 生产步骤　　B. 产品品种　　C. 产品批别　　D. 产品类别

9. 系数分配法是运用（　　）分配计算类内各规格产品成本的一种方法。

A. 重量　　B. 系数　　C. 长度　　D. 体积

10. 分类法与生产的类型（　　），它可以在各种类型的生产中应用。

A. 无直接关系　　B. 有直接关系　　C. 有一定的关系　　D. 不确定

11. 定额法是为了反映产品实际成本脱离（　　），配合企业加强定额管理和进行成本控制所采用的一种成本计算方法。

A. 材料成本差异　　B. 计划成本的差异

C. 定额成本的差异　　D. 费用成本差异

12. 定额成本是指根据企业在一定时期所实行的以（　　）为基础计算的一种预计产品成本。

A. 费用定额　　B. 材料定额　　C. 产品定额　　D. 各种消耗定额

13. 定额变动差异是指由于修订消耗定额而产生的新、旧定额成本之间的差额。它与（　　），是定额成本本身运用的结果。

A. 生产费用的超支有关　　B. 生产费用的超支或节约无关

C. 生产费用的节约有关　　D. 生产费用的超支或节约都有关

14. 定额法（　　），它是在品种法、分步法、分批法的基础上，运用一种特殊汇集费用的技术计算产品成本的方法。

A. 并非一种基本成本计算方法　　B. 是产品成本计算的基本方法之一

C. 是计算辅助生产费用的方法　　D. 是成本计算必须采用的方法

15. 定额成本一般是以产品现行的（　　）或费用的计划分配率为依据并分成本项目计算的。

A. 产品实际产量和计划价格　　B. 产品的实际产量和实际价格

C. 消耗定额和计划价格　　D. 产品的计划产量和计划价格

二、多项选择题（在下列备选答案中选出多个正确的答案，填在括号内）

1. 类内各种（规格）产品成本的分配采用系数分配法时，各种（规格）产品系数确定的依据有（　　）等。

A. 产品定额耗用量　　B. 产品定额成本

C. 产品售价　　D. 产品生产地点

2. 下列可采用分类法进行产品成本计算的有（　　）。

A. 联产品

B. 等级产品

C. 标准成本

D. 产品品种规格繁多，但可按一定标准分类

3. 采用分类法计算产品成本，一般可以将（　　）等方面相同或相似的产品归为一类。

A. 产品的结构、性质　　B. 产品耗用的原材料

C. 产品的生产工艺过程　　D. 产品的销售和使用对象

4. 类内不同品种、规格之间，费用分配的标准有（　　）。

A. 定额耗用量　　B. 定额成本　　C. 产品售价　　D. 产品排列顺序

5. 采用分类法计算成本的优点有（　　）。

A. 可以简化成本计算工作

B. 可以分类掌握产品成本情况

C. 可以使类内的各种产品成本的计算结果更为准确

D. 便于成本日常控制

6. 联产品的成本由（　　）之和组成。

A. 联合成本　　B. 可归属成本　　C. 制造成本　　D. 销售成本

7. 产品成本计算的辅助方法有（　　）。

A. 品种法　　B. 分步法　　C. 分类法　　D. 定额法

8. 联产品联合成本的分配方法有（　　）等。

A. 系数分配法　　B. 相对销售价值分配法

C. 实物量分配法　　D. 人工成本分配法

9. 对于分离后需要进一步加工的副产品，其成本计价的方法有（　　）。

A. 产品只负担可归属成本

B. 产品只负担共同成本

C. 产品既负担可归属成本，也负担分离前的共同成本

D. 产品不负担任何成本

10. 采用定额法计算产品成本，产品的实际成本由（　　）组成。

A. 定额成本　B. 脱离定额差异　C. 材料成本差异　D. 定额变动差异

11. 分类法的特点包括（　　）。

A. 以产品的类别作为成本计算对象

B. 成本计算期决定于生产特点及管理要求

C. 月末一般要将各类产品生产费用总额在完工产品和月末在产品之间进行分配

D. 按产品类别设立生产成本明细账

12. 在定额法下，产品实际成本的计算涉及以下几个因素（　　）。

A. 按现行定额计算的产品定额成本　B. 脱离现行定额差异

C. 材料成本差异　D. 月初在产品定额变动差异

13. 定额法计算产品成本的程序包括（　　）。

A. 按照企业生产工艺特点和管理要求，确定成本计算对象及成本计算的基本方法

B. 根据有关定额标准，计算各成本项目的定额费用，编制产品定额成本计算表

C. 生产费用发生时，将实际费用分为定额成本和定额成本差异两部分，分别编制凭证，予以汇总

D. 按确定的成本计算基本方法，汇集、结转各项费用的定额成本差异，并按一定标准在完工产品与在产品之间进行分配

14. 直接材料定额差异的计算方法有（　　）。

A. 限额法　B. 切割法　C. 系数法　D. 盘存法

15. 材料成本差异的计算涉及的因素有（　　）。

A. 产品原材料实际成本　B. 原材料脱离定额差异

C. 材料成本差异率　D. 产品原材料定额成本

三、判断题（正确的画“√”，错误的画“×”）

1. 分类法与品种法、分批法或分步法一起构成基本的成本计算方法。（　　）

2. 分类法是以成本项目为成本计算对象，归集生产费用，计算产品成本的一种方法。（　　）

3. 类似各产品成本的分配，可按选定的分配标准将类内各种产品折合为系数。（　　）

4. 分类法与生产类型有直接关系，因而可以在各种类型的企业中应用。（　　）

5. 用分类法计算成本，不仅能简化成本计算工作量，而且能在产品品种、规格繁多的情况下，分类掌握产品成本水平。(　　)

6. 制造费用属于间接费用，即发生时先按发生地点进行归集，月末才能直接或分配计入产品成本。(　　)

7. 在定额法下，材料日常核算都是按实际成本进行的，即材料定额成本和材料脱离定额差异都按材料的实际单位成本计算。(　　)

8. 定额变动差异，是指由于修订消耗定额而产生的新旧定额之间的差额。(　　)

9. 月末，对计算出的定额成本、脱离定额差异、定额变动差异以及材料成本差异，不需在完工产品和月末在产品之间进行分配。(　　)

10. 对于计算出的定额变动差异，可不分不同情况，一并予以处理。(　　)

四、实践练习

1. 齐鲁鞋厂生产塑料凉鞋 18 号、19 号、20 号、21 号、22 号五种产品耗用的原材料和产品的生产工艺过程比较接近，因而归为一类（甲类产品），采用分类法计算产品成本。6 月份有关成本计算资料如表 8-12、表 8-13 和表 8-14 所示。

表 8-12　　各种产品定额资料

产品名称	材料消耗定额（千克）	工时消耗定额（小时）
18 号	15	9.6
19 号	12	8.8
20 号	10	8
21 号	9	7.6
22 号	8	7.2

表 8-13　　本月各产品的实际产量　　单位：件

产品名称	18 号	19 号	20 号	21 号	22 号
产量	200	240	480	360	300

表 8-14　　月初在产品成本和本月生产费用　　单位：元

摘　要	直接材料	直接人工	制造费用	合　计
月初在产品成本	20 000	30 000	18 800	68 800
本月生产费用	146 880	383 040	255 360	785 280

要求：（1）采用月末在产品成本按年初固定成本计算，计算本月完工产品成本。

（2）采用系数分配法计算甲类产品内各种产品的成本。

2. 光明公司大批量生产复印纸产品，该产品各项消耗定额比较准确、稳定，采用定额法计算产品成本。公司规定，该产品的定额变动差异和材料成本差异由完工产品成本负担，脱离定额差异成本按比例在完工产品与月末在产品之间分配。脱离定额差异资料如下。

（1）复印纸定额成本及脱离定额差异资料如表 8-15 所示。

（2）光明公司复印纸 8 月份所耗木材的成本差异率为−2%。

（3）复印纸从本月 1 日起实行新的材料消耗定额，单位产品旧的材料费用定额为 40 元，新的材料费用定额为 38 元，该产品月初在产品按旧定额计算的材料费用为 10 000 元。

（4）复印纸本月份完工 200 吨，在产品 100 吨。定额成本资料如表 8-16 所示。

表 8-15　　定额成本及脱离定额差异资料　　单位：元

成本项目		直接材料	直接人工	制造费用	合计
月初在产品	定额成本	10 000	2 000	6 000	18 000
	脱离定额差异	−785	+140	−900	−1 545
本月生产费用	定额成本	50 000	8 500	31 000	89 500
	脱离定额差异	−1 000	+700	+1 640	+1 340

表 8-16　　产成品定额成本资料　　单位：元

成本项目	直接材料	直接人工	制造费用	合计
单位产品定额成本	275	47.25	171	493.25

要求：计算本月复印纸产品成本和在产品成本，计算结果填入基本生产成本明细账。

项目九

成本报表的编制与分析

【知识目标】

- 理解成本报表的概念、作用和种类
- 掌握商品产品成本表和主要产品单位成本表的编制方法
- 理解并掌握报表的分析方法

【能力目标】

- 会根据有关资料编制商品产品成本表和主要产品单位成本表
- 会根据有关资料对商品产品成本表和主要产品单位成本表进行分析
- 会根据有关资料进行制造费用明细表的编制和分析
- 会根据有关资料进行产品销售费用、管理费用和财务费用明细表的编制和分析

任务一 成本报表的编制

任务引入

东方机械厂设有两个基本生产车间。一车间生产甲产品，二车间生产乙、丙两种产品。其中甲、乙产品为可比产品，甲产品为该企业重点生产的重要产品，丙产品为

不可比产品。企业实行定额成本制度，成本核算采用品种法，基本生产成本设有直接材料、直接人工、燃料和动力、制造费用等成本项目。该厂201×年12月相关成本资料如表9-1、表9-2和表9-3所示。

表 9-1　　商品产品生产资料

201×年 12 月

项　目		可比产品（甲）	可比产品（乙）	不可比产品（丙）
单位生产成本（元）	上年实际成本	600	420	
	本月实际	555	414	276
	本年累计实际平均	573	417	273
	本年计划	580	400	270
生产量（件）	本月实际	90	105	60
	本年累计实际	765	960	630
	本年计划	720	890	650
销售量（件）	本月实际	75	105	60
	本年累计实际	780	870	48
	年初结存数量（件）	120	90	135

补充：① 可比产品本年计划降低额为 32 200 元。

② 可比产品本年计划降低率为 4%。

表 9-2　　甲产品成本资料

201×年 12 月　　单位：元

单位生产成本	直接材料	直接工资	制造费用	合　计
历史先进水平	279	135	114	528
上年实际平均	315	156	129	600
本年计划	300	150	130	580
本月实际	285	147	123	555
本年累计实际平均	294	153	126	573

表 9-3　　甲产品其他资料

201×年 12 月

项　目	单　位	上年实际	本年实际
单位产品售价	元	900	930
单位产品税金	元	120	123
产品计划销售量	件	765	770
产品实际销售量	件	750	780

小张是东方机械厂成本核算员，需要按月提供企业商品产品成本表和主要产品成本表。具体要求如下。

（1）根据上述资料编制东方机械厂 201×年 12 月商品产品成本表（见表 9-4）。

表 9-4　　　　　　　　　　商品产品成本表

编制单位：东方机械厂　　　　　　　　201×年 12 月　　　　　　　　单位：元

产品名称		计量单位	实际产量		单位成本				本月总成本			本年累计总成本		
			本月	本年累计	上年实际平均	本年计划	本月实际	本年累计实际平均	按上年实际平均单位成本	按本年计划单位成本	本月实际	按上年实际平均单位成本计算	按本年计划单位成本计算	本年实际
			(1)	(2)	(3)	(4)	(5)=(9)÷(1)	(6)=(12)÷(2)	(7)=(1)×(3)	(8)=(1)×(4)	(9)	(10)=(2)×(3)	(11)=(2)×(4)	(12)
可比产品合计	甲产品	件												
	乙产品	件												
不可比产品合计 丙产品		件												
全部商品产品成本														

补充资料（本年累计实际成本）：

① 可比产品成本降低额为________（本年计划降低额为________）。

② 可比产品成本降低率为________（本年计划降低率为________）。

（2）根据以上资料的有关资料编制该厂甲产品的主要产品单位成本表（见表 9-5）。

表 9-5　　　　　　　　　　主要产品单位成本表

编制单位：东方机械厂　　　　　　　　201×年 12 月　　　　　　　　单位：元

产 品 名 称		本月实际产量			
规格		本年累计实际产量			
计量单位		销售单价			
成本项目	历史先进水平	上年实际平均	本年计划	本月实际	本年累计实际平均
	（1）	（2）	（3）	（4）	（5）
直接材料					
直接人工					
制造费用					
产品生产成本					

相关知识

一、认识成本报表

成本报表是根据日常成本核算资料及其他有关资料编制的，反映企业一定时期内产品成本水平和费用支出情况，是据以分析企业成本计划执行情况和结果的报告文件。

通过编制和分析成本报表，可以考核企业成本计划和费用预算的执行情况，为正确进行成本决策提供依据。编制成本报表，是成本会计工作的重要内容。

1. 成本报表的种类

成本报表主要服务于企业内部经营管理，所以它的种类、格式、编报时间等不是由国家统一会计制度规定的，一般都由企业根据自身经营特点和成本管理的具体要求而定。成本报表具有灵活性和多样性的特点。对工业企业来说，一般可以按以下标志分类。

（1）按报表反映的经济内容分类。

① 反映产品成本计划执行情况的报表。这类报表主要有：商品产品成本表、主要产品单位成本表、制造费用明细表等。这些报表有的反映部门成本计划执行情况，有的为企业进一步降低成本，提高效益提供了重要依据。

② 反映费用支出情况的报表。这类报表主要有：管理费用明细表、销售费用明细表和财务费用明细表。通过这些报表揭示企业一定时期内的期间费用总额及构成情况，揭示各职能部门期间费用预算执行情况。

③ 反映生产经营情况的报表。这类报表主要有：生产情况表、材料耗用表、材料差异分析表等。这些报表反映产品生产成本的某些特定的、重要的问题。一般根据实际情况灵活设置。

（2）按报表编制的时间分类。成本报表在报送时间上有很大的灵活性。成本报表在报送时间上不必像对外报送的财务报表那样规范。按其编制的时间，可以分为年报、半年报、季报、月报以及旬报、周报等。

2. 成本报表的作用

（1）反映企业报告期内产品成本水平。产品成本是反映企业生产经营成果的一项综合性指标，企业在一定时期内的物质消耗、劳动效率、工艺水平、生产经营管理水平，都会直接或间接地在产品成本中综合地体现出来。通过编制成本报表能够及时地发现企业在生产、技术、质量、管理等方面取得的成绩和存在的问题，不断总结经验，提高企业经济效益。

（2）反映企业成本计划的完成情况。成本报表中所反映的各项产品成本指标，对掌握企业一定时期的成本水平，分析和考核产品成本计划完成情况及加强成本管理具有重要作用。

（3）为制定成本计划提供依据。计划年度的成本计划是在报告年度产品成本实际水平的基础上，结合报告年度成本计划执行情况，考虑计划年度中可能出现的有利因素和不利因素而制定的，所以本期报表所提供的资料，是制定下期成本计划的重要参考依据。各管理部门还可以根据成本报表的资料对未来时期的成本进行预测，为企业制定正确的经营决策及时提供相关而有用的数据。

（4）为企业的成本决策提供信息。对成本报表进行分析，可以发现成本管理工作中存在的问题，揭示成本差异对产品成本升降的影响程度，查明原因和责任，以便采取有针对性的措施，有效地降低成本，为企业挖掘降低成本的潜力指明方向。

3. 成本报表的编制要求

成本报表作为对内报表，主要是适应企业内部经营管理的需要，为了充分发挥成本报表在企业管理中的积极作用，企业应按照一定的要求正确编制各种成本报表。

（1）内容真实、数字准确、资料可靠。报表中的各项数据必须真实可靠，不能任意估计，更不允许弄虚作假、篡改数字。因此，企业在编制报表前，应将所有的经济业务登记入账，并核对各种账簿之间的记录，做到账账相符；清查财产、物资，做到账实相符。再依据有关账簿的记录编制报表。报表编制完毕后，还应检查各个报表中相关指标的数字是否一致。

（2）报表的内容要明晰、完整。主要报表种类应齐全，应填列的报表指标和文字说明必须全面，表内项目和表外补充资料，不论根据账簿资料直接填列，还是分析计算填列，都应当完整无缺，不得任意取舍。注意保持各成本报表计算口径一致，计算方法如有变动，应在附注中说明。对定期报送的主要成本报表，还应有分析、说明生产成本和费用升降情况、原因、措施的文字材料。

（3）编报及时。成本报表有些定期编制，有些不定期编制，无论是定期还是不定期编制，都要求及时编制，及时反馈。只有这样，才能及时地对企业成本完成情况进行检查和分析，从中发现问题，及时采取措施加以解决，以充分发挥成本报表的应有作用。企业不仅要做好日常成本核算工作，还要注意整理、收集有关的历史成本资料、同行业成本资料、统计资料以及成本计划资料、费用预算资料，及时加工处理，及时进行报告，以满足企业加强成本管理的需要。

二、商品产品成本报表的编制

商品产品成本表是反映企业一定时期全部商品产品总成本和单位成本状况的报表。通过该表可以了解全部商品产品成本计划的完成情况及可比产品成本降低任务的完成情况，以便分析成本变化的原因，寻求进一步降低成本的途径。商品产品成本报表按可比产品和不可比产品分别反映其单位成本和总成本。该表通常按月编制，其一般格式如表 9-6 所示。

表 9-6　　　　　　　　　　　　　　商品产品成本表

编制单位：东方机械厂　　　　　　　　201×年 12 月　　　　　　　　　　单位：元

产品名称	计量单位	实际产量		单位成本				本月总成本			本年累计总成本		
		本月	本年累计	上年实际平均	本年计划	本月实际	本年累计实际平均	按上年实际平均单位成本计算	按本年计划单位成本计算	本月实际	按上年实际平均单位成本计算	按本年计划单位成本计算	本年实际
		(1)	(2)	(3)	(4)	(5)=(9)/(1)	(6)=(12)/(2)	(7)=(1)×(3)	(8)=(1)×(4)	(9)	(10)=(2)×(3)	(11)=(2)×(4)	(12)
可比产品合计		—	—	—	—	—	—	25 500	24 000	23 600	305 000	287 500	300 000
甲产品	件	100	1 000	55	50	48	55	5 500	5 000	4 800	55 000	50 000	55 000
乙产品	件	200	2 500	100	95	94	98	20 000	19 000	18 800	250 000	237 500	245 000
不可比产品合计									24 500	24 200		260 000	263 400
丙产品	件	50	500		250	240	255		12 500	12 000		125 000	127 500
丁产品	件	40	450		300	305	302		12 000	12 200		135 000	135 900
全部商品产品制造成本		—	—	—	—	—	—	—	48 500	47 800	—	547 500	563 400

补充资料：

① 本年累计可比产品成本实际降低额为 5 000 元（305 000−30 000）。

② 本年累计可比产品成本实际降低率为 1.64%（5 000/305 000）。

1. 商品产品成本表（按产品种类反映）的结构

按产品种类编制商品产品成本表，反映企业在报告期内生产的全部产品的总成本和各种主要产品（含可比产品和不可比产品）总成本及单位成本。

商品产品成本表分为基本部分和补充资料两部分内容。基本部分中将全部商品产品分为可比产品和不可比产品，并分别列示各种产品的单位成本、本月总成本、本月累计总成本。可比产品是指企业过去曾经正式生产过，有完整的成本资料可以进行比较的产品；不可比产品是指企业本期初次生产的新产品，或虽非初次生产，但以前仅属试制而未正式投产的产品，缺乏可比的成本资料。补充资料部分主要列示可比产品成本降低额和可比产品成本降低率两项指标。

对可比产品来说，实际成本降低额和实际成本降低率是指本期的实际成本同上年的实际成本相比而计算出来的，所以表中不仅要列示本期的计划成本和实际成本，而且还要列示上年的实际成本。对不可比产品来说，因没有上年的实际成本可资比较，所以只列计划成本和实际成本。表中“按上年实际平均单位成本计算”项目根据上年成本报表累计实际平均单位成本和本年实际产量计算填列。“按本年计划单位成本计算”项目根据本年成本计划单位成本和本年实际产量计算填列。本年实际成本根据成本明细账填列。

2. 商品产品成本表（按产品种类反映）的编制方法

在成本计划中，对不可比产品只规定有本年计划成本，而对可比产品不仅规定有本年计划成本指标，而且规定有成本降低的计划指标，即本年度可比产品计划成本比上年度（或以前年度）实际成本的降低额和降低率。

报表基本部分各栏数字填列方法如下。

（1）“实际产量”项目：反映本月和从年初起至本月止各种主要商品产品的实际产量，根据本月成本计算单提供的资料填列，也可以根据“库存商品明细账”中有关完工入库产品数量资料填列。

（2）“单位成本”项目：反映各种主要商品产品的上年实际平均、本年计划、本月实际和本年累计实际平均的单位成本。

“上年实际平均单位成本”根据上年 12 月份本表中“本年累计实际平均单位成本”栏的数字填列；

“本年计划单位成本”根据企业本年产品成本计划资料填列；

“本月实际”根据本月“产品生产成本明细账”（或“产品成本计算单”）提供的资料填列；

“本年累计实际平均单位成本”需要计算填列，计算公式为

$$某产品本年累计实际平均单位成本=\frac{该产品本年累计实际总成本}{该产品本年累计实际总产量}$$

（3）“本月总成本”项目：反映各种主要商品产品本月实际产量的上年实际平均、本年计划和本月实际的总成本。

“本月实际生产总成本”根据本月“产品成本计算单”（或“库存商品明细账”）提供的资料填列；

“按上年实际平均单位成本计算”栏用本月实际产量乘以上年实际平均单位成本计算填列；“按本年计划单位成本计算”栏用本月实际产量乘以本年计划单位成本计算填列。

（4）“本年累计总成本”项目：反映各种主要商品产品本年累计实际产量的上年实际平均、本年计划和本年累计实际的总成本。根据产品成本计算单有关资料填列。

（5）补充资料各项目：根据计划、统计和会计等有关资料计算后填列。其中可比产品成本的降低额和降低率可按下列公式计算：

$$可比产品成本降低额=可比产品按上年实际平均单位成本计算的总成本-本期实际总成本$$

$$可比产品成本降低率=\frac{可比产品成本降低额}{可比产品按上年实际平均单位成本计算的总成本}\times100\%$$

3. 商品产品成本表（按成本项目反映）的结构和编制方法

按成本项目编制商品产品成本表，汇总反映企业在报告期发生的全部生产费用（按成本项目反映）和全部产品总成本。

［案例 9-1］ 东方机械厂 201×年 12 月产品生产成本（按成本项目反映）表及有关资料如表 9-7 所示。

表 9-7　　商品产品生产表（按成本项目反映）

单位：东方机械厂　　201×年 12 月　　单位：元

项　目		本年计划数	本月实际数	本年累计实际数
生产费用	原材料	132 600	10 490	132 000
	工资及福利费	64 200	5 600	61 000
	制造费用	91 870	6 600	93 000
	合计	288 670	22 690	286 000
加：在产品、自制半成品期初余额		14 100	2 900	19 300
减：在产品、自制半成品期末余额		12 140	2 110	17 100
产品成本合计		290 630	23 480	288 200

表9-7所示为按成本项目汇总反映企业在报告期内发生的全部生产费用以及产品成本合计数的报表，分为生产费用和产品成本两部分。生产费用部分按成本项目反映；产品成本部分是在生产费用合计数的基础上，加期初在产品和自制半成品余额、减期末在产品和自制半成品余额计算的产品成本合计数。生产费用和产品成本可以按本年计划数、本月实际数和本年累计实际数分栏反映，以便于分析利用。如果可比产品单列，还可以增设上年实际数栏。

表内各项目的填列方法：本年计划数应根据成本计划有关资料填列；本年实际数一栏，为按成本项目反映的各种生产费用数，应根据各种产品成本明细账所记本年生产费用合计数，为按成本项目分别汇总填列；本年累计实际数应根据本月实际数，加上上月本表的本年累计实际数计算填列。期初、期末在产品和自制半成品余额，应根据各种产品成本明细账的期初、期末在产品成本和各种自制半成品明细账的期初、期末余额，分别汇总填列。以生产费用合计数加在产品、自制半成品期初余额，减在产品、自制半成品期末余额，即可计算出产品成本合计数。

三、主要产品单位成本表编制

主要产品单位成本表是指反映企业在报告期内生产的各种主要产品单位成本的构成情况和各种主要技术经济指标执行情况的报表。该表是对商品产品成本报表进行补充说明的报表。

主要产品单位成本表的主要内容按成本项目列示历史先进水平、上年实际平均、本年计划、本月实际和本年累计实际平均的单位成本。利用主要产品单位成本表可以按照成本项目分析、考核主要产品单位成本的计划执行结果；可以按照成本项目将本月实际单位成本和本年累计实际平均单位成本与上年实际平均单位成本和历史先进单位成本进行对比，了解产品单位成本变化、发展趋势；还可以分析和考核主要产品的主要技术经济指标的执行情况。主要产品单位成本表的格式和内容如表 9-8 所示。

表 9-8 主要产品成本表

编制单位：东方机械厂 201×年 12 月 单位：元

产品名称	甲产品		本月计划产量			100
规格	—		本月实际产量			110
计量单位	件		本年累计计划产量			1 100
销售单价	—		本年累计实际产量			1 000
成本项目	行次	历史先进水平 20×8 年①	上年实际平均②	本年计划③	本月实际④	本年累计实际平均⑤
直接材料	1	20	21	20	22.5	22
直接人工	2	9	12	10	11	12
制造费用	3	8	10	9	10	10
合计	4	37	43	39	43.5	44
主要技术经济指标	5	单位用量	单位用量	单位用量	单位用量	单位用量
① 主要材料 ② 工时						

主要产品单位成本表的编制依据主要是有关产品的“产品成本明细账”资料、成本计划、历年有关成本资料、上年度本表有关资料及产品产量、材料和工时的消耗量等资料。主要产品单位成本表应按主要产品分别编制。表内各项目的填列方法说明如下。

（1）“本月计划产量”和“本年累计计划产量”项目，分别根据本月和本年产品产量计划填列。

（2）“本月实际产量”和“本年累计实际产量”项目，根据统计提供的产品产量资料或产品入库单填列。

（3）“成本项目”各项目，应按具体规定填列。

（4）“历史先进水平”栏各项目，反映本企业历史上该种产品成本最低年度的实际平均单位成本和实际单位用量，根据有关年份成本资料填列。

（5）“上年实际平均”栏各项目，反映上年实际平均单位成本和单位用量，根据上年度本表的“本年累计实际平均”单位成本和单位用量的资料填列。

（6）“本年计划”栏各项目，反映本年计划单位成本和单位用量，根据年度计划资料填列。

（7）“本月实际”栏各项目，反映本月实际单位成本和单位用量，根据本月产品成本明细账等有关资料填列。

（8）“本年累计实际平均”栏各项目，反映本年年初至本月月末止该种产品的平均实际单位成本和单位用量，根据年初至本月月末止的已完工产品成本明细账等有关资料，采用加权平均计算后填列。有关计算公式如下：

$$某产品的实际平均单位成本=\frac{该产品累计总成本}{该产品累计产量}$$

$$某产品的实际平均单位用量=\frac{该产品累计总用量}{该产品累计产量}$$

（9）“主要技术经济指标”项目，反映主要产品每一单位产品产量所消耗的主要原材料、燃料、工时等的数量。

对本表中不可比产品，不填列“历史先进水平”、“上年实际平均”的单位成本和单位用量。本表中按成本项目反映的“上年实际平均”、“本年计划”、“本年累计实际平均”的单位成本合计，应与商品产品表中的该产品各单位成本金额分别相等。

四、制造费用明细表的编制及分析

制造费用明细表是反映企业在报告期内发生的各种制造费用情况的报表。根据制造费用明细表，可以了解报告期内制造费用的实际支出水平；可以分析考核制造费用计划的执行情况；可以评价制造费用的变化趋势，以便采取有效措施，加强对制造费用的控制和管理，从而降低产品生产成本。

1. 制造费用明细表的结构和内容

制造费用明细表的结构是根据制造费用项目内容，分别反映各项目制造费用的“本年计划数”、“上年实际数”和“本年实际数”资料。这样，可以将制造费用本年实际数分别与本年计划数和上年同期数进行对比，以便进行分析评价。制造费用的明细表的结构和内容参如表 9-9 所示。

表 9-9　　制造费用明细表

编制单位：东方机械厂　　201×年　　单位：元

项　目	行　次	本年计划数	上年实际数	本年实际数
工资	1	5 500	7 500	7 100
职工福利费	2	340	620	564
折旧费	3	3 000	2 900	2 900
修理费	4	7 200	3 500	7 400
机物料消耗	5	13 500	13 500	15 100
低值易耗品	6	1 100	1 260	1 280
水电费	7	15 000	21 500	15 500
办公费	8	11 100	12 300	13 260
运输费	9	8 000	8 600	9 600
保险费	10	3 700	3 700	3 820
合计	11	68 440	75 380	76 524

2. 制造费用明细表的编制方法

（1）“本年计划数”栏各项目数字，根据本年制造费用预算填列。

（2）“上年实际数”栏各项目数字，根据上年度本表的“本年实际数”栏相应的数字填列。如果表内所列费用项目与上年度的费用项目在名称和内容上不一致，应对上年度的各项数字按本年度表内项目的规定进行调整。

（3）“本年实际数”栏各项目数字，根据本年“制造费用明细账”中各费用项目累计数填列。

对制造费用明细表的分析，主要采用“比较分析法”，对费用总额及各个费用项目的本年实际累计数与计划数相比较，可以了解各项费用比计划节约或超支，即计划的完成情况。对于增减变动较大的费用项目，还应作重点分析，深入探究具体原因。

五、期间费用明细表的编制与分析

期间费用明细表具体包括管理费用明细表、财务费用明细表和销售费用明细表，是反映企业在报告期内发生的各种期间费用情况的报表。根据期间费用报表所提供的资料，可以了解报告期内企业管理费用、财务费用和销售费用的实际支出水平，据以考核各种期间费用计划（或预算）的执行情况，分析评价各种期间费用的构成情况和变化趋势，以便加强期间费用的控制和管理。

1. 期间费用明细表的结构和内容

期间费用明细表的结构和内容同制造费用明细表基本相同。各种期间费用明细表中分别按规定的费用项目列示各种费用的“本年计划数”、“上年实际数”和“本年实际数”。管理费用明细表的格式及内容如表 9-10 所示，销售费用明细表如表 9-11 所示，财务费用明细表如表 9-12 所示。

表 9-10 管理费用明细表

编制单位：东方机械厂 201×年 单位：元

项　目	行　次	本年计划数	上年实际数	本年实际数
工资	1	39 500	42 500	40 000
职工福利费	2	5 100	5 520	5 270
差旅费	3	29 500	34 500	26 500
办公费	4	40 000	44 500	38 500
折旧费	5	2 500	2 500	2 500
修理费	6	1 500	1 250	1 550
机物料消耗	7	4 500	3 500	4 250
低值易耗品摊销	8	4 000	4 250	4 100
工会经费	9	3 000	3 600	3 100

续表

项　目	行　次	本年计划数	上年实际数	本年实际数
职工教育经费	10	1 200	1 100	1 080
劳动保险费	11	1 800	1 700	2 000
董事会费	12	3 500	4 000	3 650
咨询费	13	2 000	2 500	1 550
审计费	14	6 000	8 000	6 500
诉讼费	15	3 600	9 500	4 500
绿化费	16	4 500	6 500	7 850
税金	17	34 500	35 500	34 000
土地使用费	18	2 500	2 500	2 500
技术转让费	19	86 500	89 500	72 000
技术开发费	20	73 500	—	65 000
无形资产摊销	21	5 500	5 000	5 500
业务招待费	22	19 500	21 500	17 000
坏账损失	23	1 000	800	1 200
存货盘亏、毁损	24	1 500	1 400	1 050
其他	25	9 500	16 500	8 000
合　计	26	386 200	348 120	359 150

表 9-11　　　　　　销售费用明细表

编制单位：东方机械厂　　　　　　201×年　　　　　　单位：元

项　目	行　次	本年计划数	上年实际数	本年实际数
工资	1	4 500	4 200	5 200
职工福利费	2	660	500	600
差旅费	3	7 500	7 600	6 800
办公费	4	2 500	2 900	2 350
折旧费	5	300	300	300
修理费	6	200	200	160
机物料消耗	7	400	400	345
低值易耗品摊销	8	150	150	155
运输费	9	7 000	6 500	7 500
装卸费	10	1 700	1 000	1 900
包装费	11	10 000	8 900	9 000
保险费	12	22 000	19 500	22 000
委托代销手续费	13	1 500	1 000	1 650

续表

项　目	行　次	本年计划数	上年实际数	本年实际数
广告费	14	49 500	24 500	49 500
展览费	15	2 500	—	3 000
租赁费	16	—	—	—
销售服务费	17	4 000	1 000	3 000
其他	18	20 000	19 500	18 500
合计	19	134 410	98 150	131 960

表 9-12　　财务费用明细表

编制单位：东方机械厂　　201×年　　单位：元

项　目	行　次	本年计划数	上年实际数	本年实际数
利息支出（减利息收入）	1	72 500	68 500	78 600
汇兑损失（减汇兑收益）	2	—	—	—
金融机构手续费	3	6 000	4 500	7 000
其他	4	—	—	—
合计	5	78 500	73 000	85 600

2. 期间费用明细表的编制方法

管理费用明细表、财务费用明细表和销售费用明细表各项目的填列方法说明如下。

（1）“本年计划数”栏各项目数字，根据本年度各项费用预算填列。

（2）“上年实际数”栏各项目数字，根据上年度本表的“本年实际数”栏相应的数字填列。如果表内所列费用项目与上年度的费用项目在名称和内容上不一致的，应对上年度的各项数字按本年度表内项目的规定进行调整。

（3）“本年实际数”栏各项目数字，根据本年度“管理费用明细账”、“财务费用明细账”和“销售费用明细账”中各费用项目的累计数填列。

3. 期间费用明细表的分析

期间费用明细表的分析方法，主要是通过实际与计划对比分析各种费用计划的执行情况。

为了分析各种费用计划的执行情况，可根据各种费用明细表提供的资料，以本年实际数与本年计划数相比较，确定实际脱离计划差异，然后结合有关资料分析差异的原因。

任务实施

（1）根据资料编制商品产品成本表，如表 9-13 所示。

表 9-13　　　　商品产品成本表

编制单位：东方机械厂　　　　201×年 12 月　　　　单位：元

产品名称	计量单位	实际产量		单位成本				本月总成本			本年累计总成本		
		本月	本年累计	上年实际平均	本年计划	本月实际	本年累计实际平均	按上年实际平均单位成本	按本年计划单位成本	本月实际	按上年实际平均单位成本计算	按本年计划单位成本计算	本年实际
		(1)	(2)	(3)	(4)	(5)=(9)÷(1)	(6)=(12)÷(2)	(7)=(1)×(3)	(8)=(1)×(4)	(9)	(10)=(2)×(3)	(11)=(2)×(4)	(12)
可比产品合计								98 100	94 200	93 420	862 200	827 700	838 665
甲产品	件	90	765	600	580	555	573	54 000	52 200	49 950	459 000	443 700	438 345
乙产品	件	105	960	420	414	414	417	44 100	42 000	43 470	403 200	384 000	400 320
不可比产品合计									16 200	16 560		170 100	171 990
丙产品	件	60	630		270	276	273		16 200	16 560		170 100	171 990
全部商品产品成本									110 400	109 980		997 800	1 010 655

补充资料（本年累计实际成本）：

① 可比产品成本降低额为 23 535（本年计划降低额 32 200）。

② 可比产品成本降低率为 2.73%（本年计划降低率 4%）。

（2）根据资料编制主要产品单位成本表，如表 9-14 所示。

表 9-14　　　　主要产品单位成本表

编制单位：东方机械厂　　　　201×年 12 月　　　　单位：元

产品名称		甲产品	本月实际产量			90
规格			本年累计实际产量			765
计量单位		件	销售单价			930
成本项目	行次	历史先进水平 19××年	上年实际平均	本年计划	本月实际	本年累计实际平均
		（1）	（2）	（3）	（4）	（5）
直接材料	1	279	315	300	285	294
直接人工	2	135	156	150	147	153
制造费用	3	114	129	130	123	126
产品生产成本		528	600	580	555	573

任务二　成本报表的分析

任务引入

（1）东方机械厂 2010 年生产甲、乙、丙 3 种产品，其中甲、乙产品为可比产品，丙产品为当年投产的新产品，甲、乙两种产品的上年实际平均单位成本分别为 103 元和 98 元。

（2）各产品有关成本计划的资料如表 9-15 所示。

表 9-15　　成本计划

项　　目	甲产品	乙产品	丙产品
计划单位成本（元/件）	95	85	28
计划产量（件）	360	540	800

（3）各产品本年 1～11 月累计产量和累计成本如表 9-16 所示。

表 9-16　　本年 1～11 月产品累计产量和累计成本表

项　　目	甲产品	乙产品	丙产品
累计产量（件）	360	550	720
累计总成本（元）	34 200	43 890	14 328

（4）本年 12 月实际产量及成本如表 9-17 所示。

表 9-17　　本年 12 月产品实际产量及成本表

项　　目	甲产品	乙产品	丙产品
实际产量（件）	40	50	80
实际总成本（元）	4 200	4 110	1 672
单位产品成本（元/件）	105	82.20	20.90

（5）根据以上资料，企业成本核算员编制的商品产品成本表如表 9-18 所示。

表 9-18　　商品产品成本表

指标项目 \ 产品名称		可比产品成本			不可比产品成本		全部商品产品成本
		合计数	甲产品	乙产品	合计数	丙产品	
实际产量（件）	本月份		40	50		80	
	本年累计数		400	600		800	
单位成本（元/件）	上年实际平均		103	98			
	本年计划		95	85		28	
	本月实际		105	82.2		20.9	
	本年累计实际平均		96	80		20	
本月总成本（元）	按上年实际平均	9 020	4 120	4 900			
	按本年计划计算	8 050	3 800	4 250	2 240	2 240	10 290
	本月实际成本	8 310	4 200	4 110	1 672	1 672	9 982
本年累计总成本（元）	按上年实际平均	100 000	41 200	58 800			
	按本年计划计算	89 000	38 000	51 000	22 400	22 400	111 400
	本年实际成本	86 400	38 400	48 000	16 000	16 000	102 400

要求如下。

（1）根据以上资料计算计划成本降低额、计划成本降低率、实际成本降低额、实际成本降低率。

（2）采用因素分析法分析产量因素、品种结构因素和单位成本因素对成本计划完成情况的影响。

相关知识

一、成本分析的概念

成本分析是指根据成本核算资料和成本计划资料及其他有关资料，运用一系列专门方法，对成本水平及其构成情况进行分析和评价，揭示企业费用预算和成本计划的完成情况，认识和掌握降低成本费用的规律，查明影响成本升降的各因素及其变动的原因，挖掘降低成本的潜力，提高企业成本效益的一种管理活动。

成本分析是成本核算工作的继续，它贯穿于成本管理工作全过程，包括事前分析、事中分析和事后分析。在实际工作中，经常使用的是成本报表的分析。

二、成本分析的方法

成本分析的方法多种多样，具体选用哪种方法，取决于企业成本分析的目的、费用和成本形成的特点、成本分析所依据的资料等。常用的方法有对比分析法、比率分析法、因素分析法等。

1．对比分析法

对比分析法是指将两个或两个以上的相关的不同时期（或不同情况下）的成本指标数据进行对比，揭示客观存在的差异的一种方法，如本期与上期对比、实际与计划对比、本企业与同行业的其他企业对比等。成本指标的对比一定要注意指标的相关性，也就是可对比性。通过分析产生差异的原因，研究解决问题的途径和方法，提高企业成本管理水平。在成本分析中，运用对比分析法主要有以下几种比较方式。

（1）分析期实际数与计划数据相比较。这是基本的比较方法。这种方法可以找出分析期实际成本或费用，与计划成本或费用的差异，检查分析成本计划的完成情况，可为进一步分析指明方向。

（2）分析期实际数据与前期实际数据比较。将分析期实际成本、费用与前期实际成本、费用进行比较，可以反映成本、费用变动的趋势。在有关成本、费用的计划资料不全或质量不高时，这种比较尤为重要。在成本分析中，分析期实际数据除了与前期实际成本、费用进行比较以外，还应当与本企业历史先进水平的成本、费用指标比较。

（3）分析期实际数据与本行业实际平均数据和本行业先进企业实际数据比较。将企业实际数据与本行业实际平均数据和同行业先进企业的实际数据进行横向对比，才能找出本企业的差距，确定企业成本管理水平在同行业同类企业中的位置。

2. 比率分析法

比率分析法是指通过计算和对比经济指标的比率，进行数量分析的一种方法。在成本分析中，常用的比率分析法有相关比率分析法、构成比率分析法和趋势比率分析法等。

（1）相关比率分析法。相关比率分析法是指将两个性质不同但又相关的指标进行对比求出比率进行分析，以便从经济活动的客观联系中，更深入地认识企业的生产经营状况，如成本利润率、产值成本率、销售成本率等。这些指标的计算公式如下：

$$成本利润率=\frac{产品销售利润}{产品成本}\times 100\%$$

$$产值成本率=\frac{产品成本}{产品产值}\times 100\%$$

$$销售成本率=\frac{产品成本}{产品销售收入}\times 100\%$$

（2）构成比率分析法。构成比率又称结构比率，是指某一个经济指标的各个组成部分在总体中所占的比重。通过对构成比率的分析，可以发现其构成内容的变化，以便进一步掌握该项经济活动的特点和变化趋势。例如，将构成产品成本的各个成本项目与产品成本总额相比，计算其占总成本的比重，确定成本的构成比率，然后再将不同时期的成本构成比率相比较，掌握产品成本构成的变动情况。

（3）趋势比率分析法。将不同时期同类指标的数值进行对比，用以反映分析对象的增减速度和发展趋势，从中发现企业在生产经营方面的成绩或不足。

3. 因素分析法

因素分析法是指根据分析指标与其影响因素之间的数量关系，按照一定的程序和方法，从数值上确定各因素对分析指标差异影响程度的一种技术分析方法。在几个相互联系的因素共同影响着某一指标的情况下，可通过因素分析法测算各因素对经济指标变动的影响程度。其具体方法主要有连环替代法和差额计算法。

（1）连环替代法。连环替代法是用来计算几个相互联系的因素对综合经济指标的变动影响程度的一种分析方法。通过这种计算方法可以衡量各个因素对综合指标的影响程度，从而更好地分析、管理经济活动。

连环替代法的计算程序如下。

① 确定综合经济指标与各个因素的数量关系，并将其实际数与计划数对比确定实际脱离计划差异，作为分析对象。

② 以计划数为基础，依次、逐个地以各个因素的实际数替换其计划数，将每次

替换所算出的结果，与这一因素被替换前的结果进行比较，两者的差额，就是这一因素变化对经济指标差异的影响程度，替换时假定其他因素不变。

③ 将各个因素的影响数值相加，其代数和应同该经济指标的实际数与计划数之间的总差异数相符。

综合性经济指标的变化往往是许多因素综合影响的结果。这些因素相互联系，按照相同或相反的方向对综合经济指标产生影响。要分析各个影响因素对综合经济指标的影响程度，只有在假定其他因素不变的情况下才可以进行。运用这一方法时，要正确确定各个因素的替换顺序。通常确定各个因素的替换顺序的做法是：先数量指标，后质量指标；先实物量指标，后价值量指标。在各个因素的替换过程中，要按照统一的替换顺序进行，这样计算的结果才有可比性。如果改变各个因素的顺序，可能会得到不同的计算结果。另外，还要注意替换顺序的连环性，每一个因素的替换都是在上一次替换的基础上进行的。

假设某一经济指标 N 由相互联系的 A、B、C 3 个因素组成，计划指标、实际指标和实际脱离计划的差异数的公式如下：

计划指标 $N_0 = A_0 \times B_0 \times C_0$

实际指标 $N_1 = A_1 \times B_1 \times C_1$

差异数 $D = N_1 - N_0$

根据连环替代分析法，测定各个因素的变动对指标 N 的影响程度时计算顺序如下：

计划指标 $N_0 = A_0 \times B_0 \times C_0$　　（1）

第一次替代 $N_2 = A_1 \times B_0 \times C_0$　　（2）

第二次替代 $N_3 = A_1 \times B_1 \times C_0$　　（3）

第三次替代 $N_1 = A_1 \times B_1 \times C_1$　　（4）

据此测定的结果：

A 因素变动的影响 $= (2) - (1) = N_2 - N_0$

B 因素变动的影响 $= (3) - (2) = N_3 - N_2$

C 因素变动的影响 $= (4) - (3) = N_1 - N_3$

综合各因素变动的影响程度 $= D = (N_2-N_0) + (N_3-N_2) + (N_1-N_3) = N_1-N_0$

[案例 9-2]　东方机械厂原材料费用相关资料如表 9-19 所示，材料费用的实际数和计划数存在差异。运用连环替代法，分析各因素变化对其差异的影响程度。

表 9-19　　**材料费用分析资料表**

项　目	计 划 数	实 际 数
产品产量（件）	100	110
单位产品材料消耗量（千克）	62	64
材料单价（元）	4	5
材料费用总额（元）	24 800	35 200

根据表 9-19 中资料，材料费用的实际数超过计划数 10 400 元，形成差异的因素有产品产量、单位产品材料消耗量、材料单价，各因素变化对差异的影响程度计算如下：

计划指标 = 100 × 62 × 4 = 24 800（元） （1）

第一次替代 = 110 × 62 × 4 = 27 280（元） （2）

第二次替代 = 110 × 64 × 4 = 28 160（元） （3）

第三次替代 = 110 × 64 × 5 = 35 200（元） （4）

据此测定的结果：

产量增加产生的影响 = (2) − (1) = 27 280 − 24 800 = 2 480（元）

材料单耗增加产生的影响 = (3) − (2) = 28 160−27 280 = 880（元）

材料价格上升产生的影响 = (4) − (3) = 35 200−28 160 = 7 040（元）

（2）差额计算法。差额计算法是连环替代法的一种简化形式，是利用各个因素的实际数与计划数之间的差额，直接计算各个因素变化对经济指标差异的影响程度。应用该方法与应用连环替代法的要求相同，只是计算程序简化一些。因此，在实际工作中应用比较广泛。其计算程序如下：

① 确定各因素的实际数与计划数的差额。

② 用各因素的差额，乘以计算公式中该因素前面的各因素的实际数，以及列在该因素后面的其余因素的计划数，就可求得各因素的影响值。

③ 将各个因素的影响值相加，其代数和应同该项经济指标的实际数与计划数的差相符。

[案例 9-3] 根据表 9-19 的资料，运用差额分析法，分析各因素变化对材料费用总额差异的影响程度。

各因素变化对材料费用总额差异的影响程度计算如下：

产量增加产生的影响 = (110 − 100) × 62 × 4 = 2 480（元）

材料单耗增加产生的影响 =110 × (64 − 62) ×4 = 880（元）

材料价格上升产生的影响 =110 × 64 × (5−4) = 7 040（元）

三、成本计划完成情况分析

成本计划完成情况分析的目的是找出影响成本计划完成的各种因素，为进一步查明成本升降的原因指明方向。具体包括，全部商品产品成本计划完成分析和主要产品单位成本分析。在分析中，重点是可比产品成本计划完成情况分析。

1. 全部产品成本计划完成情况的分析

进行成本分析，首先应从对全部产品（包括可比产品和不可比产品）成本计划完成情况的总评价开始。通过总评，一是对企业本期全部产品成本计划的完成情况有个总括的了解；二是通过对影响计划完成情况因素的初步分析，找出成本节约或超支的产品，为进一步分析指出方向。

全部产品成本计划完成情况的分析应当是全部产品的计划总成本和实际总成本对比，确定实际成本比计划成本的降低额和降低率。为了使成本指标可比，必须先将成本计划中的计划总成本换算为按实际产量、实际品种构成、计划单位成本计算的总成本，然后再与实际总成本对比，确定成本计划的完成程度。计算公式如下：

$$全部产品成本降低额 = \sum(实际产量 \times 计划单位成本) - \sum(实际产量 \times 实际单位成本)$$

$$全部产品成本降低率 = \frac{全部产品成本降低数}{\sum（实际产量 \times 计划单位成本）} \times 100\%$$

［案例 9-4］　根据表 9-6 可以了解，东方机械厂 201×年 12 月全部产品成本降低额和降低率，结果如表 9-20 所示。

表 9-20　　全部产品成本降低情况表

201×年 12 月

产品名称	计划总成本	实际总成本	降低额	降低率（%）
可比产品				
甲产品	5 000	4 800	+200	4
乙产品	19 000	18 800	+200	1.05
合　计	24 000	23 600	+400	1.67
不可比产品				
丙产品	12 500	12 000	+500	4
丁产品	12 000	12 200	−200	−1.67
合　计	24 500	24 200	+300	1.22
全部产品合计	48 500	47 800	+700	1.44

从表 9-20 中可以看出，东方机械厂 12 月全部产品总成本实际比计划节约 700 元，降低率为 1.44%，超额完成计划。但分别从可比和不可比产品来看，计划完成的程度不同。总的节约额 700 元中，不可比产品成本节约 300 元，可比产品成本节约 400 元。

全部产品成本降低情况既可以按月分析，年末时也可以根据当年的资料分析全年所有商品成本降低完成情况，以便为下一年度的成本计划提供依据。

2. 可比产品成本计划完成情况的分析

由于成本计划中规定了可比产品本年累计实际总成本比上年降低的任务，即计划降低额和计划降低率，因此，可比产品成本分析首先要计算实际成本降低额和降低率，然后再与计划成本降低额和降低率进行比较，从而了解可比产品成本降低任务的完成情况。

实际降低额和降低率以及计划降低额和降低率的计算公式如下。

计划降低额=全部可比产品的计划产量按上年实际平均单位成本计算的总成本－全部可比产品的计划产量按计划单位成本计算的总成本

$$计划降低率=\frac{计划降低额}{全部可比产品的计划产量按上年实际平均单位成本计算的总成本}\times 100\%$$

实际降低额＝全部可比产品的实际产量按上年实际平均单位成本计算的总成本－全部可比产品的实际产量按本年实际单位成本计算的总成本

$$实际降低率=\frac{实际降低额}{全部可比产品的实际产量按上年实际平均单位成本计算的总成本}\times 100\%$$

假定企业可比产品成本降低计划和实际完成情况的有关资料如表 9-21、表 9-22 所示。

表 9-21　　可比产品成本降低计划表　　单位：元

可比产品	计划产量	单位成本		总成本		计划降低任务	
		上年实际平均	本年计划	按上年实际平均单位成本计算	按本年计划单位成本计算	降低额	降低率（%）
A 产品	1 000	250	245	250 000	245 000	5 000	2
B 产品	1 000	400	398	400 000	398 000	2 000	0.5
合计				650 000	643 000	7 000	1.076 9

表 9-22　　可比产品成本降低计划完成情况　　单位：元

可比产品	实际产量	单位成本		总成本		实际降低情况		计划降低任务	
		上年实际平均	本年实际	按上年实际平均单位成本计算	本年实际	降低额	降低率（%）	降低额	降低率（%）
A 产品	800	250	247.5	200 000	198 000	2 000	1	5 000	2
B 产品	150 0	400	396.8	600 000	595 200	4 800	0.8	2 000	0.5
合　计				800 000	793 200	6 800	0.85	7 000	1.076 9

（1）根据表 9-21 及表 9-22，将实际完成情况与计划相比较。

计划降低额为 7 000 元，计划降低率为 1.076 9%。

实际降低额为 6 800 元，实际降低率为 0.85%。

本期可比产品成本降低额和降低率都未完成计划，应进一步分析影响可比产品成本降低计划完成情况的因素，以便做出正确的评价。

（2）确定影响可比产品成本降低计划完成情况的因素和各因素的影响程度。

影响可比产品降低计划完成情况的因素有 3 个：产品产量、产品品种构成和产品单位成本。下面分别介绍这 3 个因素的变动与成本降低计划完成情况的关系。

（1）产量变动的影响。成本降低计划是根据各种产品计划产量制定的，而实际成本降低额和降低率是根据实际产量计算的。因此产品产量的增减，必然会影响可比产品成本降低计划的完成情况。产量变动影响的特点是：假定其他因素不变，即产品品种构成和产品单位成本不变，单纯产量变动，只影响成本降低额，而不影响成本降低率。

产量变动对成本降低额的影响

=∑(本年实际产量 × 上年实际平均单位成本) × 计划降低率 − 计划降低额

=800 000×1.076 9% − 7 000

= 1 615.2（元）

（2）产品品种构成变动的影响。产量变动往往会引起产品品种构成变动。由于各种产品成本降低幅度不同，如果成本降低幅度大的产品在全部可比产品产量中所占比重比计划提高时，全部可比产品成本降低额和降低率指标的计划完成程度便会相应增大；相反，会缩小。

产品品种构成变动对成本降低额的影响

= ∑(本年实际产量 × 上年实际平均单位成本) − ∑(本年实际产量×本年计划单位成本) − ∑(本年实际产量 × 上年实际平均单位成本) × 计划降低率

= 800 000 − 793 000 − 800 000 × 1.076 9%

= − 1 615.2（元）

产品品种构成变动对成本降低率的影响

$$= \frac{\text{产品品种构成变动对降低额的影响}}{\sum(\text{本年实际产量}\times\text{上年实际平均单位成本})}\times 100\%$$

$$= \frac{-1\,615.2}{800\,000}\times 100\%$$

=−0.201 9%

（3）产品单位成本变动的影响。成本计划降低额是本年计划成本比上年实际平均成本的降低数，而成本实际降低额则是本年实际成本比上年实际平均成本的降低数。因此，当产品单位成本实际比计划降低或升高时，必然会引起成本降低额或降低率的变动。

在确定上述各项因素变化对可比产品成本降低计划完成情况的影响时，可采用连环替代法在可比产品降低计划的基础上，分别以实际产量、实际品种结构和实际单位成本，逐步替代计划数，确定各种因素变化对可比产品成本降低额和降低率差异的影响。

产品单位成本变动对成本降低额的影响

= ∑（本年实际产量×本年计划单位成本）−∑（本年实际产量×本年实际平均单位成本）

= 793 000−793 200

= −200（元）

产品单位成本变动对成本降低率的影响

$$= \frac{\text{产品单位成本变动对降低额的影响}}{\sum(\text{本年实际产量}\times\text{上年实际平均单位成本})}\times 100\%$$

$$= \frac{-200}{800\,000} \times 100\%$$

$$=-0.025\%$$

总的来看，企业未完成成本降低计划，情况不好。产品单位成本的升高或降低，意味着生产中劳动耗费的浪费或节约，分析时对这一因素的变动影响要给予特别的注意。本例中，由于产品单位成本升高影响可比产品成本降低额为减少200元，降低率为−0.025%。进一步分析可知是A产品造成的，B产品单位成本是降低的。产量变动影响可比产品成本降低额实际比计划增加1 615.2元，而产品品种构成变动影响可比产品成本降低额实际比计划减少1 615.2，这两个因素的变动影响反映了生产和销售工作对成本的影响。

四、主要产品单位成本表的分析

一般来说，工业企业生产产品的种类都比较多，如果对全部产品的单位成本都不加选择地进行同样的详细深入的分析，会浪费大量的人力、物力，而且也会使分析缺乏重点。因此，产品单位成本分析应抓住关键，把握重点，着重对一些企业经常生产、在全部产品中所占比重较大、能代表企业生产经营基本面貌的主要产品或成本发生异常变动的产品进行分析。

主要产品单位成本计划完成情况分析内容主要包括：主要产品成本计划情况分析、产品单位成本主要项目完成情况分析。

1. 产品单位成本计划完成情况分析

产品单位成本计划完成情况分析，是指将分析对象的各成本项目的实际数与计划数进行对比，确定差异额和差异率以及各成本项目变动对产品单位成本计划的影响程度，查明造成产品单位成本升降的原因。

[案例 9-5] 东方机械厂的A产品是该企业的主要产品之一，且本年度成本超支，现按成本项目列示如表9-23所示。

表 9-23　　产品单位成本计划完成情况分析表

产品：A产品　　201×年　　单位：元

成本项目	单位成本			与上年实际比		与本年计划比	
	上年实际	本年计划	本年实际	成本降低额	成本降低率（%）	成本降低额	成本降低率（%）
直接材料	21	20	22.5	−1.5	−7.143	−2.5	−12.5
直接人工	12	10	11	1	8.333	−1	−10.00
制造费用	10	9	10	0	0	−1	−11.11
合计	43	39	43.5	−0.5	−1.163	−4.5	−11.54

以上分析表明：A 产品本年实际单位成本比计划超支了 4.5 元，主要是直接材料超支了 2.5 元，直接人工费用超支了 1 元，制造费用超支了 1 元，影响了单位成本降低任务的完成，因此还应对各项费用作进一步的分析。

2. 产品单位成本项目分析

此项分析可对每个成本项目逐一进行分析，也可有选择地对某些成本项目进行重点分析。

（1）直接材料项目的分析。直接材料是直接用于产品生产的原材料，生产一种产品往往要消耗多种原材料。直接材料项目分析应根据耗用的各种原材料进行，分析单位产品各种材料的消耗量和相应的材料单价两个因素。其计算公式如下：

单位产品直接材料费用 = Σ（直接材料消耗量 × 材料单价）

单位产品直接材料差异额 = 单位产品直接材料实际费用 − 单位产品直接材料计划费用

=单位产品直接材料消耗量变动的影响 + 单位产品直接材料单价变动的影响

单位产品直接材料消耗量变动的影响 = Σ（实际材料单耗−计划材料单耗）× 计划材料单价

单位产品直接材料单价变动影响 = Σ（实际材料单价−计划材料单价）×实际材料单耗

影响材料消耗量变动的因素主要有：材料质量变化、产品设计的变化、下料和生产工艺方法的改变、材料利用程度的改变、废品数量的变化、生产工人技术水平和操作能力的高低、机器设备性能的好坏。

影响材料单价变动的因素主要有材料买价的变动、材料运费的变动、运输途中合理损耗的变化、材料整理加工费及检验费的变化等。

（2）直接人工项目分析。单位产品直接人工费用的变动，主要受劳动生产率和工资水平两个因素的影响。其计算公式如下：

单位产品直接人工费用 = 单位产品工时消耗量×小时工资率

单位产品直接人工差异 = 单位产品直接人工实际费用 − 单位产品直接人工计划费用

= 单位产品人工效率差异 + 小时工资率差异

其中，单位产品消耗工时数的多少体现劳动生产率（人工效率）的高低。劳动生产率越高，单位产品消耗的工时越少，工资费用就能降低；反之，就会超支。影响劳动生产率变动的因素主要有生产技术工艺、劳动组织、生产工人的熟练程度、材料质量等。小时工资率体现平均工资水平的高低，它取决于生产工人工资总额和生产工时数。生产工人工资水平提高，就会使直接人工增加。

（3）制造费用项目分析。单位产品制造费用的变动主要受单位产品工时消耗量和每小时制造费用分配率的影响。其计算公式如下：

单位产品制造费用 = 单位产品耗用工时数 × 每小时制造费用分配率

单位产品制造费用差异额=单位产品实际制造费用−单位产品计划制造费用

=工时消耗量变动差异+小时制造费用分配率变动差异

工时消耗量变动影响=（实际单位工时消耗量−计划单位工时消耗量）×计划小时制造费用分配率

小时制造费用分配率变动的影响=（实际小时制造费用分配率−计划小时制造费用分配率）×实际单位工时消耗量

［案例 9-6］ 东方机械厂 A 产品单位成本资料如表 9-24 所示。

表 9-24 A 产品单位成本资料

编制单位：东方机械厂 201×年 单位：元

成本项目	计划金额			实际金额		
直接材料	20			22.5		
直接人工	10			11		
制造费用	9			10		
合计	39			43.5		
主要技术经济指标	计划			实际		
	数量	单价	金额	数量	单价	金额
1. 甲材料	1	8	8	1	12	12
2. 乙材料	4	3	12	3	3.5	10.5
3. 人工费用	4	2.5	10	4	2.75	11
4. 制造费用	3	3	9	4	2.5	10

具体分析如下。

（1）直接材料项目分析。

直接材料差异额 = 22.5 − 20 = 2.5（元）

材料消耗量变动影响数额 = (1−1) × 8 + (3−4) ×3=−3（元）

材料单价变动影响数额 = (12−8) × 1 + (3.5−3) × 3=5.5（元）

A 产品单位成本中直接材料超支了 2.5 元，其构成因素为：乙材料耗用量减少，节约了 3 元；甲材料价格提高，超支了 4 元，乙材料价格提高，超支了 1.5 元。

（2）直接人工项目分析。

直接人工差异额=11−10=1（元）

人工效率差异= (4−4) ×2.5=0（元）

小时工资率差异= (2.75−2.5) ×4=1（元）

A 产品单位成本直接人工超支了 1 元，其构成因素为：小时工资率提高超支了 1 元。

（3）制造费用项目分析。

制造费用差异额 = 10−9 = 1（元）

工时消耗量变动影响数额= (4−3) ×3 = 3（元）

小时制造费用分配率变动的影响数额 = (2.5−3) ×4 = − 2（元）

A 产品单位成本制造费用超支了 1 元，其构成因素为：工时消耗增加，超支了 3 元；小时制造费用分配率减少，节约了 2 元。

通过因素分析计算出来的数据，有关部门和管理人员应作进一步的调查和分析，巩固有利差异，加强对不利差异的控制。

任务实施

（1）计算计划成本降低额、计划成本降低率、实际成本降低额、实际成本降低率。

① 计划成本降低额

=计划产量 × (上年实际单位成本−计划单位成本)

=360 × (103 − 95) + 540 × (98−85)

=2 880 + 7 020 = 9 900（元）

② 计划成本降低率

$$=\frac{\text{计划成本降低额}}{\text{计划产量按上年实际平均单位成本计算的总成本}}$$

$$=\frac{9\,900}{360\times103+540\times98}=\frac{9\,900}{90\,000}=11\%$$

③ 实际成本降低额=本年实际产量×(上年实际单位成本−本年实际单位成本)

=400 × (103 − 96) + 600 × (98 − 80)

=2 800 + 10 800 = 13 600（元）

④ 实际成本降低率

=实际成本降低额 ÷ 实际产量按上年实际平均单位成本计算的总成本

=13 600 ÷ (400 × 103 + 600 × 98) × 100%

=13 600 ÷ 100 000 × 100%=13.6%

（2）用因素法分析各因素对成本计划完成情况的影响。

① 产量变动对成本降低额的影响

=[(400−360) × 103+(600−540) × 98] × 11%

=110 0（元）

② 品种结构变动对成本降低额的影响

=(400 × 103 + 600 × 98)− (400 × 95+600 × 85) − (400 × 103+600 × 98) × 11%

=100 000 − 89 000 − 100 000 × 11% = 0（元）

③ 单位成本变动对成本降低额的影响：

=400 × (95 − 96) + 600 × (85 − 80)

=- 400 + 3 000 = 2 600（元）

④ 单位成本变动对成本降低率的影响：

=2 600 ÷ (400 × 103 + 600 × 98) × 100%

=2 600 ÷ 100 000 × 100% = 2.6%

职业能力训练

一、单项选择题（在下列备选答案中选出一个正确的答案，并将序号字母填在括号内）

1. 根据现行有关制度规定，成本报表属于（　　）。

A. 外部报表

B. 内部报表

C. 既是内部报表，又是外部报表

D. 是内部报表，还是外部报表由企业自行决定

2. 通过计算和对比经济指标的比率，进行数量分析的分析方法是（　　）。

A. 比较分析法　B. 比率分析法　C. 连环替代法　D. 差额计算法

3. 通过指标对比，从数量上确定差异的分析的方法是（　　）。

A. 比率分析法　B. 连环替代法　C. 比较分析法　D. 差额计算法

4. 将不同时期同类指标的数值对求出比率，进行动态比较，据以分析各项指标的增减变动和变动趋势的分析法是（　　）。

A. 动态比率分析法　B. 相关指标比率分析法

C. 构成比率分析法　D. 比较分析法

5. 连环替代法是用来计算几个相互联系的因素对综合经济指标变动的（　　）。

A. 不同影响　B. 影响

C. 影响的程度　D. 影响的情况

6. 可比产品成本降低率是指下列指标与可比产品按上年实际平均单位成本计算的总成本的比率（　　）。

A. 可比产品成本降低额　B. 可比产品本年累计实际总成本

C. 可比产品上年累计实际总成本　D. 可比产品单位成本降低额

7. 可比产品成本降低额与降低率之间的关系是（　　）。

A. 成反比　B. 成正比　C. 同方向变动　D. 无直接关系

8. 分析成本报表，应从（　　）开始。

A. 全部产品成本计划完成情况的总评价

B. 全部产品实际成本完成情况的总评价

C. 单位产品成本计划完成情况的总评价

D. 单位产品实际成本完成情况的总评价

9. 下列分析方法中只适用于同质指标的数量对比是（　　）。

A. 比率分析法　B. 比较分析法　C. 差额计算法　D. 连环替代法

10. 运用连环替代法时要正确确定各因素的（　　）。

A. 重要程度　B. 排列顺序　C. 详细程度　D. 价值大小

二、多项选择题（在下列备选答案中选出2～5个正确的答案，并将序号字母填在括号内）

1. 制造业的成本、费用报表一般包括（　　）。

A. 产品成本表　B. 制造费用明细表　C. 主要产品单位成本表

D. 期间费用明细表　E. 生产费用表

2. 下列指标中，属于相关指标比率的是（　　）。

A. 产值成本率　B. 成本利润率　C. 销售成本率

D. 原材料费用比率　E. 制造费用比率

3. 比较分析法是指通过指标对比，从数量上确定差异的一种分析法。实际工作中采用的形式通常有（　　）。

A. 以成本的实际指标与成本计划或定额指标对比

B. 以两个性质不同但又相关的指标对比

C. 以不同时期指标的数值对比

D. 以本期实际成本指标与前期（上期、上年同期或历史上最好水平）的实际成本指标对比

E. 以本企业实际成本指标（或某项技术经济指标）与国内外同行业先进指标对比

4. 影响产品材料费用总额变动的因素很多，按其相互关系可归纳为（　　）。

A. 单位产品材料消耗量　B. 材料成本降低额　C. 产品产量

D. 材料单价　E. 材料成本降低率

5. 成本报表分析的基本方法有（　　）。

A. 指数法　B. 图表法　C. 比率分析法

D. 比较分析法　E. 本量利分析法

6. 产品成本表的结构包括（　　）。

A. 可比产品成本表　B. 不可比产品成本　C. 基本报表

D. 补充资料　E. 单位产品成本表

7. 影响可比产品成本降低计划完成情况的因素有（　　）。

A. 产品产量　B. 产品成本构成　C. 产品单位成本

D. 本年计划总成本　E. 上年实际总成本

8. 制造业编制的费用报表主要有（　　）。

A. 制造费用明细表　B. 销售费用明细表　C. 管理费用明细表

D. 财务费用明细表　E. 单位产品成本表

9. 影响可比产品成本降低率变动的因素有（　　）。

A. 产品产量　B. 产品单位成本　C. 产品品种构成

D. 实际降低率　E. 计划降低率

10. 影响可比产品成本降低额变动的因素有（　　）。

A. 产品产量　B. 产品单位成本　C. 产品品种构成

D. 实际降低率　E. 计划降低率

三、判断说明题（正确的画"√"，错误的画"×"并说明理由）

1. 成本报表属于内部报表，不对外公开，因此成本报表的种类、格式、项目指标的设计和编制方法、编报日期等由企业自行决定。（　　）

2. 运用连环替代法时要正确确定各因素的排列顺序。在分析相同问题时要按照同一排列顺序进行替换，否则会得出不同的计算结果。（　　）

3. 影响可比产品成本降低计划完成情况的主要因素是产品单位成本和产品品种构成。（　　）

4. 影响可比产品成本降低额与影响可比产品成本降低率的因素是相同的。（　　）

5. 成本报表提供的实际产品成本和费用支出资料，不仅可满足企业内部的需要，而且还可以满足国家宏观调控的需要。（　　）

6. 产品成本报表，是反映企业在报告期内所产生全部产品的总成本和各种主要产品单位成本及总成本的报表。利用产品成本报表，可以对企业成本工作进行一般评价。（　　）

四、实践练习

1. 某企业的材料费用总额、产品产量、单位产品材料消耗量和材料单价的计划指标与实际指标的资料如表 9-25 所示。

表 9-25　企业主要产品成本资料

指　标	单　位	计 划 数	实 际 数	差　异
产品产量	件	100	102	+2
单位产品材料消耗量	千克	20	16	−4
材料单价	元/千克	15	18	+3
材料费用总额	元	30 000	29 376	−624

要求：采用连环替代法分析各因素变动对材料费用总额变动的影响程度。

2. 某企业201×年6月产品成本报表如表9-26所示。

表9-26　某企业商品产品成本表

编制单位：　　201×年6月　　计量单位：元

产品名称	计量单位	实际产量	单位成本			总成本		
			上年实际平均	本年计划	本月实际	按上年实际平均单位成本计算	按本年计划单位成本计算	本月实际
可比产品合计								
A产品	件	100	84	82	83			
B产品	件	10	760	750	740			
不可比产品合计								
C产品	件	20	—	120	115	—		
全部产品	—	—	—	—	—	—		

要求：计算和填列表9-26中总成本各栏数字。

3. 某企业201×年6月份成本资料如下。

（1）可比产品成本降低率为8%。

（2）产品成本报表有关可比产品部分资料如表9-27所示。

（3）本期材料涨价影响可比产品成本实际比计划升高1 200元。

表9-27　产品成本报表

编制单位：　　201×年6月　　计量单位：元

可比产品	产量/件		单位成本/元			总成本/元		
	计划	实际	上年实际平均	本年计划	本期实际	按上年实际平均成本计算	按本年计划计算	本期实际
甲	16	26	400	370	350			
乙	22	20	200	190	195			
合计								

要求：

（1）计算并填列表9-27中总成本各栏数字。

（2）检查可比产品成本降低率计划完成情况，分析其升降原因，并做出评价。

4. A产品单位成本表如表9-28所示。

表 9-28 主要产品成本表

产品名称：A 201×年 6 月 计量单位：元

成本项目	上年实际平均	本年计划	本期实际
直接材料	3 960	3 980	4 000
直接人工	500	520	480
制造费用	900	880	860
合计	5 360	5 380	5 340
主要技术经济指标	耗用量	耗用量	耗用量
原材料消耗量（千克）	2 000	1 900	1 880
原材料单价（元）	4.0	4.2	4.4

要求：

（1）分析 A 产品单位成本变动情况。

（2）分析影响原材料费用变动的各因素和各因素变动的影响程度。

综合实践能力训练

训练A 品 种 法

一、资料

（1）某机械制造企业设有两个基本生产车间，第一车间生产A、B两种产品，第二车间生产C产品；设有两个辅助生产车间（动力车间和运输车间）。根据该主要产品的生产特点和管理要求，采用品种法计算产品成本。该企业2010年12月份各种产品成本计算有关资料如表A-1、表A-2、表A-3所示。

表A-1　　产品投产量、工时、在产品完工程度资料表

2010年12月

产品名称	投料方式	完工产品数量（件）	月末在产品		生产工时
			数量（件）	完工程度	
A产品	一次投料	6 000	1 500	60%	4 800
B产品	一次投料	4 000	1 000	50%	3 200
C产品	逐步投料	2 000	1 000	50%	4 000

表 A-2 月初在产品成本

2010 年 12 月 单位：元

产品	直接材料	直接人工	燃料与动力	制造费用	合计
A 产品	32 025	22 998	5 984	3 981	64 988
B 产品	24 000	10 170	4 196	2 786	41 152
C 产品	15 000	5 999	2 584	2 000	25 583
合计	71 025	39 200	12 800	8 800	131 825

表 A-3 本月辅助车间提供劳务量

2010 年 12 月

受益单位	运输车间（小时）	供电车间（千瓦时）
第一基本生产车间——A 产品	4 500	11 000
——B 产品	2 800	8 600
车间一般耗用		800
第二基本生产车间——C 产品	2 700	7 800
车间一般耗用		600
企业行政管理部门		400
供电车间	350	
运输车间		200
合计	10 350	29 400

（2）本月发生生产费用资料如下。

① 材料费用。根据原材料用途归类的领、退料凭证汇总如表 A-4 所示。

表 A-4 材料费用汇总表

2010 年 12 月

领料用途	直接耗用			共同耗用	
	甲材料	乙材料	物料消耗	丙材料	定额耗用量（吨）
A 产品	48 000	3 200	—	20 000	6 500
B 产品	26 000	4 300	—		3 500
C 产品	18 500	2 800			
小计	92 500	10 300	—	20 000	10 000
一车间一般耗用			2 600		
二车间一般耗用			1 200		
运输车间			500		
供电车间			2 400		
合计	92 500	10 300	6 700	20 000	10 000

② 外购动力费用，本月共支付动力费用 7 200 元，各受益单位耗用情况如表 A-5

所示。

表 A-5 动力费用耗用汇总表

2010 年 12 月

受益单位	耗水数量（立方米）
一车间A产品	6 000
一车间B产品	5 000
一车间一般耗用	200
二车间C产品	3 500
二车间一般耗用	100
运输车间	500
供电车间	400
管理部门	300
合计	16 000

③ 工资结算汇总表如表 A-6 所示。

表 A-6 工资结算汇总表

2010 年 12 月

车间或部门	职工类别	应发计时工资	工资性津贴和补贴		奖金	其他补贴	应付工资
			夜班补贴	食品补贴			
基本生产一车间	生产工人	48 000	2 500	5 000	12 600	3 900	72 000
	管理人员	5 800		300	700	370	7 170
基本生产二车间	生产工人	21 000	1 800	4 000	13 000	2 860	42 660
	管理人员	4 700		250	550	300	5 800
供电车间	全部人员	4 500		450	950	360	6 260
运输车间	全部人员	3 600		400	820	290	5 110
销售部门	销售人员	3 500		350	750	240	4 840
行政管理部门	管理人员	12 500		500	1 100	680	14 780
合　计		103 600	4 300	11 250	30 470	9 000	158 620

④ 固定资产折旧计算表如表 A-7 所示。

表 A-7 固定资产折旧费用计算表

2010 年 12 月　　金额单位：元

固定资产	月折旧率（%）	本月应计提折旧额	
		原值	折旧额
房屋建筑物	0.2	980 000	1 960
机器设备	0.7	2 800 000	19 600

续表

固定资产	月折旧率（%）	本月应计提折旧额	
		原值	折旧额
专用设备	0.8	450 000	3 600
管理设备	0.9	160 000	1 440
合计	—	4 390 000	26 600

各受益单位应分配折旧如表 A-8 所示。

表 A-8　　各部门应分摊折旧比例

2010 年 12 月

车间或部门	应分摊折旧比例
基本生产一车间	35%
基本生产二车间	25%
供电车间	20%
运输车间	12%
销售部门	5%
行政管理部门	13%
合　计	100%

⑤ 其他费用如表 A-9 所示。

表 A-9　　其他费用表

2010 年 12 月　　单位：元

车间名称	费用项目					
	低值易耗品摊销	劳动保护费	保险费	电话费	办公费	合计
基本生产车间一车间	3 200	7 000	1 000	793	800	12 793
基本生产车间二车间	1 400	3 500	600	450	250	6 200
运输车间	500	400		162	200	1 262
供电车间	800	300	1 000	274	100	2 474
合　计	5 900	11 200	2 600	1 679	1 350	22 729

注：以上费用低值易耗摊销采用一次摊销法，其余以银行存款支付。

⑥ 该厂有关费用分配方法如下。

a. 产品共同耗用材料按定额耗用量比例分配。

b. 生产工人工资按产品生产工时比例法分配。

c. 职工福利费按工资总额的 10%计提。

d. 辅助生产费用采用直接分配法分配。

e. 制造费用按产品生产工时比例法分配。

f. 3 种产品按约当产量比例法分配完工产品成本和月末在产品成本。

二、要求

（1）根据期初资料，建立基本生产成本明细账、辅助生产成本明细账、制造费用明细账。

（2）根据有关资料编制各种费用分配表，并做出相应会计处理。

（3）根据所做的会计处理登记各种明细账，计算完工产品总成本和单位成本。

三、相关处理

（1）编制有关费用分配表。

① 根据有关资料编制材料费用分配表，如表 A-10 所示。

表 A-10　原材料费用分配表

2010 年 12 月　金额单位：元

应借账户		成本或费用项目	间接计入			直接计入	合计
			定额耗用量（千克）	费用分配率	分配额		
基本生产成本	A 产品	直接材料					
	B 产品	直接材料					
	C 产品	直接材料					
	小计						
辅助生产成本	运输车间	直接材料					
	供电车间	直接材料					
	小计						
制造费用	一车间	机物料消耗					
	二车间	机物料消耗					
合计							

根据材料费用分配表做出相关账务处理。

② 根据有关资料，编制动力费用分配表，如表 A-11 所示。

表 A-11　动力费用分配表

2010 年 12 月　金额单位：元

应借科目		成本及费用项目	动力费用分配		
			耗用数量	单价	金额
基本生产成本	A 产品	燃料及动力			
	B 产品	燃料及动力			
	C 产品	燃料及动力			
	小计				

续表

应借科目		成本及费用项目	动力费用分配		
			耗用数量	单价	金额
辅助生产成本	运输车间	水电费			
	供电车间	水电费			
	小计				
制造费用	基本生产车间一车间	水电费			
	基本生产车间二车间	水电费			
管理费用		水电费			
合计					

根据动力费用分配表做出相关账务处理。

③ 编制工资及福利费用分配表，如表 A-12 所示。

表 A-12　　工资及福利费分配表

2010 年 12 月　　金额单位：元

应借账户		成本或费用项目	生产工时	分配率（元/小时）	工资费用	计提标准	职工福利	合计
基本生产成本	A 产品	直接工资						
	B 产品	直接工资						
	C 产品	直接工资						
	小计							
辅助生产成本	供电车间	直接工资						
	运输车间	直接工资						
	小计							
制造费用	一车间	工资及福利费						
	二车间	工资及福利费						
管理费用		工资及福利费						
销售费用		工资及福利费						
合计								

一车间工资费用分配率=

④ 分配当月折旧费用，如表 A-13 所示。

表 A-13 折旧费用分配表

2010 年 12 月

应借账户	应分摊折旧比例	应分配折旧额
制造费用——一车间		
制造费用——二车间		
辅助生产成本——供电车间		
辅助生产成本——运输车间		
管理费用		
销售费用		
合　计		

⑤ 编制其他费用分配表，见表 A-14 所示。

表 A-14 其他费用分配表

2010 年 12 月 单位：元

分配对象	费用项目					
	低值易耗品摊销	劳动保护费	保险费	电话费	办公费	合计
制造费用——一车间						
制造费用——二车间						
辅助生产成本——运输车间						
辅助生产成本——供电车间						
合　计						

（2）根据以上会计处理，登记辅助生产成本明细账（见表 A-15、表 A-16），编制辅助费用分配表（见表 A-17），进行会计处理。

表 A-15

辅助生产成本明细账

车间名称：供电车间

月	日	摘　　要	原材料	水电费	工资及福利费	折旧费	低值易耗品摊销	劳动保护费	保险费	电话费	办公费	余额
		根据原材料费用分配表										
		根据外购动力分配表										
		根据工资及福利费用分配表										
		根据折旧费用分配表										
		根据其他费用分配表										
		待分配费用小计										
		分配转出										

表 A-16

辅助生产成本明细账

车间名称：运输车间

月	日	摘　　要	原材料	水电费	工资及福利费	折旧费	低值易耗品摊销	劳动保护费	保险费	电话费	办公费	余额
		根据原材料费用分配表										
		根据外购动力分配表										
		根据工资及福利费用分配表										
		根据折旧费用分配表										
		根据其他费用分配表										
		待分配费用小计										
		分配转出										

表 A-17　　辅助生产费用分配表（直接分配法）

2010 年 12 月

项　目		供电车间	运输车间	合　计
待分配辅助生产费用				
供应辅助生产以外的劳务数量				
单位成本（分配率）				
基本生产——A 产品	耗用数量			
	分配金额			
基本生产——B 产品	耗用数量			
	分配金额			
基本生产——C 产品	耗用数量			
	分配金额			
基本生产车间——一车间	耗用数量			
	分配金额			
基本生产车间——二车间	耗用数量			
	分配金额			
行政管理部门	耗用数量			
	分配金额			
合计				

（3）分配制造费用，登记制造费用明细账（见表 A-18、表 A-19），编制制造费用分配表（见表 A-20），并进行会计处理。

表 A-18

制造费用明细账

车间名称：一车间

月	日	摘　要	材料费用	水电费	工资及福利费	折旧费	低值易耗品摊销	劳动保护费	保险费	电话费	办公费	余额
		根据原材料费用分配表										
		根据外购动力分配表										
		根据工资及福利费用分配表										
		根据折旧费用分配表										
		根据其他费用分配表										
		根据辅助生产费用分配表										
		待分配费用小计										
		分配转出										

表 A-19

制造费用明细账

车间名称：二车间

月	日	摘　要	原材料	水电费	工资及福利费	折旧费	低值易耗品摊销	劳动保护费	保险费	电话费	办公费	余额
		根据原材料费用分配表										
		根据外购动力分配表										
		根据工资及福利费用分配表										
		根据折旧费用分配表										
		根据其他费用分配表										
		根据辅助费用分配表										
		待分配费用小计										
		分配转出										

表 A-20　　制造费用分配表

车间名称：一车间　　2010 年 12 月

分配对象	生产工时	分配率	分配金额
A 产品			
B 产品			
合计			

注：第二车间所有制造费用由C产品负担。

（4）登记基本生产成本明细账（见表 A-21、表 A-22、表 A-23），计算完工产品成本（见表 A-24）。

表 A-21　　基本生产成本明细账

产品名称：A 产品　　2010 年 12 月　　单位：元

2010 年		凭证号	摘要	直接材料	直接人工	燃料与动力	制造费用	合计
			月初在产品成本					
			领用材料					
			分配职工薪酬					
			分配燃料动力费					
			分配辅助费用					
			分配制造费用					
			合计					
			完工产品数量					
			在产品数量					
			在产品的约当产量					
			约当总产量					
			单位成本					
			结转完工产品成本					
			月末在产品成本					

表 A-22　　基本生产成本明细账

产品名称：B 产品　　2010 年 12 月　　单位：元

2010 年		凭证号	摘要	直接材料	直接人工	燃料与动力	制造费用	合计
			月初在产品成本					
			领用材料					
			分配职工薪酬					
			分配燃料动力费					
			分配辅助费用					
			分配制造费用					

续表

2010年		凭证号	摘　　要	直接材料	直接人工	燃料与动力	制造费用	合　计
			合　计					
			完工产品数量					
			在产品数量					
			在产品的约当产量					
			约当总产量					
			单位成本					
			结转完工产品成本					
			月末在产品成本					

表 A-23　　　　　基本生产成本明细账

产品名称：C产品　　　　2010年12月　　　　单位：元

2010年		凭证号	摘　　要	直接材料	直接人工	燃料与动力	制造费用	合　计
			月初在产品成本					
			领用材料					
			分配职工薪酬					
			分配燃料动力费					
			分配辅助费用					
			分配制造费用					
			合　计					
			完工产品数量					
			在产品数量					
			在产品的约当产量					
			约当总产量					
			单位成本					
			结转完工产品成本					
			月末在产品成本					

表 A-24　　　　　产品成本汇总表

2010年12月

产品名称	数　量	总成本	单位成本
A产品			
B产品			
C产品			
合计			

训练B 分批法

一、企业概况

某小型机械加工厂设有一个基本生产车间，按生产任务通知（工作令号）分批组织生产，属于小批生产组织类型的企业，根据其自身的生产特点和管理要求，采用一般分批法计算投产各批产品的生产成本。

二、成本计算的有关资料

该机械加工厂2010年12月投产甲产品100件，批号为1201号，当月全部完工；12月投产乙产品150件，批号为1202号，当月完工40件；12月投产丙产品200件，批号为1203号，本月尚未完工。

1. 本月发生的各项费用

（1）当月领料情况如表B-1、表B-2、表B-3、表B-4所示。

表B-1　　领料单

领料单位：第一车间　　　　领料单号：1210
材料用途：生产1201号产品　　2010年12月　　发料仓库：6

材料类别	材料编号	材料名称	材料规格	计量单位	数量		材料单价	金额（元）
					请领	实发		
主要材料	1101	A	12×20	千克	12 500	12 500	10	125 000
备注							合计	125 000

仓库管理员（签章）　　发料人（签章）　　审批人（签章）　　领料人（签章）王中

表B-2　　领料单

领料单位：第一车间　　　　领料单号：1210
材料用途：生产1202号产品　　2010年12月　　发料仓库：6

材料类别	材料编号	材料名称	材料规格	计量单位	数量		材料单价	金额（元）
					请领	实发		
主要材料	1 107	B	15 × 20	吨	835	835	200	167 000
备注							合计	167 000

仓库管理员（签章）　　发料人（签章）　　审批人（签章）　　领料人（签章）王中

表 B-3　　　　　　　　　　　　　　**领料单**

领料单位：第一车间　　　　　　　　　　　　　　　　　　　　领料单号：1207

材料用途：生产 1203 号产品　　　　2010 年 12 月　　　　　　发料仓库：6

材料类别	材料编号	材料名称	材料规格	计量单位	数量		材料单价	金额（元）
					请领	实发		
主要材料	12-1	C	20mm	千克	1 130	1 130	200	226 000
备注							合计	226 000

仓库管理员（签章）　　发料人（签章）　　审批人（签章）　　领料人（签章）王中

表 B-4　　　　　　　　　　　　　　**领料单**

领料单位：第一车间　　　　　　　　　　　　　　　　　　　　领料单号：1222

材料用途：车间一般耗用　　　　2010 年 12 月　　　　　　发料仓库：6

材料类别	材料编号	材料名称	材料规格	计量单位	数量		材料单价	金额（元）
					请领	实发		
主要材料	12-4	D		千克	200	200	43	8 600
备注							合计	8 600

仓库管理员（签章）　　发料人（签章）　　审批人（签章）　　领料人（签章）王中

（2）当月工资结算单如表 B-5 所示。

表 B-5　　　　　　　　　　　**工资结算汇总表**

2010 年 12 月　　　　　　　　　　　　单位：元

车间或部门	职工类别	计时工资	工资性津贴和补贴		奖金	应付工资
			夜班补贴	食品补贴		
基本生产一车间	生产工人	16 000	860	680	2 060	19 600
	管理人员	1 500	120	180	300	2 100
行政管理部门	管理人员	1 800	140	260	1 200	3 400
合　计		19 300	1 120	1 120	3 560	25 100

（3）支付水电费 3 630 元，其中生产车间 2 930 元，管理部门 700 元。

（4）计提当月折旧 5 600 元，其中生产车间 3 800 元，管理部门 1 800 元。

2. 其他有关资料

（1）该企业的职工福利费按工资总额的 10%计提。

（2）生产工人工资按耗用工时比例分配，产品生产工时如表 B-6 所示。

表 B-6　　　　**产品生产工时**

产 品 批 号	生 产 工 时
1201	18 000
1202	20 000
1203	11 000
合计	49 000

（3）制造费用按耗用工时比例分配。

（4）1202 号完工 40 件，按定额成本转出。其定额单位成本为：直接材料 1 100 元，直接人工 75 元，制造费用 60 元。

三、具体要求

（1）设置成本计算单。分批法下，成本计算单应该按产品的生产批别分别设置。

（2）分配各项要素费用。根据资料，编制费用分配表来分配各要素费用，并进行相应账务处理。

① 编制原材料费用分配表，如表 B-7 所示。

表 B-7　　　　**原材料费用分配表**

2010 年 12 月　　　　金额单位：元

应 借 账 户		成本或费用明细项目	直接计入	合　计
基本生产成本	1201	直接材料		
	1202	直接材料		
	1203	直接材料		
	小计			
制造费用	基本生产车间	机物料消耗		
合　计				

根据材料费用分配表做出相关账务处理。

② 编制工资及职工福利费分配表，如表 B-8 所示。

表 B-8　　　　**工资及福利费分配表**

2010 年 12 月　　　　金额单位：元

应 借 账 户		成本或费用项目	生产工时	分配率（元/小时）	工资费用	计提标准	职工福利	合计
基本生产成本	1201	直接人工						
	1202	直接人工						
	1203	直接人工						
	小计							
生产车间制造费用		工资及福利费						
管理费用		工资及福利费						
合计								

工资费用分配率=

（3）归集和分配基本生产车间的制造费用，如表 B-9、表 B-10 所示。

表 B-9　　制造费用明细账

车间名称：基本生产车间　　单位：元

月	日	摘　　要	材料费	工资	福利费	水电费	折旧费	合计
		分配材料费用表						
		结算工资						
		计提福利费						
		支付水电费						
		计提折旧						
		本月合计						
		分配转出						

表 B-10　　制造费用分配表

2010 年 12 月　　金额单位：元

应 借 账 户		成本或费用项目	生产工时	分配率（元/小时）	工资费用
基本生产成本	1201	制造费用			
	1202	制造费用			
	1203	制造费用			
合计					

（4）计算并结转完工产品成本，如表 B-11、表 B-12、表 B-13 所示。

表 B-11　　基本生产成本明细账

批号：1201　　开工日期：12 月 1 日

产品名称：甲产品　　批量：100 件　　完工：100 件　　完工日期：12 月 31 日

2010 年		凭证号	摘　　要	直接材料	直接人工	制造费用	合 计
			领用材料				
			分配工资及福利费				
			分配制造费用				
			合计				
			结转完工产品成本				
			单位成本				

表 B-12　　基本生产成本明细账

批号：1202　　开工日期：12 月 1 日

产品名称：乙产品　　批量：150 件　　完工：40 件　　完工日期：12 月 31 日

2010 年		凭证号	摘　要	直接材料	直接人工	制造费用	合 计
			领用材料				
			分配工资及福利费				
			分配制造费用				
			合计				
			结转完工产品成本				
			月末在产品成本				

备注：完工产品成本采用定额成本法计算。

表 B-13　　基本生产成本明细账

批号：1203　　开工日期：12 月 1 日

产品名称：丙产品　　批量：200 件　　完工：　　完工日期：

2010 年		凭证号	摘　要	直接材料	直接人工	制造费用	合　计
			领用材料				
			分配工资及福利费				
			分配制造费用				
			合计				

训练C　综合结转分步法

一、资料

东方机械厂生产钢材要经过 3 个车间进行加工，炼铁车间完工的生铁要转移到炼钢车间炼出钢锭，钢锭还要转移到轧钢车间继续加工，最后形成各种型号的钢材产品，炼铁车间开工时一次领料。该厂 2010 年 12 月份的生产资料如下。

（1）产量资料如表 C-1 所示。

表 C-1　　产量资料

单位：件

项　目	月初在产品	本月投入	本月完工	月末在产品	完工程度
炼铁车间	50	300	240	110	50%
炼钢车间	30	250	200	80	50%
轧钢车间	80	190	250	20	50%

（2）期初在产品成本资料如表 C-2 所示。

表 C-2　　期初在产品成本资料

单位：元

项　目	直接材料	自制半成品	直接人工	制造费用	合计
炼铁车间	3 500		690	1 400	5 590
炼钢车间		4 190	430	1 380	6 000
轧钢车间		18 250	7 100	3 950	29 300
合计	3 500	22 440	8 220	6 730	40 890

半成品成本资料如表 C-3 所示。

表 C-3　　半成品成本期初结存资料

项　目	数量（件）	单价（元/件）	金额（元）
生铁	60	145	8 700
钢锭			
合计	60	145	8 700

（3）本月生产费用如下。

① 本月领料单如表 C-4、表 C-5 所示。

表 C-4　　领料单

领料单位：炼铁车间　　领料单号：1201

材料用途：生产生铁　　2010 年 12 月　　发料仓库：1

材料类别	材料编号	材料名称	材料规格	计量单位	数量		材料单价	金额（元）
					请领	实发		
主要材料	1101	铁矿石	40mm	吨	40	40	700	28 000
备注							合计	28 000

仓库管理员（签章）：　　发料人（签章）：　　领料人（签章）：陈虎

表 C-5　　领料单

领料单位：管理部门　　领料单号：1202

材料用途：一般耗用　　2010 年 12 月　　发料仓库：1

材料类别	材料编号	材料名称	材料规格	计量单位	数量		材料单价	金额（元）
					请领	实发		
主要材料	2101	辅料		吨	0.5	0.5	620	310
备注							合计	310

仓库管理员（签章）：　　发料人（签章）：　　领料人（签章）：陈虎

② 本月工资结算汇总表如表 C-6 所示。

表 C-6　　工资结算汇总表

2010 年 12 月　　单位：元

车间或部门	职工类别	计时工资	工资性津贴和补贴		奖金	应付工资
			夜班补贴	食品补贴		
炼铁车间	生产工人	5 200	360	130	110	5 800
	管理人员	1 860	130	100	160	2 250
炼钢车间	生产工人	8 600	780	270	1 200	10 850
	管理人员	3 500	480	220	510	4 710
轧钢车间	生产工人	17 800	1 400	850	1 450	21 500
	管理人员	6 900	1 380	790	860	9 930
行政管理部门	管理人员	6 200	120	280	950	7 550
合　计		50 060	4 650	2 640	5 240	62 590

注：本月不再计提职工福利费，其他经费略。

③ 本月计提折旧情况如表 C-7 所示。

表 C-7　　折旧费用分配表

2010 年 12 月　　单位：元

部门	上月提取折旧	上月新增固定资产应提折旧	上月减少固定资产应少提折旧	本月应提折旧额
炼铁车间	4 500			4 500
炼钢车间	3 700	160		3 860
轧钢车间	6 400		300	6 100
管理部门	2 840	230	210	2 860
合　计	17 440	390	510	17 320

④ 本月其他费用如表 C-8 所示（所有款项均以银行存款支付）。

表 C-8　　其他费用分配表

2010 年 12 月　　单位：元

分 配 对 象	费 用 项 目			
	劳动保护费	保险费	办公费	合计
炼铁车间	1 800	710	550	3 060
炼钢车间	1 400	390	260	2 050
轧钢车间	2 180	810	430	3 420
管理部门		1 240	760	2 000
合　计	5 380	3 150	2 000	10 530

二、要求

（1）根据领料单做出发出材料汇总表，并做出相应账务处理。

（2）根据工资结算汇总表，做出工资分配汇总表，并做出相应账务处理。

（3）根据折旧费用情况，做出折旧费用分配表，并做出相应账务处理。

（4）根据其他费用明细表，做出相应账务处理。

（5）根据期初资料，设置并登记制造费用明细账，将制造费用分配转入生产成本。

（6）根据期初资料，设置各车间基本生产成本明细账，采用综合结转分步法，计算各产品生产成本（生产费用在完工产品与在产品之间的分配采用约当产量法，半成品完工先入半成品仓库，各仓库半成品发出时，采用加权平均法计算发出半成品成本）。

（7）从最后一步骤起，进行成本还原，写出计算过程，并填写成本还原计算表。

三、相关处理

（1）编制材料费用分配表，如表 C-9 所示。

表 C-9　　　　**材料费用分配表**

借 方 账 户	金额（元）
基本生产成本——生铁	
管理费用	
合计	

（2）编制工资费用分配表，如表 C-10 所示。

表 C-10　　　　**工资费用分配表**

单位：元

借 方 账 户		成 本 项 目	金　额
基本生产成本	生铁	直接人工	
	钢锭	直接人工	
	钢材	直接人工	
	小计		
制造费用	炼铁车间	工资及福利费	
	炼钢车间	工资及福利费	
	轧钢车间	工资及福利费	
	小计		
管理费用		工资及福利费	
合　计			

（3）编制折旧费用分配表，如表C-11所示。

表C-11　　折旧费用分配表

单位：元

借方账户		成本项目	金额
制造费用	炼铁车间	折旧费	
	炼钢车间	折旧费	
	轧钢车间	折旧费	
	小计		
管理费用		折旧费	
合计			

（4）编制其他费用分配表，如表C-12所示。

表C-12　　其他费用分配表

单位：元

借方账户		成本项目			合计金额
		劳动保护费	保险费	办公费	
制造费用	炼铁车间				
	炼钢车间				
	轧钢车间				
	小计				
管理费用					
合计					

（5）根据本月发生的各项费用，登记制造费用明细账，如表C-13、表C-14、表C-15所示。

表C-13　　制造费用明细账

车间名称：炼铁车间

月	日	摘要	工资	折旧费	劳动保护费	保险费	办公费	余额
		工资费用						
		折旧费用						
		其他费用						
		待分配费用小计						
		分配转出						

表 C-14　　　　制造费用明细账

车间名称：炼钢车间

月	日	摘　　要	工资	折旧费	劳动保护费	保险费	办公费	余　额
		工资费用						
		折旧费用						
		其他费用						
		待分配费用小计						
		分配转出						

表 C-15　　　　制造费用明细账

车间名称：轧钢车间

月	日	摘　　要	工资	折旧费	劳动保护费	保险费	办公费	余　额
		工资费用						
		折旧费用						
		其他费用						
		待分配费用小计						
		分配转出						

（6）登记基本生产成本明细账及半成品明细分类账，如表 C-16、表 C-17、表 C-18、表 C-19、表 C-20 所示。

表 C-16　　　　炼铁车间基本生产成本明细账

车间名称：炼铁车间　　　　完工产量：240 件

产品名称：生铁　　　　2010 年 12 月　　　　金额单位：元

项　　目	直 接 材 料	直 接 人 工	制 造 费 用	合　　计
月初在产品成本				
本月生产费用				
合计				
单位产品成本				
完工半成品成本				
月末在产品成本				

单位成本的计算：直接材料=

直接人工=

制造费用=

表 C-17　　　　半成品明细分类账

名称：生铁　　　　单位：元

摘　　要	收　　入			发　　出			结　　存		
	数量（件）	单价	金额	数量（件）	单价	金额	数量（件）	单价	金额
期初余额									
交库									
炼钢领用									

账务处理：

表 C-18　　炼钢车间基本生产成本明细账

车间名称：炼钢车间　　完工产量：200 件

产品名称：钢锭　　2010 年 12 月　　金额单位：元

项　目	自制半成品	直接人工	制造费用	合　计
月初在产品成本				
本月生产费用				
合　计				
单位产品成本				
完工半成品成本				
月末在产品成本				

单位成本的计算：直接材料=

直接人工=

制造费用=

表 C-19　　半成品明细分类账

名称：钢锭　　单位：元

摘　要	收　入			发　出			结　存		
	数量（件）	单价	金额	数量（件）	单价	金额	数量（件）	单价	金额
期初余额									
交库									
轧钢车间领用									

账务处理：

表 C-20　　轧钢车间基本生产成本明细账

产品名称：钢材　　2010 年 12 月　　金额单位：元

项　目	自制半成品	直接人工	制造费用	合　计
月初在产品成本				
本月生产费用				
合　计				
单位产品成本				
完工半成品成本				
月末在产品成本				

单位成本的计算：直接材料=

直接人工=

制造费用=

（7）通过成本还原计算表（见表 C-21）进行成本还原。

表 C-21　　　　产成品成本还原计算表

2010 年 12 月　　　　金额单位：元

行次	项目	产量（件）	还原分配率	半成品	直接材料	直接人工	制造费用	合计
1	还原前钢材成本							
2	炼钢车间钢锭成本							
3	第一次成本还原							
4	炼铁车间生铁成本							
5	第二次成本还原							
6	还原后钢材总成本							
7	还原后钢材单位成本							

从最后一个步骤起进行还原的方法如下。

① 第一次还原：

还原分配率=

钢材所耗钢锭费用中的直接材料费用=

钢材所耗钢锭费用中的直接人工费用=

钢材所耗钢锭费用中的制造费用=

② 第二次还原：

还原分配率=

钢材所耗生铁费用中的直接材料费用=

钢材所耗生铁费用中的直接人工费用=

钢材所耗生铁费用中的制造费用=

训练D　平行结转分步法

一、资料

东方机械加工厂是一个中型机床加工企业，共设有铸工车间、加工车间和装配车间 3 个基本生产车间，原材料在开工时一次投入，各步骤期末在产品的完工程度均为 50%，由于该企业产品在各步骤生产的半成品不对外销售，在管理上不要求计算各步骤半成品成本，为简化计算，采用平行结转分步法计算产品成本。该企业铸工车间、加工车间采用约当产量比例法计算各步骤应计入产品成本的份额，装配车间采用定额比例法确定应计入产品成本的份额。2010 年 12 月，有关机床产量资料如表 D-1 所示，月初在产品成本与本月发生的生产费用资料如表 D-2 所示，装配车间的定额资料如表 D-3 所示。

表 D-1　　产量资料　　单位：件

项　目	铸工车间	加工车间	装配车间
月初在产品	40	120	200
本月投入	1 000	880	800
本月完工	880	800	820
月末在产品数量（狭义）	160	200	180
完工程度	50%	50%	50%
完工产品数量	820		

表 D-2　　生产费用资料　　单位：元

项　目		直接材料	直接人工	制造费用	合　计
铸工车间	月初在产品成本	45 000	7 960	7 720	60 680
	本月发生费用	108 000	27 880	23 000	158 880
加工车间	月初在产品成本		9 000	8 850	17 850
	本月发生费用		32 800	25 250	58 050
装配车间	月初在产品成本		4 240	50 00	9 240
	本月发生费用		43 080	35 950	79 030
合　计		153 000	124 960	105 770	383 730

表 D-3　　装配车间的定额工时资料

项　目	月初广义在产品	本月投入	本月完工
装配车间定额工时	2 500	7 500	8 200

二、要求

根据产量资料、生产费用资料、定额资料计算各车间应计入产成品的份额，并计算出产成品的总成本和单位成本。

三、相关处理

（1）铸工车间产品成本计算过程如下。

① 直接材料成本：

铸工车间月末广义在产品数量=

材料费用分配率=

应计入产成品成本的直接材料份额=

月末广义在产品直接材料费用=

② 直接人工成本：

铸工车间月末广义在产品数量=

直接人工分配率=

应计入产成品成本的直接人工份额=

月末广义在产品直接人工费用=

③ 制造费用成本：

铸工车间月末广义在产品数量=

制造费用分配率=

应计入产成品成本的制造费用份额=

月末广义在产品制造费用=

④ 应计入产成品的成本份额合计=

（2）根据以上计算结果，编制铸工车间基本生产成本明细账，如表 D-4 所示。

表 D-4　　铸工车间产品成本明细账

项　目	直接材料	直接人工	制造费用	合　计
月初在产品成本				
本月发生费用				
合　计				
完工产品产量				
在产品约当产量				
合　计				
单位成本				
应计入产成品的份额				
在产品成本				

（3）加工车间产品成本计算过程如下。

① 直接人工成本：

加工车间月末广义在产品数量=

直接人工分配率=

应计入产成品成本的直接人工份额=

月末广义在产品直接人工费用=

② 制造费用成本：

加工车间月末广义在产品数量=

制造费用分配率=

应计入产成品成本的制造费用份额=

月末广义在产品制造费用=

③ 应计入产成品的成本份额合计=

（4）根据以上计算结果，编制加工车间基本生产成本明细账，如表 D-5 所示。

表 D-5　　加工车间产品成本明细账

项　　目	直接材料	直接人工	制造费用	合　　计
月初在产品成本				
本月发生费用				
合　　计				
完工产品产量				
在产品约当产量				
合　　计				
单位成本				
应计入产成品的份额				
在产品成本				

（5）装配车间的计算过程如下。

直接人工分配率=

制造费用分配率=

应计入完工产品的直接人工=

应计入完工产品的制造费用=

月末在产品的直接人工=

月末在产品的制造费用=

（6）根据以上计算结果，编制装配车间产品成本明细账，如表 D-6 所示。

表 D-6　　装配车间产品成本明细账

项　　目	定额工时	直接人工	制造费用	合　　计
月初在产品成本				
本月发生费用				
合　　计				
费用分配率				
应计入产成品的份额				
在产品成本				

（7）根据铸工车间、加工车间、装配车间的生产成本明细账，编制产成品成本汇总表，如表 D-7 所示。

表 D-7　　产品成本汇总计算表

产品名称：机床　　2010 年 12 月　　完工产量：820 件

项　　目	直接材料	直接人工	制造费用	合　　计
铸工车间应计入产成品的份额				
加工车间应计入产成品的份额				
装配车间应计入产成品的份额				
产成品总成本				
单位成本				

账务处理：

参 考 文 献

[1] 财政部.《企业会计准则 2006》.

[2] 财政部.《企业会计制度》.

[3] 万寿义，任月君. 成本会计 [M]. 大连. 东北财经大学出版社，2008.

[4] 崔红敏，徐洪梅. 成本会计实务 [M]. 北京，北京理工大学出版社，2010.

[5] 刘晓峰. 成本会计 [M]. 北京：机械工业出版社，2006.

[6] 焦桂芳，贾讲用. 成本会计 [M]. 北京：中国经济出版社，2010.

[7] 侯君邦，冯素平. 成本会计 [M]. 济南：山东人民出版社，2009.

[8] 赵德忠，张凤新. 新编成本会计 [M]. 北京：北京大学出版社，2008.

[9] 江希和，向有才. 成本会计教程. 北京：高等教育出版社，2008.

[10] 程坚，施卓晨. 成本会计 [M]. 杭州：浙江大学出版社，2004.

[11] 曹伟. 成本会计 [M]. 北京：中国人民大学出版社，2008.

[12] 财政部会计资格评价中心. 2010 年中级会计资格——中级会计实务 [M]. 北京：中国财政经济出版社，2010.